普通高等学校"十三五"规划教材·工程管理系列

国际工程管理

杜 强 **主 编**
徐 晟 韩言虎 **副主编**

内 容 提 要

本书全面系统地介绍了国际工程管理的基本知识,包括:国际工程的概念、国际工程市场及市场主体、市场进入决策及发展战略、国际工程采购及程序、国际工程实施阶段管理等。本书精心安排了案例分析与拓展阅读,体现了理论与实践的结合,展示了国际工程行业的发展趋势,突出了时代性和前沿性。

本书可供工程管理、工程造价、土木工程及技术经济与管理专业本科生使用,也可供相关从业人员参考。

本书配套多媒体课件,需要的教师可联系责编索取,联系电话010-85285867,QQ38538550。

图书在版编目(CIP)数据

国际工程管理 / 杜强主编. — 北京:人民交通出版社股份有限公司, 2016.12(2024.12重印)
 ISBN 978-7-114-13447-0

Ⅰ.①国… Ⅱ.①杜… Ⅲ.①国际承包工程—工程管理 Ⅳ.①F746.18

中国版本图书馆CIP数据核字(2016)第314701号

普通高等学校"十三五"规划教材·工程管理系列
Guoji Gongcheng Guanli

书 名:	国际工程管理
作 者:	杜 强
责任编辑:	郑蕉林
出版发行:	人民交通出版社股份有限公司
地 址:	(100011)北京市朝阳区安定门外外馆斜街3号
网 址:	http://www.ccpcl.com.cn
销售电话:	(010)59757973
总 经 销:	人民交通出版社股份有限公司发行部
经 销:	各地新华书店
印 刷:	北京虎彩文化传播有限公司
开 本:	787×1092 1/16
印 张:	14.75
字 数:	340千
版 次:	2017年1月 第1版
印 次:	2024年12月 第3次印刷
书 号:	ISBN 978-7-114-13447-0
定 价:	30.00元

(有印刷、装订质量问题的图书由本公司负责调换)

前 言

随着"一带一路"战略的推进,我国工程企业在国际工程市场中迎来了新的机遇和更大的发展空间。与此同时,与发达国家的大型工程企业相比,我国企业在新形势、新常态的全球市场竞争中,经受了更严峻的考验。面对新形势,如何实现我国对外经济合作的可持续发展,落实"一带一路"战略,加强国际工程管理人才的培养是当务之急。

本书全面系统地介绍了国际工程管理的基本知识,包括:国际工程的概念、国际工程市场的情况、国际工程业务拓展战略决策、国际工程咨询、承包和材料设备采购、FIDIC 通用合同条件等。特别需要注意的是,本书详细介绍了国际工程的风险管理、合同管理以及国际工程管理的前沿技术和项目交付方法。目前,我国有超过 400 所高校开设工程管理相关专业,大多数院校将"国际工程管理"列入重点培养计划。本书对国际工程市场进行了较全面的阐述,深入解析国际市场与参与者之间的关系,精心安排案例分析与拓展阅读,体现了理论与实践的结合,展示了国际工程行业的发展趋势,突出了时代性和前沿性,因此该书不仅适用于高等院校国际工程管理课程的教学,对相关从业人员也具有很高的参考价值。

本书由杜强担任主编,徐晟、韩言虎担任副主编。其中,第一、二、三、五章由杜强编写;第四、七章由徐晟编写;第六章由韩言虎编写。白文琦、武敏、许雅丹、殷超越、陈一秀等也参与了本书的编写工作。

本书在编写过程中,参考了国际金融组织、FIDIC 的最新信息资料以及中外学者和专家的有关论著,在此一并感谢。

由于水平和时间有限,书中难免存在疏漏,恳请读者批评指正。

目 录

第一章　绪论 ……………………………………………………………………… 1
　第一节　国际工程的含义与特点 …………………………………………… 1
　第二节　国际工程与国际经济合作 ………………………………………… 9
　第三节　国际工程管理人才的基本要求 …………………………………… 12

第二章　国际工程市场及市场主体 …………………………………………… 17
　第一节　国际工程市场概述 ………………………………………………… 17
　第二节　国际工程项目参与方 ……………………………………………… 21
　第三节　国际工程管理模式 ………………………………………………… 24
　第四节　国际与国内工程承包市场的区别与联系 ………………………… 34

第三章　市场进入决策及发展战略 …………………………………………… 37
　第一节　国际工程市场结构 ………………………………………………… 37
　第二节　市场准入及国民待遇 ……………………………………………… 40
　第三节　市场进入决策分析 ………………………………………………… 46
　第四节　国际大型承包商发展战略 ………………………………………… 53
　第五节　我国公司在国际市场的开拓 ……………………………………… 60

第四章　国际工程采购 ………………………………………………………… 68
　第一节　国际工程咨询招投标 ……………………………………………… 68
　第二节　国际工程承包招投标 ……………………………………………… 83
　第三节　国际工程材料与设备采购 ………………………………………… 110

第五章　国际工程实施阶段管理 ……………………………………………… 123
　第一节　FIDIC 概述 ………………………………………………………… 123
　第二节　国际工程项目参与方的相关规定 ………………………………… 125
　第三节　国际工程项目进度管理 …………………………………………… 132
　第四节　国际工程项目费用管理 …………………………………………… 137
　第五节　国际工程项目质量管理 …………………………………………… 146

  第六节 国际工程项目组织间的沟通管理 …………………………………… 150
第六章 国际工程项目管理的几个重要问题 ………………………………… 156
  第一节 重要问题之宏观风险管理 ………………………………………… 156
  第二节 重要问题之合同管理 …………………………………………… 165
  第三节 重要问题之工程担保与工程保险 …………………………………… 174
第七章 国际工程管理前沿与展望 …………………………………………… 181
  第一节 建筑信息模型技术 ……………………………………………… 181
  第二节 集成项目交付模式 ……………………………………………… 191
  第三节 政企合作与基础设施建设 ………………………………………… 207
参考文献 …………………………………………………………………… 227

第一章 绪　论

学习目的与要求

　　本章阐述了国际工程的概念及特点、国际工程咨询和国际工程承包的现状和特点，介绍了国际工程和国际经济合作的关系，分析了国际工程所需管理人才的基本要求。通过本章的学习，应掌握国际工程的概念和基本特点，并了解国际工程市场分类和国际工程管理人才的要求。

第一节　国际工程的含义与特点

一、国际工程的概念及特点

　　国际工程是指同一个工程项目的参与者来自不止一个国家，并且按照国际上通用的工程项目管理模式与惯例进行管理的工程。国际工程是一种综合性的国际经济合作方式，是国际技术贸易的一种方式，也是国际劳务合作的一种方式。

　　国际工程业务通常可以分为两个主要领域：一是国际工程咨询；二是国际工程承包。在国际工程市场上，工程咨询公司和工程承包公司可从事的业务范围并没有严格划分，一些有实力的咨询公司涉足的往往不是单纯的设计咨询业务，其服务范围可贯穿项目的整个生命周期，许多国际工程承包公司也逐步向提供全面服务的方向发展，以"设计-施工"等模式开展项目实施。近年来，国际工程咨询与国际工程承包已呈现出相互渗透、相互竞争的态势。

　　从事国际工程同从事国内工程相比，具有以下特点。

　　1. 合同主体的多国性

　　国际工程签约的各方通常来自不同的国家，受多国不同法律的制约，而且涉及的法律范围极广，如招标投标法、建筑法、公司法、劳动法、投资法、外贸法、金融法、社会保险法及各种税法等。业主、承包商、承担咨询设计、设备制作与安装及各专业工程的分包商、贷款银行和劳务等可能来自不同的国家，有多个不同的合同来限定他们之间的法律关系，而这些合同中的条款并不一定与工程所在国的法律、法规完全一致。这就可能导致项目参与方对合同条款的理解产生歧义，当出现争端时，处理起来往往较为复杂。

2. 按照严格的合同条件和国际惯例管理工程

国际工程不能完全按某一国的法律法规或按照某一方的行政指令来管理,而应采用国际上多年形成的严格的合同条件和工程管理的国际惯例来管理。一个国际工程项目从启动到投产,其实施程序具有一定的规范化,为保证工程项目的顺利实施,参与者必须严格按照合同条款履行责任和义务,同时获得应有权利。合同条款中的未尽事宜通常参照国际惯例执行,以使产生争端的各方尽可能取得一致和统一。

3. 国际政治、经济影响因素的权重明显增大

当前,国际工程受到政治、经济影响因素明显增多,风险相对增大。例如:国际政治经济关系变化可能引起的制裁和禁运;来源于国外的项目资金可能减少或中断;部分国家对承包商实行地区和国别限制或歧视政策;工程所在国与邻国发生边境冲突;由于政治形势失稳而可能发生内战或暴乱;由于经济状态不佳而可能出现金融危机等,这些都有可能使工程中断或造成损失。因此,从事国际工程不仅要关心工程本身的问题,而且还要关注工程所在国及其周边地区和国际大环境的变化所带来的影响。

4. 规范标准庞杂,差异较大

国际工程合同文件中需要详细规定材料、设备和工艺等方面的技术要求,通常参照国际上被广泛认可的标准、规范和规程,如国际标准化组织(International Organization for Standardization,ISO)、美国国家标准学会标准(American National Standards Institute,ANSI)、英国国家标准(British Standard,BS)等,但也涉及所在国使用的标准、规范和规程。还有些发展中国家经常使用本国尚待完善的暂行规定。这些技术准则的庞杂性无疑会给工程的实施增加一定的难度。

二、国际工程咨询

咨询的原意为"征求意见",现代咨询被赋予了更丰富的内容和含义。工程咨询(Engineering Consulting)指在工程项目实施的各个阶段,咨询人员利用技术、经验和信息等为客户提供的智力服务。换言之,就是咨询专家受客户委托为寻求解决工程实际问题的最佳途径而提供的技术服务。为国际工程项目提供的咨询服务,称为国际工程咨询。

第二次世界大战以后,伴随着世界技术革命和社会经济的发展,工程咨询也开始走向国际市场,其业务范围已由建筑业迅速扩展到水利、电力、交通、矿产、机械、冶金、农业、环境等各个领域,成为一个多学科、跨行业、融合经济与技术的综合性服务行业。按照一般的产业划分方法,工程咨询属于第三产业范畴,但是它与一般的第三产业有着根本的区别。它是知识密集型的高级智力服务行业,咨询人员包括工程师、教授、研究员、会计师及其他具有专门知识的专家和技术人员。工程咨询公司不仅可以为客户提供专门的高新技术(如专利发明等),而且可以协助客户实施工程项目(如可行性研究、工程设计等),从而达到预期的项目目标。因此,工程咨询在工程建设中起着至关重要的作用。世界银行声称自己95%的贷款项目都是成功的,成功的重要原因之一是通过咨询公司参与项目的全过程,帮助与监督业主实施工程项目。

1. 咨询工程师

咨询工程师(Consulting Engineer)是从事工程咨询服务的工程技术人员和其他专业人员的统称。现代工程咨询是现代科学、技术、信息综合运用的智力服务活动，咨询工程师所具有的专业知识、实际经验和信息水平决定了咨询质量，因此，对咨询工程师的素质有很高的要求。在许多经济发达国家，如美国、英国和日本等，对咨询工程师需要进行资格审核和注册，以规范工程咨询的行业管理。咨询工程师应当具备以下业务素质：

(1) 扎实的专业知识和技能

咨询工程师应当具有高水平的业务能力，是专业领域内的专家，能有效从事项目的规划、设计和施工管理等方面的工作，熟悉计算机的应用，能够运用英语或项目所在国通用语言进行交流。

(2) 系统的知识结构

咨询工程师应有较为广博的知识，除了掌握专业技术之外，对于各类工程项目建设过程和特点均应有较深的了解，还应具备一定的经济、管理、金融和法律等方面的知识。

(3) 丰富的工程实践经验

工程咨询是实践性很强的业务，要能够很好地完成诸如项目的可行性研究、工程设计、施工监理和施工管理等各项工作，必须具备丰富的工程实践经验。

(4) 较强的组织协调和管理能力

咨询工程师的工作性质决定了他们除了与本公司各方面人员协同工作，还要经常与客户、合同各方、政府部门、金融机构及物资供应商等发生联系，处理面临的各种问题。这就要求咨询工程师具有一定的组织协调能力和管理水平。

(5) 勇于开拓进取的精神

随着科学技术的迅速发展，新产品、新工艺不断涌现，咨询工程师必须与时俱进，积极进取，及时更新知识并勇于开拓新领域，与新近科技发展及管理技术保持同步，在工程项目的实施中起到引领作用。

除了上述业务素质，咨询工程师还必须具备良好的职业道德，其中，许多咨询行业协会通过制订行业规范和准则来指导咨询工程师的职业行为。国际咨询工程师联合会要求咨询工程师做到的道德准则大致可以归纳为以下几个方面：

(1) 对社会和职业的责任感。

(2) 承担与自己能力相适应的工作并细心努力做好。

(3) 在任何时候均为了委托人的合法权益行使职责，并且正直和忠诚地进行职业服务。

(4) 在提供职业咨询、评审或决策时实事求是，秉持公正性，不接受可能导致判断不公的报酬。

(5) 以客观公正的态度对待同行，不做损害他人名誉和利益的事情。

2. 国际工程咨询业务的特点

国际工程咨询的本质仍然是工程咨询，它与国内工程咨询的业务范围或内容大体上是一致的，所不同的主要是由于项目或服务对象(客户)的性质不同而引起的某些工作方式上的差异。咨询公司在开展国际业务时，在与客户的关系、取得新业务(项目)的程序，以及咨询费用结构等方面均与国内业务有很大差别。除具有工程咨询本身所具有的特点之外，国际工程咨询业务的特点主要表现在以下几个方面：

（1）国际业务一般都采用国际竞争性方式采购咨询服务，因此竞争相对激烈，并且国外项目必须采用国际标准或所在国标准进行设计。

（2）国际业务必须遵守客户所在国建设程序的规定和有关政策法规等要求，如发展中国家注重技术转让，通常要求外国咨询公司雇佣当地专业人员，对于本国的工程咨询业有能力承担的项目，对国外咨询机构参与竞标会有一定限制。

（3）国际客户在语言、文化、地理条件和习俗等方面与国内不同，因此在执行项目过程中与客户的关系和国内有很大差别。此外，相对于国内市场而言，国际工程咨询的突出特点是高风险性。国际工程项目总要涉及不同的政治、法律、社会文化环境，不同的金融政策和税收制度、不同的地理条件及不同国家的技术标准等，所有这些都使得咨询工作变得更加复杂，从而增加了咨询业的风险，使得国际工程咨询除了具有国内市场的一般风险外，还具有更高的政治风险与经济风险等。

3. 国际工程咨询服务对象

国际工程咨询公司的服务范围非常广泛，政府部门、工业企业、财政金融机构、公用事业，以及其他公共和私人机构都可能成为其客户，需要咨询专家为其提供服务，以保证工程建设的顺利进行，提高项目的建设速度、质量和经济效益。就建设项目的主要参与方而言，咨询服务的对象可以是业主、承包商和贷款方或出资人。

1）为项目业主服务

一般来讲，项目业主自身没有工程能力或缺乏所需的工程专业知识，需要咨询工程师为其提供服务以实现项目的完成。通常电力公司不具备建设电站的能力，石油、化工企业并不确切掌握如何建设工艺精湛、效率先进的炼油厂和化工厂。即便客户拥有自己的工程部门，但其专业水平并不一定能胜任所需要面对的咨询任务。对于规划、系统设计、市场调查和可行性研究等工作，项目业主不一定需要拥有从事这些工作的固定机构，特别对许多中小企业来讲更是如此，聘请外部的咨询专家在经济、效率、水平等方面都是更好的选择。因此，为业主提供咨询服务是咨询公司业务中最基本、最广泛的形式之一。咨询工程师的基本职责是提供工程所需的技术咨询服务，或者代表业主对设计及施工中的质量、进度和成本等方面的工作进行监督和管理。咨询工程师所承担的业务范围既可以是项目全过程咨询，也可以是阶段性咨询。

2）为承包商服务

在选择为工程项目提供设备的制造商和负责土建与设备安装工程的施工公司方面，业主多采用招标的方式选择，以期保证技术水平和工程质量的前提下获得较低的工程造价。对于大型、特大型的复杂技术项目，设备制造商和施工公司由于自身知识范围和技术能力所限，往往要和工程咨询公司合作，共同参与工程投标。这时，工程咨询公司是作为参与竞标者的设计分包商为之提供技术服务的。咨询公司分包工艺系统设计、生产流程设计以及不属于承包商制造的设备选型与配套任务，编制设备材料清册、工程进度计划等，有时还要协助澄清有关技术问题；如果承包商是以交钥匙的方式总承包工程，咨询公司还要承担土建工程设计、安装工程设计，并且协助承包商编制成本估算、投标估价，同时帮助设置现场组织机构、编制施工进度计划和设备安装计划,参与设备的检验与验收,参加整套系统调试、试生产等。

此外,国际上许多大型项目的承包商,常雇用知名咨询公司为其提供项目全过程的管理服务,或聘请他们进行项目的合同管理、成本管理或索赔管理等。

3) 为贷款方服务

(1) 为贷款银行服务

工程咨询公司常作为贷款银行的顾问,对申请贷款的项目进行评估,以便对项目贷款做出正确的决策。由于被聘请的咨询公司必须满足与该项目有关各方没有任何商业利益和隶属关系的条件,所以有时又称做独立工程师(Independent Engineer)。咨询公司的评估侧重于项目的工艺方案、系统设计的可靠性和投资估算的准确性,并对项目的财务指标再次核算或进行敏感性分析。银行要求独立工程师不受业主和项目相关利益方的影响提出客观、公正的建议并提交全面的报告。独立工程师的项目评估报告是银行贷款决策的重要参考依据。

(2) 为国际组织贷款项目提供咨询服务

这里的国际组织是指跨国的金融、援助机构,包括世界银行和联合国开发计划署、粮农组织及其他地区性开发机构,如亚洲基础设施投资银行、亚洲开发银行、泛美开发银行、非洲开发银行等,这类机构的贷款都具有援助性质。为了保证贷款充分实现其目标,国际金融组织一般要求其借款人(业主)聘请咨询公司。首先,考虑到发展中国家的工程技术水平与项目组织实施能力有限,凭借咨询公司对项目提供技术支持,帮助业主能够组织完成比较复杂或比较庞大的项目,提高项目的成功率,并且以相对较低的造价达到项目预期目标,从而发挥贷款的最大效益;其次,对项目的执行情况实施监督,贷款机构要求咨询公司提供阶段性工作报告,以掌握项目是否按有关的贷款规定执行,确保设备与土木工程国际招标过程中的公开与公正性,并对项目实施予以干预和控制。据统计,在国际工程咨询公司的支持下,世界银行贷款项目的成功率在95%以上。由此可见工程咨询公司在国际金融机构贷款项目中发挥着十分重要的作用。

三、国际工程承包

工程承包(Engineering Contracting)一般是指工程公司或其他具有工程实施能力的单位受业主委托,为业主的工程项目或其中某些子项目所进行的建造与维修活动。国际工程承包指参与国际工程项目的承包活动。

国际工程承包的参与者可分为业主、咨询工程师(或称工程师)和承包商三方,其中任何一方都不一定是单个的自然人或法人,例如工程项目的业主可能涉及工程所在国政府的几个部门,或者若干个合营或投资者,还可能有银行和贷款财团参加;承包方也可能涉及多家承包商以各种各样的合作方式共同完成一个工程项目。

1. **工程承包与一般货物贸易的区别**

工程承包是交易活动的一种方式,但又不同于一般的货物贸易,主要表现在以下三个方面。

(1) 承包工程合同客体——工程项目的不可移动性

通常工程的实施只能或者基本上要在工程所在地进行。这样就产生了一系列的问题,如劳务、材料、设备要集中于工程现场,从而需要建造大量临时性设施。在遇到各类问题时,只能在现场返工或维修,如果出现无法弥补的质量问题,就只能拆除重建,这无论对于业主还是承包商都是严重的损失。因此,承包商、业主和工程师必须认真加强管理,严格保证工程质量。

(2) 履约时间——施工周期的长期性

工程承包比普通贸易活动的履约时间相对要长得多,特别是大型工程项目的承包建设,如水电站工程、矿山工程、港口工程等,有些长达数年甚至更长。履约周期长会出现很多不可预知的因素,从而工程风险随之增大。为此,工程承包合同应当对可能出现的各种风险因素及对应的补救措施做出明确的规定。

(3) 履约过程的渐进性和连续性

工程的特性决定了承包合同只能连续地渐进式履约,而且必须按照一定的程序步步推进。这种履约方式,要求周密和详细的计划与统筹管理,科学严格的监督与检验制度,还要有合理和可行的计价与付款方式。

国际工程承包除了具有上述工程承包的所有特征之外,还有其专有的特征——国际性,这就使得它比一般的工程承包更为复杂。

2. 国际工程承包与国内工程承包的区别

国际工程承包与国内工程承包相比,除了具备工程承包的一般特点外,由于其面对的是国际承包市场,因而还具有一些独特的特征。概括起来,主要有以下5个方面:

(1) 综合性与多样性

国际承包是综合性的出口业务,就某一具体工程项目而言,一般以劳务出口为基础,以技术合作为核心,包括劳动力、资金、设备、材料和成套设备等出口,综合性强,要求水平高。而在不同的时间和国家,项目内容又具有多样性,某一时期可能集中力量针对重点工业项目,建造的多是钢结构和钢筋混凝土结构工程;而下一时期又可能是民用建筑,以砖混结构或木结构等为主。综合性和多样性要求承包企业必须具备一定的人力、财力和物质条件,同时也要有较强的适应能力,才能争取到更多的机会。

(2) 变化性

国际工程承包市场对工程的需求具有很大的弹性,除了受资金和投资方向的制约外,世界经济及各个国家、地区的经济发展趋势、政治形势等,都对工程需求有很大影响。因此,当经济处在上升时期,并且政局稳定,需求量可能会大幅度增长;而在经济发展处在萧条时期,政局不稳时,需求量则可能大幅下滑。这种变化性有时甚至比一般工业品市场更为突出。

(3) 周期性

国际工程承包项目一般都是一个国家或地区的重要或大型工程项目,因而需要通过国际承包方式,借助国际工程力量来完成。这些项目往往都需要花费较长时间,少则两三年,多则可达到十年以上,从而对承包企业的实力和承包环境的稳定性都有很高要求。

(4) 竞争性

由于国际工程承包市场利润较大,且能带动国内劳务和产品的出口,因此许多国家(尤其是发达国家)都力图通过国际工程承包来获得劳务和产品的出口机会,以减少国内就业压力,促进国内经济发展。但国际工程承包市场的总量有限,从而在总体形势上,国际工程承包市场供过于求,竞争十分激烈。

(5)风险性

国际工程承包项目任务艰巨,投资较大,特别是由于工期较长,易受市场和环境的影响,增加了工程建设过程中的不确定性,从而造成了工程承包的风险性普遍较高。

3. 国际工程承包的业务范围

(1)工程设计。包括基本设计和详细设计,基本设计一般在承包合同签订之前进行,其主要内容是对工程项目所要达到的规格、标准、生产能力等方面的初步设计;而详细设计一般在承包合同的签订之后进行,其中包括机械设计、电器设计、仪表仪器设计、配套工程设计及建筑物设计等,详细设计的内容往往根据工程项目的不同而有所区别。

(2)技术转让。在国际工程承包中往往涉及工程所需的专利技术和专有技术的转让问题。

(3)机械设备的供应与安装。工程项目所需的机械设备既可由业主提供,也可由承包商提供,还可由双方分别提供不同的设备,设备的安装主要涉及技术人员的派遣及安装要求等。

(4)原材料和能源的供应。原材料和能源的供应与机械设备的供应一样,即可由业主供应,也可由承包商提供,还可由双方分别提供不同的部分。

(5)施工。施工主要包括工程建造及施工人员的派遣等。

(6)资金。资金应由业主提供,但业主往往要求承包商提供信贷。

(7)验收。验收主要包括验收方法、验收时间和验收标准等。

(8)人员培训。人员培训是指承包商对业主派出的人员进行有关项目操作技能的培训,以便他们在项目建成并投入运营后,充分掌握该技术。

(9)技术指导。技术指导是指在工程项目建成并投入运营以后,承包商为使业主能维持对项目的运营继续对业主进行技术指导。

(10)经营管理。有些承包合同是属于 BOT 合同,即要求承包商在项目建成投产并经营一段时间以后,再转让给业主,这就使经营管理也成为承包商的一项重要内容。

上述广泛而又复杂的承包内容说明,作为承包商不仅要使各类人员与施工设备配套到位,还必须具有较高的组织管理水平和技术水平。

四、国际工程项目建设的一般程序

尽管各个国家可能用法律或法规等形式来规定适合该国的基本建设程序,但一般来说,都可以概括为以下 5 个阶段:机会研究阶段、可行性研究阶段、执行阶段、竣工验收阶段和考核评价阶段。

1. 机会研究阶段

机会研究,实际上是对某一产业部门、区域或某一项目的投资机会的研究,可以由业主提出规划事项,由专门的经济部门(如经济计划部)或由工程咨询公司协助负责完成。对于一个项目进行机会研究的目的,是试图通过初步的调查研究,探讨项目建设的必要性和可能性。这一阶段的成果,可能是一份研究报告,也可能是一份简明的投资建议书。

如某工业项目的机会研究,主要包括以下几项:

(1)所生产产品的用途,及其在国民经济或人民生活中的地位或重要性。

(2) 初步的市场调研报告,即产品的潜在市场,包括当前的市场需求和未来市场发展的潜在需求。

(3) 当前经济因素的调查,特别是涉及生产这种产品的资源条件。

(4) 其他国家在类似条件下发展这种工业或产品的一般情况。

(5) 本项目与其他产业部门的关系,或它与国际有关产业部门的联系。

(6) 产品生产的延伸可能性及其延伸时可能遇到的主要问题。

(7) 经济性的一般分析。

(8) 投资趋向和保护政策要求。

(9) 通过上述研究形成的预测结果与结论。

(10) 投资建议。

2. 可行性研究阶段

为了保证投资决策的正确性,在机会研究的基础上还需要进一步开展可行性研究和分析。对某些大型或复杂项目还可能分三个层次进行该研究,即可行性初步研究(亦称预可行性研究)、辅助研究、可行性研究(亦称可行性详细研究)。

可行性研究是对建设项目进行全面的技术经济论证,为投资决策提供较为扎实全面的依据。

1) 可行性初步研究

该研究的内容与可行性研究内容大体相同,只是资料较粗略,故不能对所有的价格、费用、资金运用和赢利性等进行详细计算,而只能是一种估算,它偏重于对机会研究阶段提出的投资建议进行鉴别和估价。

2) 辅助研究

该研究是对项目某方面的专题研究,不是一个独立的阶段,对较复杂的关键性问题,在进行可行性研究之前或同时所进行的某一专题的辅助研究。

3) 可行性研究

该研究是在初步可行性研究的基础之上的进一步深入研究,是对建设项目全面的技术经济论证,为投资决策提供扎实的依据。可行性研究虽然与初步可行性研究框架基本相同,但其数据更为准确、调查范围更为广泛和详细,同时还需要进行多种方案的对比,以便选优,做出更切合实际的方案。

如某工业项目的可行性研究包括:

(1) 实施要点。

(2) 项目背景和历史。

(3) 市场和工厂生产能力。

(4) 原材料投入。

(5) 厂址和坐落地点。

(6) 项目设计。

(7) 工厂机构和管理费用。

(8) 人员。

(9) 制订执行时间安排。

(10)财务和经济评价。

3. 执行阶段

项目实施阶段即投资执行阶段是在做出项目投资决定之后开始的。这个阶段的主要内容和程序大致如下：

(1)执行准备。包括建立执行机构、筹集资金、选定厂址、确定执行计划时间表、最终确定产品大纲和规模等。

(2)设计和工程服务。可以通过咨询设计和工程服务的招标，委托被选定的咨询人进行设计和各项服务工作。

(3)工程招标和投标。包括与承包商签订工程承包合同、设备供应和安装合同。

(4)工程的具体实施。

4. 竣工验收阶段

工程竣工验收是全面考核建设成果、检验设计和施工质量的重要步骤，也是建设项目转入生产和使用的标志。验收合格后，建设单位编制竣工决算，项目正式投入使用。

5. 考核评价阶段

建设项目后评价是工程项目竣工投产、生产运营一段时间后，在对项目的立项决策、设计施工、竣工投产和生产运营等全过程进行系统评价的一种技术活动，是固定资产管理的一项重要内容，也是固定资产投资管理的最后一个环节。

第二节 国际工程与国际经济合作

一、国际经济合作的范畴

国际经济合作是指不同国家(地区)政府、国际经济组织和超越国际界限的自然人与法人，为了共同利益，在生产领域和流通领域(侧重生产领域)所进行的以生产要素的国际移动和重新合理组合配置为主要内容的、较长期的经济协作活动；国家间的经济政策协调也是国际经济合作的重要内容。

1. 国际经济合作的方式

(1)国际直接投资合作。

(2)国际间接投资合作。

(3)国际劳务合作。

(4)国际技术合作。

(5)国际工程建设合作。

(6)国际服务合作。

(7)国际经济政策协调与合作。

(8)国际经济信息与经济管理合作。

(9)国际信息与管理合作。

(10)国际发展援助。

（11）区域经济一体化。

2. 国际经济合作的特征

（1）国际经济合作的根本特征

当代的国际经济合作是主权国家间的经济协作，相互尊重主权、坚持平等互利是开展国际经济合作的必要前提和基本原则，所以在主权国家间进行经济合作是当代国际经济合作的最根本特征，也是判断是否是真正的国际经济合作的主要标志。

（2）国际经济合作的综合特征

当代国际经济合作具有全球性、经常性和持久性的综合特征，并且合作范围广、领域宽、方式灵活多样。在具体的国际经济合作过程中，资本、技术和劳动力等生产要素经常结合在一起发生一揽子的综合国际转移。

二、国际经济合作的影响因素

在竞争日益激烈的国际经济环境中，各国（地区）都把增强国际竞争力当作一项重要任务。投资效益是各国对外投资的直接目的，因而也是国际经济技术合作的重要影响要素。从传统经济地理学的角度来看，区位要素、资源特征和交通条件是国际经济技术合作的基础。同时，行政环境、信息中介和中心城市吸引力也影响着国际经济技术合作。影响国际经济技术合作要素体系和各要素之间的关系如图1-1所示。

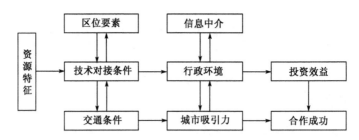

图1-1 影响国际经济技术合作要素体系和各要素之间的关系

1. 投资效益

投资效益是国际经济技术合作的核心，任何投资者或国家计划都把投资效益、利润最大化作为最直接的投资目的和战略目标，投资的时效性也包含在投资效益要素之中。

2. 行政环境、信息中介和中心城市吸引力

行政环境是国际经济技术合作顺利进行的根本保障，政府制定的各种政策和措施直接决定一个地区的竞争力大小，影响该地区的经济吸引力。准确、快速的信息是国际经济技术合作运行的血液，是保证合作效益、价值的介质，也是城市吸引力的重要决定因素。良好的行政环境是国际经济技术合作兴衰成败的重要因素。城市为企业提供载体和环境条件，国家竞争和产业的国际竞争主要是通过国际城市竞争来实现的。

3. 技术对接条件、区位要素和交通条件

技术对接又称技术合作，是指不同国家（地区）的企业或技术研究开发机构进行的技术联合，实现技术资源的共享与交流，缩短技术开发周期。技术对接条件既是国际合作中吸引技术、人才与信息的重要手段，同时也极大的影响国际竞争力。

优越的区位要素和便捷的交通条件在国际经济技术合作中也发挥了不可忽视的作用。区位要素是指一定的产业(部门、行业)生产所应当具备的外部和周围的环境条件,协作配套的生产和服务系统,即各种产业与其区位要素之间存在着耦合关系。

4. 资源特征

单纯的自然资源特征要素在现代国际经济技术合作中的影响力正在减弱,现代资源要素除自然资源外,还应该包括基础设施资源、人才资源、技术资源和信息资源等。

三、国际经济合作与国际工程的关系

国际工程是综合性的国际合作业务,是国际经济合作的重要组成部分。工程承包作为国际经济合作的重要内容,是货物贸易、技术贸易和服务贸易的综合载体,能够有力带动资金流动、设备的出口和技术贸易的发展。国际工程的发展是由国际经济合作的发展带动的。但是国际工程相比于一般国际经济合作也存在如下特殊性。

1. 国际工程项目实施周期较长

由于国际工程项目规模较大,一般都有一个较长的实施周期,短则1~3年,长则达10年左右。而一般的国际经济合作在货物交易完成后即结束,周期较短。较长的周期导致了国际工程与世界贸易交易额的变化趋势相近但是常伴有一定的滞后期,如受国际经济危机和经济复苏影响有滞后现象。

2. 国际工程参与方较多

国际工程涉及较多的参与方,需要整个供应链的配合。虽然国际工程承包总合同的签约人只有业主和承包商两方,但项目实施过程中,会涉及多方面的关系人。业主方面有其咨询公司和业主代表等;承包商方面有合伙人或分包商、各类材料供应商等。在业主和承包商之间还有银行和保险公司等担保人或关系人。另外由于工程项目的规模和性质不同,有的大型工程项目的实施,不仅包括业主和承包商两方,而且还涉及几十家公司,需要签订几十个合同。而一般的国际经济合作往往只需要交易双方的参与。

3. 国际工程质量不易控制,经营风险大

国际工程承包作为跨境的行为,是技术、资金、劳务和物资的综合输出。由承包商派出人员,带着资金技术就地采购或由本国出口或从第三国采购设备及材料,在买方境内施工。承包商在实施的过程中,要受到各种条件的制约和影响,其中有许多因素是承包商无法提前估计和控制的,工程质量控制难度加大,使得这项经济活动潜存较大的风险。同时,工程承包比普通贸易活动的履约时间长,特别是大型工程项目的承包建设,如水电站工程、矿山工程、港口工程等,一般长达数年。履约周期长将产生较多的不可预见因素,工程风险增大。普通的商品贸易则是在卖方境内生产商品,销售至买方国内,对生产流程及市场环境有着充分的了解,产品是固定的、交易前生产的,风险相对较小。

4. 国际工程项目间差异大

国际工程由于项目所在国家的地理位置不同、社会制度不同、风俗习惯不同、自然条件不同、法律法规不同,加上工程项目本身的性质、规模、要求不同,施工条件、施工组织、施工方法也各有特色,相对于一般国际经济合作的内容与产品,其项目间的差异较大,这也使得这类国际经济合作管理经验的积累较为困难,经验的普适性不大。

第三节　国际工程管理人才的基本要求

一、国际工程市场发展对专门人才的需求

中国工程企业在国家"走出去"战略的指引下，近年来国际工程事业发展十分迅速。目前，我国已成为全球对外承包工程的第六大国，并开始步入快速、良性的发展轨道。尽管如此，也应看到我国与发达国家同类公司仍存在较大差距。在国际工程市场中，欧、美、日等发达国家公司垄断市场的程度很高。据美国《工程新闻纪录》(Engineering News Record, ENR) 统计，2014 年全球 250 家最大承包商中，来自欧、美、日的公司 98 家，占 39.2%，但却占有国际工程承包总营业额的 62.2%。由于大部分国际工程市场被发达国家公司所占据，我国公司要进一步扩大市场份额并不容易。和发达国家相比，我国企业在国外承包的大型或超大型工程项目较少，工程咨询设计的国际竞争力较弱，设计—建造、交钥匙总承包、BOT 项目比较少，经济效益并不理想。产生上述问题的根本原因之一便是国际工程专门管理人才的匮乏。

由于历史的原因，我国工程技术人才总体素质比较高，理论基础好，实践经验丰富，但最缺乏的是工程管理人才，特别是高水平的国际工程管理人才。中国企业在开拓国际工程市场过程中培养了一批人才，但数量和质量远跟不上形势要求。中国在加入 WTO 之后许多的外国公司进入了我国市场，国内的高端市场逐渐国际化，当然我国工程企业也有了更多进入国际市场的机会。面对这些机遇和挑战，亟须培养大批高水平的国际工程管理人才，特别是外向型、复合型、开拓型的管理人才，这样才能从根本上提高我国企业的综合素质和核心竞争力。

二、国际工程管理人才的素质要求

国际工程是一项跨国经济活动，涉及多个专业和多个学科，因此对国际工程管理人才的素质要求也很高。国际工程管理人才应是具有国际视野的复合型、外向型、开拓型、创新型的高级管理人才。

1. 复合型

复合型指知识结构要硬、软结合系统全面，即一方面应具备某一个专业领域的工程技术理论基础及实践经验，另一方面要具有管理学和经济学的理论基础。我国过去的人才知识结构单一，很多人仅是某一领域的技术专家，然而参与国际工程咨询或承包，常常要求既懂技术又懂管理和经济的全面人才，否则将不能胜任。工程技术理论基础一般指在一个专业领域具有工程师的知识结构和基础，这个领域可以是土建，也可以是化工、水利、电力、通信等。管理学基础包括管理学、运筹学、组织行为学、市场学、管理信息系统、工程项目管理、合同管理、工程估价以及相关法律知识等。经济学基础包括经济学、会计学、工程经济学、国际贸易、国际金融、保险以及公司理财等。

2. 外向型

外向型不仅指外语水平,更包括了解和熟悉相关的国际惯例。具体表现在:

(1)技术方面。熟悉国外通用的设计规程、技术规范、实验标准等,能看懂外文的有关技术文件。

(2)经济方面。了解国际上有关贸易、融资、工程保险以及财务的要求。

(3)管理方面。掌握国际工程项目管理原理,特别要熟悉合同管理以及工程进度、质量和成本管理。能够使用国际上通用的计算机软件进行项目管理。

(4)外语方面。除具有熟练的外语听说、阅读能力和较好的信函、合同书写能力外,还应熟悉和理解国际通用的项目管理专业用语和合同文本。

3. 开拓型

开拓型主要指从事国际工程的高级管理人才所应具备的思想素质。

(1)判断决策能力。具有战略发展眼光,能把握国际工程市场的发展趋势,从而对企业和项目进行目标管理。从事国际工程管理不仅要熟悉本行业的知识,更要有敏锐的洞察力,对新事物敏感,善于抓住机遇,主动寻找机会,开拓新市场。国际工程情况复杂,瞬息万变,此种能力在国际市场中显得尤为重要。

(2)强烈的进取精神。国际工程是一项具有风险性的事业,工作地点常在不熟悉的国家和地区,和陌生的合同各方以及外国政府机构、群众团体打交道,因而会遇到许多未知的状况。这就要求,具备较好的心理素质和风险管理能力。

(3)组织管理能力。由于在国外实施项目具有一定的复杂性,更需要依靠领导团队的集体力量和发挥各级工作人员的积极性,民主决策、科学决策。

(4)注重公关技巧。有随机应变快速反应能力,懂得"双赢"原则,善于按照"伙伴关系"和"团队精神"平衡合同各方及政府、群众团体的利益,解决棘手问题。

4. 创新型

(1)创新意识和创新能力。国际工程项目往往是跨多种文化的项目,由于参与方各自国家和民族的文化背景和工作习惯的不同,工作中将会遇到许多新问题,因而要求国际工程管理人才应具有独立分析问题、解决问题的能力和创新精神。

(2)自我完善和自我发展的能力。国际工程管理人才还应善于不断总结经验,善于通过实践和多种渠道进行学习,不断提升自己的工作能力。从事国际工程管理的人员应具有民族责任感,意识到自己在海外的一言一行,不仅代表个人,代表所在的企业,更是代表了国家形象,因而应该在各方面自觉地严格要求自己。经过海外工作的锻炼,将自己锻造成高水平的国际工程管理人才。

三、大力培养各种类型的国际工程管理专家

国际工程市场是一个潜力巨大但竞争激烈的市场,人才资源对于国际工程企业的发展具有基础性、战略性和决定性的意义。作为重要的战略发展措施,国际工程企业应有意识地培养一大批各种类型的国际工程管理专家,提升企业的国际竞争力。

1. 国际工程企业家

企业家应是技术专家和社会学家相结合的领导者。国际工程企业家首先要具有战略管

理眼光，即是从企业的整体和长远利益出发，根据企业的经营目标、内外环境和资源条件进行规划和决策；还要善于研究市场，注重国内市场的同时，将开发国际工程市场列为企业的重要战略目标；敢于面对风险，善于管理风险，实事求是冷静地分析处理问题。国际工程企业家还必须十分重视塑造企业品牌。日趋激烈的国际工程市场竞争要求企业除具有管理优势、技术优势之外，还应具有品牌优势。坚持诚信与高质量工作，长期积累能够提升公司形象，塑造企业品牌。这是一种宝贵的无形资产，对长期立足国际工程市场具有关键意义。

2. 国际工程项目经理

除了应具备复合型、外向型、开拓型和创新型的基本素质外，必须对国际工程项目管理的知识体系有深入的理解，能够使用外语与有关各方直接沟通，善于建立适应国际工程项目管理的组织机构；善于发挥项目组每一个人的业务才能和管理才能，特别是面对来自多国的管理和施工人员时，要具有能管理好"国际化团队"的能力和胸怀；对项目的重大问题及时决策；善于分析和管理项目风险；善于做好与项目有关各方的沟通和协调，注重诚信和守约，用"双赢"的思维去解决矛盾和纠纷。

3. 国际工程咨询专家

指能从事国际工程项目的策划、可行性研究、评估、设计和监理等咨询工作的专家，熟悉国际通用的各种技术规范，并具备工程项目管理的能力。国际工程咨询专家进入国际工程市场，可以帮助企业得到更多设计建造及交钥匙等总承包的大型项目。投标时如果有设计专家参与，既可以帮助理解招标文件的设计方案和规范要求，又可以帮助提出"备选方案"（Alternative Bid），有利于中标。

4. 国际工程合同管理专家

国际工程合同是工程合同中最复杂、最严格的合同，一个工程项目往往需要数十份合同。合同专家不仅应该会编写投标文件，又应能快速地理解和掌握对方的招标文件，及时提出问题，并在合同谈判中顺利解决问题。合同管理是工程项目实施中的核心工作，包含对技术、进度、质量、成本、健康、安全和环境等多方面的管理，还包括风险和索赔管理，这些内容均需要符合合同条款。合同管理专家应具备在各种复杂情况下运用合同保护自身合理、合法权益，提高企业综合效益的能力。

5. 投标报价专家

投标报价时既要熟悉市场行情，又能很快地理解外文招标文件，并发现其中隐含的问题，会运用各种投标报价技巧，编制出高水平的投标报价文件。投标报价专家还要善于在投标过程中分析业主方的心理状态、投标对手的动向，以便及时采用相应的策略争取中标。投标报价的水平是项目能否赢利的重要方面。

6. 工程施工专家

国际工程的施工专家绝不仅仅是指熟悉施工技术、善于进行现场施工组织管理的工程师，还应该了解和熟悉国际上通用的技术规范和规程，能独立阅读理解合同中的外文技术规范和图纸，熟悉项目管理，特别是合同中对施工进度、质量控制、环境和安全等方面的管理要求。能用外文在现场处理各类施工技术问题，还应善于防范施工风险，具备索赔意识。

7. 物资管理专家

工程项目中物资采购费用通常占到工程总支出的50%～70%，把好物资这一关对项目经费的开源节流、保证工程质量以及项目的顺利实施和赢利都非常重要。物资管理专家应十分熟悉各种外贸环节,了解物资市场行情、物资品种、规格、性能,各种运输手段、海关手续、保险事项以及如何进行验收、支付和索赔等。

8. 财务管理专家

应熟悉项目内部的财务管理,特别是工程结算有关问题,懂得国外对项目的各项财务报表和审计的要求,熟悉外汇管理、了解国外有关财会和税收的法律,并能合法避税。从公司财务管理角度还应懂得投资决策和投资风险,特别是海外投资有关事宜。

9. 融资专家

融资是开展国际工程业务中的重要环节,开展国际业务的企业应注重培养具备融资理论、了解融资途径、熟悉融资手续和掌握融资方法的专家。他们应在国内外金融界有较为广泛的关系,使公司在需要时能及时得到资金支持。融资能力是承揽大型工程总承包项目和 BOT/PPP 项目的重要基础和前提。

10. 风险管理和保险专家

工程项目的风险是客观存在的,识别、分析、评估和管理风险,包括合理分担、回避、转移和有计划的自留风险都是风险管理专家的任务。国外也有专门的风险管理公司提供这方面的专业服务。保险是风险对策的一项重要工具。了解和熟悉各类(如设计、施工、运输、人员等)保险的相关规定,顺利策划和购买保险,并在保险事故发生后及时进行保险索赔等都是非常重要的。

11. 索赔专家

索赔是一种正当的权利要求,一方面应该使参与项目的每个人都具有索赔意识,善于捕捉索赔机遇;另一方面要有专门的索赔专家自始至终管理索赔。索赔专家应十分熟悉有关法律、法规和项目的合同(特别是合同条件),掌握国际上有关索赔的案例和索赔的计算方法。索赔专家还应具有"敏感、深入、耐心、机智"的品质。一个项目索赔专家小组的人员最好不要轻易变动,因为索赔是一个连贯性很强的工作,要固定人员持续努力才有较大的成功机会。

12. 信息管理专家

公司的信息资源管理应该包含三个方面的内容:一是公司内部网络,不同等级具有不同的权限,能实现内部信息资源的有效流通及共享;二是公司和国内外各个分公司以及项目经理部的网络联系,通过这个网络可以及时传递信息,请示汇报和传递决策意见;三是电子商务网,包括市场信息、招标投标和货物采购等均可在网上进行。公司应有信息管理专家,负责设计、更新和维护信息管理系统,以保证公司在一个高效率的信息平台上运行。

13. 安全管理专家

安全管理工作贯穿于工程项目的始终,涉及从投标中的安全评估至提出施工安全方案和现场的安全管理等环节。所以安全管理专家应具有完整的、多方面的工程专业技术知识,熟悉安全评估、防范、救助等工作内容,并且还应熟悉国际劳工组织(International Labor Organization,ILO)的职业安全健康管理体系(OSH 2001)系列标准以及合同适用法律国有关工程安全、福利、防火等相关法律及惯例。

14. 环境保护专家

环境保护专家应在规划、设计和施工之前提出环保方案,在施工中监测对健康有害的各种因素；对供应商、分包商的环保资质进行审查；同时还应熟悉环境管理体系(ISO 14000)系列标准以及工程所在国与环保有关的法律。

15. 法律专家

一般的国际工程项目多半在工程所在国聘请当地的律师协助了解当地法律，进行诉讼或仲裁。从长远考虑，中国企业应该着力培养一批复合型、外向型的本公司专属法律专家，使他们不但懂得国际上与工程相关的法律，而且也了解本公司主要从事的专业技术知识，同时具有较高外语水平。一方面可以帮助提高公司成员特别是领导层的法律意识，协助制定、审查重要的国际工程合同；另一方面可以协助海外项目经理聘请合适的当地律师。如发生较大的纠纷提交仲裁时，一个案子可能拖延几年甚至更长时间，完全依靠当地律师价格昂贵且有较多不便，本公司的律师此时将会发挥重要作用。

第二章　国际工程市场及市场主体

> **学习目的与要求**

本章阐述了国际工程市场的概念和特点，介绍了国际工程市场的分类以及工程项目参与方，分析了国际工程经营管理模式、国际与国内工程承包市场的区别和联系。通过本章的学习，应掌握国际工程市场的参与方及国际工程管理模式，并了解国际工程市场与国内工程市场的区别和联系。

第一节　国际工程市场概述

一、国际工程市场的形成与发展

19世纪中期，西方国家在向其殖民地和经济不发达国家输出资本的过程中，带动了西方建筑师和营造商进入接受其投资国的建筑市场，形成了早期的国际工程市场。现代国际工程市场的发展大致经历了以下几个阶段。

1. 第二次世界大战后到20世纪60年代

第二次世界大战后，许多国家百废待兴，建设规模巨大，建筑业得到迅猛发展。但到了20世纪50年代的中后期，一些发达国家在战后恢复时膨胀发展起来的工程公司，因其国内市场需求相对减少而转向国际市场。这时的国际资本也开始向不发达国家流动，加上联合国开发机构和国际金融组织纷纷给第三世界国家提供贷款和援助，国际工程市场开始活跃起来。

2. 20世纪70年代中东石油市场的繁荣进一步推动了国际工程市场的蓬勃发展

20世纪50~60年代中东地区石油的发现和开采，特别是70年代许多国际石油公司争相在这一地区投资，使中东地区成为全世界关注的焦点。中东的产油国家外汇收入剧增，雄厚的资金积累使得中东国家除了继续兴建油田、炼油厂和相应的石化厂外，还大规模修建输油管道、港口、码头、公路、铁路、机场，以及与石油有关的各类工业和能源、水源项目；另外，过去人烟稀少的海滩和沙漠区域也建造起一座座现代化的新城市。70年代的中东和北非地区，特别是海湾地区的产油国，每年的工程承包合同金额达数百亿美元。这些国家既缺乏生产、设计和施工的技术,又缺乏熟练的劳务人员,因此各国的咨询设计、建筑施工和专业安装公司,以及各类设备和材料的供应商及数百万名外籍劳务人员同时进入中东,使这一地区成为国际工程的中心场所,也推动了国际工程市场的快速发展。

3. 20世纪80年代以后出现分化并进入相对稳定的时期

中东建筑市场的繁荣在1981年达到了顶峰,这一年中东地区国际工程承包合同总金额达到800多亿美元(不含当地公司承包的合同金额)。但1982年以后,国际市场石油价格回落,加上两伊战争的影响,中东各国石油生产量和出口量大幅度下降,石油收入锐减,制约了中东各国经济的发展。随后的海湾战争及地区局势的不稳定,中东各国不得不大力压缩发展项目,削减建设投资,放缓建设速度,使繁荣了十多年的中东国际工程市场逐渐低落下来。

建筑业的兴旺与低落,通常是与经济发展形势紧密联系的。在中东经济回落的80年代后期和90年代前期,东亚和东南亚地区利用外资的步伐加快,使得这一地区的许多国家,如韩国、新加坡、马来西亚、泰国和印度尼西亚等国,以及我国香港和台湾地区的经济增长率远高于世界其他大多数地区。许多发达国家积极将劳务密集型工业和可利用当地资源的项目转移到这些国家和地区,这不仅进一步促进了这些国家和地区的经济繁荣,还拉动基础设施如能源、电力、水源、通信、交通及其他配套服务设施,如城市住房、商业和办公建筑的相应发展,使这一地区成为国际工程市场的热点。

二、国际工程市场的特点

1. 需求波动较大

国际市场对工程的需求具有很大弹性,它直接受世界经济、各国家、各地区经济发展状况与政治局势的左右,还受固定资产投资规模和方向的影响。在政局稳定、经济发展顺利时期,需求量会大幅度增长;而在政局动荡、经济萧条时期,需求量则急剧下降,而且产品结构也会发生很大的改变。这种不稳定性与一般工业市场相比显得更为突出。

2. 需求内容的多样性

所有的工程项目都要按照特定的要求来建造。它们的使用功能不同,在建设规模、结构特点、建设内容等各方面也就各不相同。某一时期可能要集中力量兴建重点工业项目,而下一时期又可能大量建造民用住宅;一些地区需要实施超级巨型工程,如长江三峡工程,而另一些地区则需要开发矿藏、发展交通与旅游事业。需求的多样性要求企业有较强的适应能力,这样才能获得更多的机会。

3. 实行承发包制

国际工程项目的实施一般采用承发包制,不同于其他工业品市场的订购销售方式。施工企业和建设单位通过签订工程合同,明确各自的权利和义务,并付诸实施。

4. 市场竞争激烈,风险大

在国际工程市场上,发达国家的承包商拥有较雄厚的资金、先进的技术和成熟的管理经验,综合经营和抵御风险的适应能力比较强,在竞争中占有比较明显的优势。一般地,从事国际工程承包的企业应比大多数行业的企业具有更完整的业务知识体系和更高的经营水平,能够客观地面对现实,科学地把握趋势。

三、国际工程承包市场

国际工程承包市场是一个非常广阔的市场,也是一个规模宏大的市场。世界经济一体化和全球化浪潮,强烈冲击着工程承包市场的区域保护,并改变着市场的竞争格局,国际工程承包市场在变化中不断发展。

1. 国际工程承包市场现状

(1) 国际工程承包市场潜力巨大

世界经济一体化进程中,发展中国家经济增长速度较快,国际工程承包市场发展潜力巨大,具有较好的发展前景。目前许多国家经济发展的重点之一就是促进国际工程承包市场规模的进一步扩大。

(2) 国际工程技术含量提高

从用途、科技含量和质量要求等角度看,工程承包项目大致分为劳动密集型、技术密集型和知识密集型。目前,发展中国家因在劳动力成本上比较有优势,承建的项目多为相对简单的劳动密集型项目,但近年已开始向技术密集型项目和知识密集型项目上转移;发达国家承包商则凭借其在信息、技术、融资及管理方面的显著优势在工程咨询、工程设计和工程管理等技术密集型业务上表现出了很强的竞争力。根据 ENR 统计,全球最大的 250 家国际工程承包商中的 60% 左右来自欧美国家。

(3) 国际承包商之间兼并与重组频繁

国际工程承包市场发包的单项工程规模正在朝大型化的方向发展,尤其在对大型和超大型项目的运作方面,一般企业很难独立承担项目的巨额融资规模和高度风险。近年来,国际工程承包业的兼并和重组不断发生,大的国际工程承包商在兼并中获得了更多的金融和技术资源,竞争力不断提升。

(4) 市场准入壁垒难以突破

尽管大部分发达国家和地区建筑市场是开放的,但其普遍实施的专业执照、企业许可及人员注册资格制度等,仍对发展中国家企业的进入构成较大的技术壁垒。例如,美国从事给排水、消防、电气、暖通、电梯等专业的建筑公司一律要有专业执照,对建筑师、工程师等个人执业资格的考试十分严格。此外,一些国家在专业人员的资历认可方面,不承认部分发展中国家的工程技术人员学历和专业资历。

2. 国际工程承包市场发展趋势

(1) 工程规模大型化、复杂化

近年来,国际工程承包市场大项目、超大项目不断产生,这也促使大型的、超大型的承包商集团不断出现。国际工程发包额的提升一方面是由于一些发展中国家经济条件的改善,进一步加大了对基础设施投资的力度;另一方面业主为了缩短项目建设工期和尽量减少承包中的中间环节,越来越倾向于委托总承包商提供项目的勘测、设计、设备供货、施工安装、调试、售后维修等一揽子服务。为了整合资源及提升本地化运作能力,众多国际工程承包商相继实施业内资产重组,形成一大批大型国际工程承包企业。另外,国际工程承包市场开放度不断提高,尤其世贸组织《政府采购协议》的生效,使各缔约方政府项目的工程承包市场更加开放。工程承包作为服务贸易的重要组成行业,得到迅速发展,工程承包业将成为发展中国家吸引外资最大的行业之一。

（2）承发包方式多样化

随着世界经济总量不断增加,对工程服务的需求扩大,全球工程市场的投资主体结构正在发生变化,使国际工程的承发包方式更加多样化。这也引起交付系统的变革。EPC（设计—采购—建造）、PMC（项目管理总承包）等一揽子式交钥匙工程,BOT（建设—经营—转让）,PPP（公共部门与私人企业合作模式）等带资承包方式,成为国际大型工程项目广为采用的模式。据有关专家估算,现今带资承包项目约占65%。这将使业主对承包商的素质和能力的要求大幅提高,比如能帮助业主进行项目融资等。

（3）国际工程承包管理规范化

随着国际工程承包市场的风险系数加大,国际承包商的风险防范意识也在增强,加之国际竞争的需要,国际工程承包业务在技术创新、电子化管理、质量管理、环保管理,以及安全管理等方面都逐步规范化标准化。国际服务贸易标准对工程承包商的资质和对服务的质量均提出较高要求,成为市场准入的技术壁垒。

四、国际工程咨询市场

国际工程咨询市场与国际工程承包市场是密不可分的,国际工程项目增多,其对应的咨询市场和承包市场就会同时出现繁荣景象。因此,在第二次世界大战后几十年的发展过程中,国际工程咨询经历了国际工程承包同样的起伏与波动。正是由于国际工程咨询市场的复杂性和高风险性,而且开展业务需要大量的专业信息及智力、知识、经验的积累,目前该市场被发达国家企业所垄断的程度较高,发展中国家的工程咨询公司若要真正跻身于该领域,还需付出更大的努力。

1. 国际工程咨询市场现状

综合考察世界各国工程咨询业的发展状况,可概括为如下几个特点：

（1）工程咨询业在主要发达国家经过一个多世纪的发展,已成为相当成熟和发达的产业,其共同特点是专业领域宽,业务范围大；有较完善的行业法规；机构种类多,从业人员和公司数量多；技术水平高,市场竞争激烈,积极发展海外业务。例如,在较早形成咨询业的美国、英国和法国,多数公司都拥有一批有较高的技术理论知识水平和丰富的实践经验的技术与经济专家,可为各行各业的工程建设进行规划和可行性研究,承担工程设计、设备采购、施工监理等各项具体工作,制定设备和土木工程的招标文件及评选意见,审查承包商的施工组织设计等,为建设管理工作全过程提供服务。此外,还有一些公司,不但开展工程咨询业务,而且也承包工程施工,即工程公司（Engineering Company,也称设计施工公司）。起步较晚的德国咨询业发展十分迅速,现有咨询企业1800多家,其中,1500余家大型公司组成"德国独立咨询企业协会"。20世纪60年代才兴起的日本咨询业已进入稳步发展的阶段,成立了"日本海外工程咨询公司协会",着力开拓海外咨询业务。此外,澳大利亚和其他一些欧洲国家也都形成了能力较强的工程咨询行业,同参与国际市场竞争。

（2）发达国家咨询市场较为成熟,不仅专业工程咨询公司承揽国内外工程咨询项目,建筑与工程咨询公司、设计施工公司也开发工程咨询业务。由于后两者拥有强大的技术能力和资金实力,并以其业务综合性和开展全过程服务的优势投身于市场角逐,极富竞争性,营业额和社会声望均较专业工程咨询公司更胜一筹。当代科技发展迅速,行业之间、学科之间的专业或业务交叉和渗透不可避免。设计施工机构不同于按设计图纸承包工程的建筑施工企业,在实际业务活动中,以自身优势跻身于工程咨询界并承接工程咨询项目已较为常见。

(3)在国际援助机构及国际金融组织(如联合国开发计划署、世界银行、亚洲基础设施投资银行、亚洲开发银行、非洲发展银行等)的协助下,发展中国家的工程咨询业也在快速发展。这些国家大量的工程建设不仅为世界咨询业提供了市场,而且为本国咨询业的产生和成长创造了条件。因为绝大多数国际咨询业务都有来自发达国家有经验的咨询工程师参加,他们带来了技术和经验,在完成咨询业务的同时,也培养和锻炼了当地的人员。发展中国家咨询业的共同特点是:虽然起步较晚,但发展迅速;重视与外国公司合作,学习发达国家的经验;作为本地公司参与国际机构在本国的援助和贷款项目的咨询,并且积极开发国际业务。工程咨询业发展较快的新兴国家有印度、马来西亚等,相关公司已经熟悉了必要的专业技术和知识,特别是国际工程管理惯例方面的知识,具备了承担大中型项目的能力。

由此可见,国际工程咨询市场是一个充满机遇和挑战的市场。各国咨询公司,不论是发达国家还是发展中国家,都在发挥自身优势,争取在这片领域获得一席之地。对于我国来说,我们缺少的不是工程咨询所依赖的专业技术,而是在标准、规范、管理上需尽快与国际惯例接轨,只有真正懂得国际惯例、法规、标准等,我国的工程咨询业才能真正参与到国际竞争中,才能带动我国雄厚的工程技术力量的输出,才能改变目前我国工程公司在国际工程市场上专业技术水平高而业务量低的局面。

2. 国际工程咨询市场发展趋势

伴随着激烈的市场竞争和技术与管理的进步,国际工程咨询业务近年来逐渐显露一些新的发展趋势:

(1)形式更加多样,工程咨询与工程承包相结合,形成大的集团企业,承接交钥匙工程。

(2)与国际大财团联系紧密,通过项目融资取得项目的咨询权,承接BOT等项目的咨询任务。

(3)以咨询为纽带,带动设备和劳务的出口。

随着咨询的范围越来越广,其作用也更加突出。一些咨询公司已经不仅仅是以咨询者的身份参加项目建设,而是以项目组织者的角色提出和选定项目、组织筹资、进行项目规划设计与组织建设等。咨询公司作为项目的总设计师、总组织者,甚至以投资者身份介入工程项目活动。

第二节　国际工程项目参与方

工程建设项目参与方包括项目建设的业主、业主代表、承包商、建筑师/工程师、分包商、供应商、工料测量师、项目资金提供方和政府等。一个项目的建设涉及众多参与方,如图2-1所示,项目的成功取决于所有参与方的努力。

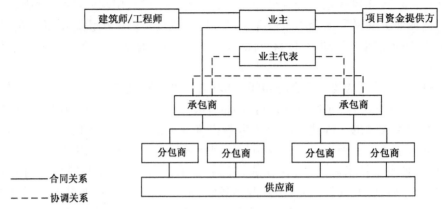

图 2-1 工程项目参与方关系图

1. 业主(Owner/Client)

业主一般是工程项目的提出者、组织论证立项者、投资决策者、资金筹集者、项目实施的组织者,也是项目的产权所有者,并负责项目生产、经营和偿还贷款。业主机构可以是政府部门、社团法人、国家控股企业、民营股份有限公司和个人独资公司等。

2. 业主代表(Owner's Representative/Client's Representative)

业主代表指由业主方正式授权的代表,代表业主行使和履行在合同中明文规定的或隐含的权力和职责。但业主代表无权修改合同,无权免除承包商的任何责任。

在传统的项目管理模式中,对工程项目的具体管理均由(监理)工程师负责。某些监督、检查和管理工作由业主代表承担。总之,业主代表的具体权力和职责范围均应明确体现在合同条款中。

3. 承包商(Contractor)与总承包商(General Contractor/Main Contractor)

承包商通常指承担工程项目施工及设备采购、安装的公司或他们的联合体。如果业主将一个工程分为若干个独立的合同,并分别与几个承包商签订合同,凡直接与业主签订承包合同的公司都是承包商。如果一家公司与业主签订合同将整个工程的全部实施过程或部分实施过程中的全部工作承包下来则是总承包商。

在国外有一种工程公司(Engineering Company),是指可以提供从投资前咨询、设计到设备采购、施工等贯穿项目建设全过程服务的承包公司。这种公司多半拥有自己的设计部门,规模较大,技术先进,在特殊项目中,这类大型公司有时可以提供融资服务。

4. 建筑师/工程师(Architect/Engineer)

建筑师/工程师一般指不同领域和阶段负责咨询或设计的专业人员。他们的专业领域不同,在不同国家和不同性质的工作中承担的职责可能不一致。在英国和美国大体相似,建筑师在概念设计阶段负责项目的总体规划、布置、综合性能要求和外观设计,而由结构工程师和设备工程师来完成设计以保证建筑物的安全。但是在工程项目管理中建筑师或工程师担任的角色和承担的责任是近似的。在各国不同的合同条件中称该角色为建筑师,或工程师,或咨询工程师。各国均有严格的建筑师/工程师的资格认证及注册制度,作为专业人员必须通过相应专业协会的资格认证,而相关公司或事务所必须在政府有关部门注册。

咨询工程师一般简称工程师，指的是为业主就某一具体问题提供有偿技术服务的独立的专业工程师。服务内容可以涉及各自专长的不同专业领域。建筑师/工程师提供的服务内容很广泛，一般包括项目的调查、规划与可行性研究、工程咨询、工程各阶段的设计、项目管理、监理、参与竣工验收、试运行和培训、项目后评价以及各类专题咨询。

国外对建筑师/工程师的职业道德和行为准则都有很高的要求，主要包括：努力提高专业水平，使用自己的才能为委托人提供高质量的服务；按照法律和合同处理问题；保持独立和公正；不得接受业主支付的酬金之外的任何报酬，特别是不得与承包商、制造商、供应商有业务合作和经济往来；禁止不正当竞争；为委托人保密等。

建筑师/工程师虽然本身就是某一方面的专家，但是由于在工程项目管理中涉及的知识领域十分广阔，因而建筑师/工程师在工作中也常常要雇用其他的咨询专家作为顾问，以弥补自己知识的不足，使工作更加完善。

5. 分包商(Sub‐contractor)

分包商是指那些直接与承包商签订合同，承担一部分工程任务的公司。业主和工程师不直接管理分包商，当他们对分包商的工作有要求时，一般通过承包商处理。

国外有许多专业承包商和小型承包商，专业承包商在某些领域有特长，在成本、质量和工期控制等方面有优势。数量上占优势的是大批小承包商。如在英国，大多数小公司人数在15人以下，而占总数不足1%的大公司却承包了工程总量的70%。宏观上看，大小并存和专业分工的局面有利于提高工程项目建设的效率。专业承包商和小承包商在工程中一般都是分包商的角色。广义的分包商包括供应商与设计分包商。

指定分包商(Nominated Subcontractor)是业主方在招标文件中或在开工后指定的分包商或供应商，指定分包商仍应与总承包商签订分包合同。

6. 供应商(Supplier)

供应商是指为工程实施提供工程设备、材料和建筑机械的公司或个人。一般供应商不参与工程的施工，但是如果设备安装要求比较高，一些设备供应商往往既承担供货，又参与和承担设备的安装和调试工作，如电梯、大型发电机组等。

供应商既可以与业主直接签订供货合同，也可以直接与总承包商或分包商签订供货合同，视合同类型而定。

7. 工料测量师(Quantity Surveyor)

工料测量师是英国、英联邦国家以及香港对工程造价管理人员的称谓，在美国称造价工程师(Cost Engineer)或成本咨询工程(Cost Consultant)，在日本叫建筑测量师(Building Surveyor)。

工料测量师的主要任务是为委托人(Client)（一般是业主，也可以是承包商）进行工程造价管理，协助委托人将工程成本控制在预定目标之内。工料测量师可以受雇于业主，向业主建议采购何种合同类型，协助业主编制工程的成本计划，在招标阶段编制工程量表及计算标底，也可在工程实施阶段协助进行支付控制，以至编制竣工决算报表等。工料测量师受雇于承包商时可为承包商估算工程量，确定投标报价或在工程实施阶段协助进行造价管理。

8. 劳务供应商(Labour Supplier)

劳务供应商是指为工程实施提供所需劳务的公司或个人。这些劳务是工程项目直接的参与者,他们使用总包商或分包商提供的设备和材料,完成某项工作。劳务供应商通常按照提供的各类劳务人数和工作时间与总包商或分包商结算,也可以按照完成的工作量结算。国内通常称为"包清工"。

9. 项目资金提供方(Project Financier)

项目资金提供方是为工程项目提供所需资金的单位,通常是银行等金融机构。项目资金提供方可以向业主,也可以向承包商提供资金。国内通常以"买方信贷"和"卖方信贷"来区分两种融资模式。通常情况下,业主的行为要受项目资金提供方的约束。例如,世界银行贷款项目要求遵循世界银行采购指南的规定,选择承包商的结果要经世界银行批准等。

10. 政府(Government)

政府对工程项目的管理主要注重工程项目的社会效益和环境效益,其中既包括对可以促进地方经济繁荣和社会可持续发展,能够解决当地的就业和其他社会问题,可以增加地方财力,改善地方形象的工程项目的扶持与帮助,也包括高能耗、高污染等项目的限制。

政府不仅是经济运行的宏观调控者、以某种方式直接介入市场活动,它还是国有资产的所有者、公共服务的提供者,以及一些商品和劳务的购买者。在工程项目中,当地的海关、税务和公安等部门也是实施国际工程项目过程中频繁交往的政府权力部门。

一个工程项目的实施除了涉及上述有关各方外,还可能与当地公众团体、民族和宗教团体等有直接或间接的联系,因此要十分小心谨慎地处理这些关系。

第三节 国际工程管理模式

一、国际工程承包的内容

在国际工程承包中,承包商可对任何种类的工程项目和项目实施的各阶段进行承包。因此,国际工程承包内容多样,市场广大,机会众多。国际工程承包主要包括以下内容:

1. 建设全过程承包

建设全过程承包也称"交钥匙工程"、"统包"和"一揽子承包"。采用这种承包方式,承包商要根据业主提供的工程建设可行性研究报告及设计要求,完成工程设计,组织工程施工,并负责工程维修期的维修任务和职工培训,即业主将设计施工任务全部包给一家承包商。最后由承包商向业主提供竣工工程。这种承包方式适用于大型复杂工程,如大型工业建筑或水利工程。这种工程由于设计中新型工艺较多,工程项目组成复杂,投资金额较大,工期较长,是风险较大的技术密集型工程。因此,要求承包商在设计、施工、生产设备安装及试生产等各方面具有总体经营能力及丰富的经验。由于实施难度较高,承包商可望获得较高的利润。因此,世界各大型工程公司争相承包此类工程。

2. 阶段性承包

阶段性承包是指仅承包建设过程中某一阶段或某些阶段的工作。如工程设计承包、工程施工承包。设计任务一般由业主委托给设计公司,而对于一些纪念性建筑、有特殊要求的公共建筑则通过招标进行设计。工程设计的主要工作是绘制设计图、编制工程技术标准、工程预算和招标标底、协助业主招标、代表业主进行施工监督。委托设计费一般按工程价格百分数支付,平均在3%~5%,设计费高低取决于工程难易程度和工作量大小。

3. **劳务承包**

劳务承包只负责提供工人,负责现场操作,而不负责有关的材料、设备供应和全面施工管理。承包业务范围属于工程分包,按照分包对象与计价方法的不同,劳务分包有三种类型:

(1)工程对象劳务分包。这种劳务分包的对象是全部工程项目或其中的一部分工程。分包商不但提供足够的、专业配套的工人,还要组织全体工人进行操作,负责组织施工。因此,分包商需配备全套管理人员。此外,工程进度、质量问题也由分包商向总包商负责。总包商只需派出监督人员按质量标准进行验收,不必直接指挥工人操作,但需负责提供材料、施工机械及其他施工物资设备。

这种劳务分包价格较高,利润率也较大。我国公司使用中国工人承包劳务时多乐于采用这种方式,并树立了良好的信誉,进度及时,质量良好,深为各国业主和总包商所欢迎。

(2)工程量劳务分包。这种劳务分包的任务是完成一种或若干种工程的操作工程量。如完成浇筑混凝土若干立方米,而不是以工程建筑物为分包对象。其特点是工程现场的操作总指挥是总包商;总包商根据自己的进度计划向分包商下达操作任务后,分包商按时提供工人到现场并由分包商组织施工操作。分包费的计价是根据完成的工程量,而不是分包商的实际用工。

这种劳务分包方式能使分包商从高效率的作业中获取一定利润,可发挥分包商的积极性,但其利润率低于工程对象劳务分包。我国公司在国际工程市场中也承担这种劳务。

(3)计时劳务分包。这种劳务分包的收费依据是工人施工的总工日数,其特点及组织管理方式与工程量劳务分包相同,若工日单价合理,分包商也可获得足够的利润。

20世纪70年代和80年代初期,国际工程劳务单价相对较高,月劳务单价可达500美元,而我国工人劳务单价较低。因此,劳务分包的利润非常可观。但由于近年来国际工程市场的萎缩和承包竞争的趋于激烈,导致劳务单价下跌,我国公司的上述优势已不明显。但我国的技术人员、管理人员的工资相比大多数国家低得多,仍有竞争力。

4. **材料设备供应承包**

对材料设备供应进行承包,一般是由业主按招标程序直接招标(无总包和分包),其招标程序与土建工程大致相同。少数工程中的一些大宗材料或成套设备由总包商分包给材料或设备供应公司。总包商采用这种方式主要是因为某些工业建筑项目中的工程设备供应具有技术复杂、数量庞大的特点,总包商自身无充足力量承担,或是因为分包方式可减轻总包商供应工作负担,并有利可图。而分包商也可依据自身的某种优势获取利润。

5. **专项承包**

专项承包的内容是某一建设阶段的某一专门项目,由于专业性较强,多由有关专业承包单位承包。如可行性研究中的辅助研究项目、勘察设计中的工程地质勘查、工艺设计及其他、抗潮防火系统的设计等。

二、国际工程承包方式

国际工程承包方式是指承发包双方之间经济关系的形式。在国际工程承包中,由于承包商与业主、承包商与承包商之间的关系不同、地位不同,形成了不同的承包方式。

1. 总承包

总承包即由一个承包商负责组织实施一个建设项目的建设全过程或其中某一阶段的全部工作。承担总承包任务的承包商称为总包商,总包商中标后,直接对业主负责,总承包合同的责任重,风险高,获利也大,因此这类任务一直是国际大承包商竞争的焦点。总包商可以用自己的力量组织施工,也可以将若干或大部分工程分包出去,尤其是专业性较强的工作,在国际工程承包中,不少总包商只拥有资金、管理人才、大型施工机械及一部分专业工种骨干,除负责进度控制、材料供应,质量监督等工作外,将整个工程的大部分分包给其他承包商。这类公司的负担相对较轻,应变能力强,能灵活敏捷地应对国际工程市场的变化。

2. 分包

分包是相对总包而言的,即承包商只负责组织实施一个建设项目的部分工作。分包有两种形式:一种是业主选定的承包商,称为指定分包或无总包分包;另一种是总包商自定的分包商。作为总包商虽可将工程分包出去,但许多国家和 FIDIC 合同条件都规定,总包商不得将全部工程都分包出去,总包商自己必须承担某一部分工程。

指定分包商的分包合同条款和价款由业主确定,分包商直接对业主负责,业务范围由业主发包给不同性质的分包商。但也有与业主和总包商发生双重关系的分包,即由业主确定分包合同条款和价款,总包商和分包商双方签约实施。这种形式如出现因指定分包商的责任影响工期或造成损失的,均由业主承担责任,总包商可以提出索赔。

由总包商自定的分包商,双方关系也是由合同来明确和约束的,一般有工程分包、劳务分包和材料、设备供应分包等。

3. 联合承包

联合承包是当今国际工程承包的一种发展趋势。其目的主要是应对部分国家严格实行的保护主义,同时也可增强海外承包工程的综合竞争能力。对于工程量大、技术复杂、投资巨大的工程项目,由几家公司联合承包可以克服一家公司力量不足的弱点。联合承包一般有三种形式:

(1) 与当地承包公司联合。在保护主义严重的国家,一般规定外国公司在经营中、小型工程或其他工程时,必须与当地公司联合承包,以保证本国承包商的利益,促进本国公司技术及管理水平的提高。发达国家的公司常利用其资金和技术的优势,通过收购和兼并的手段,掌握和控制当地工程公司,来应对保护主义。外国公司与当地公司联合时,前者可发挥自己的技术、管理专长和行业声誉等优势,后者可利用自己在当地的社会关系和办事渠道,共同追求较高的经济效益。

(2) 与本国专业公司联合。要在国际工程市场上立足,增强海外承包能力,应注意与本国专业公司的联合,组织大型综合专业机构。专业机构经营业务包括:可行性研究、设计施工、材料设备供应、技术咨询、职业培训等。专业机构有系统地对外投标,以克服发展中国家承包公司专业化不明显,竞争机制原始,相互间缺乏配合和信任,相互压价等造成投标成功率低的弊端。

（3）与发达国家承包公司联合。这种联合借助发达国家的先进技术和管理经验,取得良好的对外承包经济效果。这种联合一般有三种形式:一是高薪聘请技术顾问;二是购买专利;三是分包。将工程中技术要求高的部分分包给发达国家的承包公司,借助其技术弥补自己的专业能力不足,这样既能保证工程质量,又可从中学到国外的先进技术。

三、国际工程项目管理模式

近年来,由于世界经济形势整体低迷的影响,项目资金短缺,普通劳务价格下跌,以及发包国国内建筑业的发展,使得国际工程市场竞争日趋激烈。同时在世界科技进步的影响下,建设项目也向高、精、尖方向发展,出现了大量的专业技术强,对设计、施工、管理要求都很高的项目。这样,就使得资金、技术在竞争中处于越来越重要的地位,从而形成了承包(项目管理)模式多样化的新趋势。

1. 带资承包

带资承包即承包商自带资金参加国际工程投标竞争。西方发达国家的公司由于具有资金充裕的优势,在资本短缺的发展中国家实行带资承包,延期付款,在投标竞争中处于十分有利的地位。另外,发达国家对海外大量投资、提供援助,也为本国承包商在受援国开拓建筑工程市场提供了有利的条件。带资承包的资金来源是承包商所在国政府援助资金或商业银行贷款以及承包商的自有资金,所以政府和银行对承包商的支持是十分重要的。

2. 实物支付承包

这种承包模式是由于国际工程承包市场投资紧缩,资金短缺,使得中东、北非、欧佩克等产油国以石油和天然气支付工程款。因此,这种承包模式已成为这些国家的重要政策和手段。俄罗斯和东欧国家的许多发包项目也以实物支付方式进行,这种承包模式在其他发展中国家也有所发展。

承包商在接受实物支付承包合同时,要先签订项目合同,再签订实物支付合同。要在项目合同中明确规定,只有在实物支付合同签字后,两个合同才能同时生效,以防止拖欠工程款和违约现象的发生。实物的来源应为该国家较丰富的自然资源或在长期内有可靠供应渠道的产品,并选择可进行国际贸易、转口、进口的实物品种。所接受实物的价值最高不应超过工程款中的外汇部分,业主必须向承包商提供由项目所在国国家银行出具的实物保函,并列入合同。凡是对方要求以实物抵付工程款或劳务项目费用时,则应首先核定对方给什么产品,再找产品销路,最后与业主谈产品价格。

3. 自营模式

自营模式即国际工程承包公司为发挥经营的主动性,兼营房地产业务。承包商自筹资金购买土地,自行组织设计与施工,销售或出租所建房屋以求获利。与招标承包相比,这种业务有更强的商业性。从房地产业行情分析与预测开始,直至销售或出租为止,都以经商为指导思想。由于是自筹资金,承包商需投入成倍于承包工程的资金(总包一项工程所投入的资金最多为合同额的15%~30%),因而具有较大的风险。在较长期的经营活动中,易受到所在国政治经济形势的影响,经营者应具有足够的胆识和完善的经营策略。

经营地产是自筹资金购入土地,适当时机转手卖给房产经营者或其他土地经营者以求获利的活动。这种业务的风险大,投机性强,当预测某一阶段土地价格即将上涨时立即购入,时机适当时转手抛出。若经营顺利可获得高额利润,经营失败则导致资金的大量积压或亏损。

4. CM 采购模式

CM 采购模式(Construction Management Approach)简称 CM 模式,也称阶段发包模式(Phased Construction Method)或高速轨道模式(Fast Track Method),是近年来在国外广泛流行的一种工程承包模式。自 20 世纪 90 年代我国引进 CM 模式以来,从理论上阐述了 CM 采购模式在水利水电工程、城市轨道交通、公路工程、跨流域调水工程、铁路工程等方面的应用,但与实际工程相结合有限。

这种模式与传统的设计图纸完全完成之后才进行投标的连续建设生产模式(Sequential Construction Approach)不同,二者的比较如图 2-2 所示。

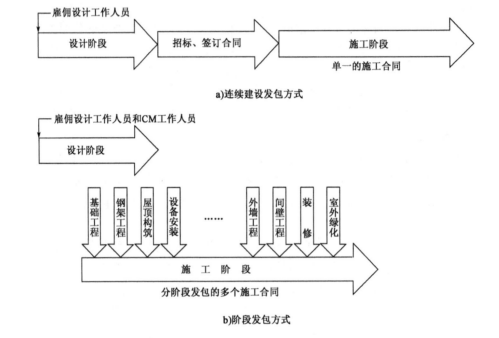

图 2-2 连续建设发包模式与阶段发包模式对比图

CM 模式的特点是:

(1)由业主和业主委托的工程项目经理与建筑师(Architect)组成一个联合小组共同负责组织和管理工程规划、设计和施工。在对项目的总体规划、布局和主体设计方案确定后,随着设计工作的推进,完成一部分分项工程设计后,即对这部分分项工程进行招标,发包给一家承包商,也就是说没有总承包商,由业主直接就每个分项工程与承包商签订承包合同。

(2)项目经理是接受业主委托的代理人,通常由既懂工程、又懂经济和管理的人才来担任。项目经理负责工程的监督、协调与管理工作,在施工阶段的主要职责是对成本、质量和进度进行监督并预测成本和进度的变化,定期与承包商会晤,以保证施工进度按计划进行。

(3)建筑工程管理模式的最大优点是可以缩短工程周期,因为这种模式从规划、设计、施工到竣工中的各个分项工程可以平行地进行,从而节约建设成本,减少投资风险,可以比较早地取得收益。即一方面整个工程可以提前投产,另一方面可减少由于通货膨胀等不利因素造成的影响。

这种模式的缺点是分项招标可能导致承包费用较高,因而要做好分析比较,研究项目分项的多少,选定一个最优的结合点。

拓展阅读:上海证券大厦工程

国内第一个试行 CM 模式的大型民用建筑项目是上海证券大厦项目,该工程位于上海浦东新区陆家嘴金融贸易区,总建筑面积约 10 万平方米,总投资约 1.4 亿美元,由亚洲最大的证券交易所和高层综合办公楼两大部分组成,采用国际上先进的现代化设备和系统。主体结构施工及设备系统安装调试采用国际招标。在招标文件上要求国外单位必须与一个中方合作伙伴组成联合体,共同投标。在上海证券大厦 CM 招标中,业主要求 CM 单位对 CM cost 逐项报价,然后在谈判过程中与 CM 单位逐项讨论,最后确定一个 CM cost 数值,由 CM 单位包干。

在该工程中,PLC 公司与中建八局组成的上海证券 CM 班子组织结构图如图 2-3 所示。

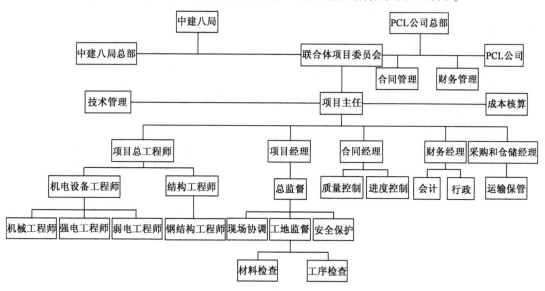

图 2-3 上海证券大厦工程组织结构示意图

上海证券 CM 班子组织结构有如下特点:

(1)由于项目规模较大,因此经理以上增设一位项目主任,CM 班子的工作由项目主任负责领导,该职务由外方人员担任。项目主任是 CM 班子的总指挥,全权负责 CM 班子的工作。PLC 项目主任一直驻守现场,直至工程竣工。项目主任有 5 个直接下级:项目总工程师、项目经理(应为 CM 经理)、合同经理、财务协调经理和采购和仓储经理。

(2)项目总工程师负责领导技术部的工作,该职务由中方人员担任。由于该项目采用高层钢结构、全玻璃幕墙,技术较为复杂,因此在总工程师手下配备了两名外方技术人员,一名负责设备安装组,另一名负责钢结构和外墙组。在项目总工领导下的技术部负责与设计单位的协调和联系,向设计者提合理化建议,在施工过程中指导和协助分包商解决出现的有关技术难题。

(3)施工工作由项目经理负责,此处的项目经理实际上是 CM 经理。在该组织结构中,项目经理由中方人员担任。项目经理负责整个工程施工的管理和协调工作,向项目主任汇报工作,协调、监督、管理分包商,对工程施工进度、质量和安全负责。

该组织结构中的施工部组织被加强了,其班子由三个层次组成,即项目经理—总监督—工地监督。总监督负责处理分包商之间的具体协调工作,督促和检查分包商的施工进度计划,是施工现场的总负责人,他必须确保工程按计划竣工日期完成。工地监督负责对工人的具体施工工序进行监督和检查,向总监督汇报工作,审查分包商的质量保证措施和安全措施、文明施工措施。

(4)除了分管施工的项目经理以外,项目主任的另一重要助手是合同经理。合同经理的责任包括两大方面:

①合同管理,包括确定"Fast Track"的分包合同结构方案、主持分包商和供货商招标、起草合同文件、主持合同谈判,以及负责合同执行期间的跟踪管理等。

②费用控制,包括编制工程费用预算、修改和调整工程费用预算、编制工程费用控制报告等。

合同管理和工程费用控制 CM 班子的两大重要任务,不但工作量大,而且难度高。从图所示 CM 班子组织结构来看,这部分力量仍显得较为薄弱。一方面,该项目中有大量国际招标工作,而该项工作是国内人员的薄弱环节,只能由合同经理(外方人员)专人负责;另一方面,编制工程费用预算和控制费用要用到计算机软件。因此采取比较好的办法是外方派专人在现场从事费用控制工作。

(5)财务经理负责 CM 班子的财务管理工作,保管所有的会计凭证,编制财务报表上报项目主任,由项目主任上报业主。财务经理还要负责工程的资金管理工作,编制资金使用计划,并负责向分包商和供货商支付工程款和购货款等有关款项。财务经理同时兼管现场办公室的行政工作。

(6)采购和仓储经理负责工程所需的材料、设备的供应和管理工作,包括编制材料、设备采购计划;参与材料、设备招标和合同谈判;监督设备、半成品的生产过程,负责运输、保管等管理工作;以及现场物资储存管理调配工作。由于单独设立了采购部,在一定程度上缓解了合同经理在设备合同管理方面的压力,这是大型项目可取的一种方法。

5. 工程总承包模式

工程总承包模式主要包括设计—建造(Design-Build,DB)、交钥匙工程(Turnkey)和设计—采购—施工(Engineering Procurement Construction,EPC)三种主要模式。其组织形式如图 2-4 所示。

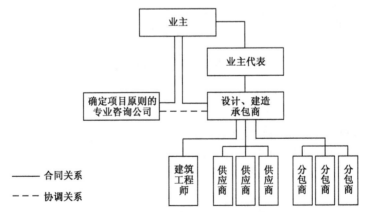

图 2-4 设计—建造模式的组织形式

在项目原则确定之后,业主只需选定一家公司负责项目的设计和施工。这种模式在投标和签订合同时是以总价合同为基础的,设计建造总包商对整个项目的成本负责,他首先选择一家咨询设计公司进行设计,然后采用竞争性招标模式选择分包商,当然也可以利用本公司的设计和施工力量完成一部分工程。近年来这种模式在国外比较流行,主要由于可以对分包采用阶段发包模式,因而项目可以提早投产;同时由于设计与施工可以比较紧密地搭接,业主能够从包干报价费用、时间以及承包商对整个工程承担责任等方面得到好处。

在这种模式下业主方首先选定一家专业咨询公司代他研究拟定拟建项目的基本要求,授权一个具有专业知识和管理能力的管理专家为业主代表,与设计—建造总承包商联系。在选择设计—建造总承包商时,如果是政府的公共项目,则必须采用资格预审,用公开竞争性招标;如果是私营项目,可以用邀请招标模式选定。

设计—建造模式的主要优点是:在项目初期选定项目组成员,连续性好,项目责任单一,业主可得到早期的成本保证;结合采用 CM 模式,可缩短工期,减少管理费用、减少利息及价格上涨的因素的影响;更有利于在项目设计阶段预先考虑施工因素,从而可减少由于设计的错误和疏忽引起的变更。

设计—建造模式的主要缺点是:业主无法参与设计人员(单位)的选择;业主对最终设计和细节的控制能力较弱,工程设计可能会受施工者的利益影响。

6. 项目管理模式

项目管理(Project Management)模式是由项目经理负责全面管理的管理模式,如图2-5所示。如今许多工程日益复杂,特别是当一个业主在同一时间内有多个工程处于不同阶段实施时,所需执行的多种职能超出了建筑师以往主要承担的设计、联络和检查的范围,这就需要项目经理。项目经理的主要任务是自始至终对一个项目负责,这可能包括项目任务书的编制、预算控制、法律与行政障碍的排除、土地资金的筹集,同时使设计者、工料测量师、结构、设备工程师和总承包商的工作协调地分阶段地进行,在适当的时候引入指定分包商,以使业主委托的工作顺利进行。

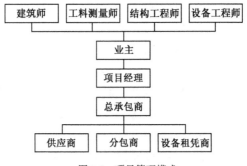

图 2-5 项目管理模式

7. BOT 模式

BOT(Build Operate Transfer)模式,即"建造—运营—转让"。它包括 BOOM(Build Own Operate Management)"建造—拥有—运营—管理",BOO(Build Own Operate)"建造—拥有—运营"和 BOOT(Build Own Operate Transfer)"建造—拥有—运营—转让"以及其他模式。20世纪80年代,首先在土耳其,后来在东南亚一些国家中出现了一种新的工程项目融资和建造模式,即 BOT 模式。这种模式的基本思路是,由项目所在国政府或所属机构为项目的投资者和经营者提供一种特许协议(Concession Agreement)作为项目融资的基础,由本国公司或者外国公司作为项目的投资者和经营者安排融资，承担风险，开发建设项目并在有限的时间内经营项目获取商业利润，最后根据协议将该项目转让给相应的政府机构。典型的 BOT 项目结构框架如图 2-6 所示。

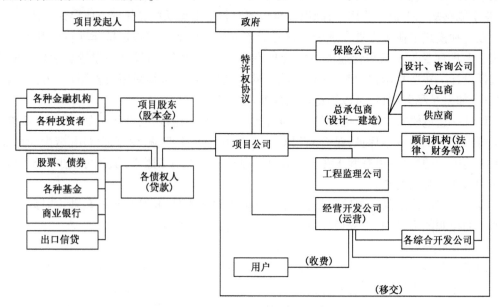

图 2-6　典型 BOT 模式结构框图

BOT 项目主要适用于公共基础设施项目的建设，包括道路、桥梁、交通隧道、供水、排污、废物处理、港口、电站、管线及电信等。BOT 项目主要由以下三部分人员组成：

(1) 项目的最终所有者(项目发起人)。项目发起人是项目所在国政府、政府机构或政府指定的项目所在国政府的角度，采用 BOT 模式的主要吸引力在于两点：一是可以减少项目建设的初始投入。发电站、高速公路、铁路等公共设施的建设，资金占用量大，投资回收期长，而资金短缺和投资不足是发展中国家政府所面临的一个普遍性的问题。利用 BOT 模式，政府部门可以将有限的资金投入到更多的领域。二是可以吸引外资，引进新技术，改善和提高项目的管理水平。

在 BOT 项目特许期间，项目发起人在法律上既不拥有项目，也不经营项目，而是通过给予项目某些特许经营权和给予项目一定数额的从属性贷款或贷款担保作为项目建设、开发和融资安排的支持。在特许期间结束后，项目发起人通常无偿地获得项目的所有权和经营权。

(2) 项目的直接投资者和经营者(项目经营者)。项目经营者是 BOT 项目的主体，项目经营者从项目所在国政府获得建设和经营项目的特许权，负责组织项目的建设和生产经营，提供项目投资和经营所必需的股本资金和技术，安排融资，承担项目风险，并从项目投资和经营中获得利润。项目经营者的角色一般由一个专门组织起来的项目公司承担。项目公司的组成一般由在这一领域有技术能力的经营公司和工程承包公司作为主体，有时也吸收项目产品(或服务)的购买者和一些金融性投资者参加，因为在特许权协议结束时，项目最终要交还给项目发起人，所以从项目所在国政府的角度，选择项目经营者要十分慎重。第一，要求项目经营者要有一定的资金、管理和技术能力，保证在特许协议期间能够提供符合要求的服务；第二，项目的经营要符合环境保护的标准和安全标准；第三，项目产品(或服务)的收费要合理;第四,项目经营者要保证做好设备的维修和保养工作,保证在特许协议终止时,项目发起人接收的是一个运行正常、保养良好的项目。

(3)项目的贷款银行。BOT 项目的贷款银行组成较为复杂。除了商业银行组成的贷款财团之外,政府的出口信贷和世界银行或地区性开发银行的政策性贷款,在 BOT 项目中通常也扮演很重要的角色。贷款的条件取决于项目本身的效益强度、项目经营者的经营能力和资金状况,但是在很大程度上主要依赖于项目发起人所在国政府为项目提供的支持和特许权协议的具体内容。

总的来说,BOT 项目迄今为止仍然是一种出现时间较短的新型项目模式,目前还没有任何一个项目可以证明它是一种完善的成功的模式。国际金融界较为一致的看法是,BOT 项目在项目融资中表现出无限的发展潜力,但是还需要做大量的工作才能将它真正移植到不同的项目中去。近年来,BOT 项目在我国各界已经引起了广泛的重视,并且在若干大型基础设施项目融资中获得了广泛应用。然而,BOT 模式能否在我国基础设施项目建设中大规模地加以利用以及如何进行结构创新,应该说还是一个有待探讨的问题。

拓展阅读:台湾地区南北高速铁路工程

1)项目概况

台湾南北高速铁路是台湾重大公共工程建设计划之一。由于在台湾西部走廊的城际运输市场已呈现出饱和、拥挤、服务水准降低的状态,而时速超过三百公里,让台湾西部走廊能成为"一日生活圈"的高速铁路具备"安全、容量大、用地少、能源省、污染低"等多种优势,兴建南北高铁不仅可以有效解决台湾西部走廊拥堵问题,而且可以促进区域均衡发展、落实大众运输整合的战略。过去由于建设所需经费庞大,该项工程项目迟迟没有开工。延至 1987 年,台湾当局行政主管部门指示交通主管部门办理"台湾西部走廊高速铁路可行性研究",于 1998 年以经营特许权与铁路站区土地开发权换取了民间出资兴建这条高速铁路。该项目招标后由台湾的五家财团联合得标兴建。

台湾高铁计划是目前台湾第一个、也是全世界最大规模,采取 BOT 模式的交通基础公共工程。该项目由台湾当局交由民间投资兴建与营运,并于特许营运期满后,再将高铁系统移交给台湾当局。台湾高铁系统计划路线全长约 345 公里,沿途经过 14 个县(市)、77 个乡镇区,设置 12 个车站,除台北、台中(乌日)、高雄(左营)三站位于都会区,其余各站均位于都市之外地区,用地面积达 2000 多公顷,极具开发潜力。1997 年 9 月,在高铁工程招标过程中,"台湾高铁联盟"与"中华高铁联盟"展开竞争。最后,"台湾高铁联盟"在激烈竞争中胜出,年底与台湾当局完成议约,并于 1998 年正式改制成立台湾高速铁路公司,同年 7 月,台湾交通部门与台湾高铁公司签订"台湾南北高速铁路兴建营运合约",特许兴建期及特许营运期合计 35 年,另附属事业经营权及车站用地开发经营权的特许其间与兴建营运特许期间相同,而"台湾南北高速铁路站开发合约"则是明确项目发展用地开发经营权特许期间为自用地交付之日起 50 年。1999 年 3 月,举行了动工典礼,2000 年开始动工兴建,2007 年 1 月底开始通车营运。

2)项目融资

根据兴建营运合约内容,高速铁路工程的投资巨大,计划总建设经费达 5133 亿元新台币,其中台湾当局方面负责的经费为 1057 亿元,从其编列的预算经费中支出(主要为规划设计、购地拆迁与相关配套工程等),高铁公司负责的经费为 4076 亿元(包括财务成本 817 亿元与建设工程经费 3259 亿元),高铁公司承诺,提供自有资金 813 亿元,其余为专案融资。然而,在兴建过程中,高铁公司不仅资本额不足,而且投资经费不足,不得不通过发行特别股等方式追加投资。

引起纷争的是外界认为,高铁公司的五大股东及其下属关系企业的总投资还不足 300 亿元新台币,持股比例只有 30.9%;原来承诺合作的外商投资迟迟不到位;专案融资也遇到困难,由台当局出面作全责担保才获得部分贷款。由于资金缺口很大,台当局在与高铁公司的合约中又签有明确的一旦项目失败其必须强制收购的条款,使得当局出面主导了一些公营公司和银行参与高铁增资认股,份额超出了台湾当局关于民间参与资本的法律规定,引起在野党和民众的质疑。

3)合同问题

台湾高速铁路股份有限公司与交通部门签订了营运合约、站区开发合约、当局应办事项备忘录及合约执行备忘录。但这些合同中并没有明确双方的风险如何分担,对可能出现的资金欠缺的解决、技术不兼容等都无详尽的分析,更没有设立相应的对策条款,在项目兴建过程中暴露出致命的问题。

对于私营部门投资参与公共项目兴建营运而言,合约是项目发生问题时的法律依据,也是项目成功的重要关键因素,而合同的签订应以风险评估为基础,财务分析评估为核心。这种评估应是公私双方的,私营部门应对欲投标的项目做不同层次的财务与风险分析,尤其是融资计划实施中可能发生的问题;当局有关部门应审核投标人的财务计划和风险分析报告,不能仅仅以最低标为中标的主要条件。而台湾高铁 BOT 招标计划中恰恰缺少对财务计划和融资计划的评估,签订合约的双方责任,义务不明确,风险未能理清,造成银行不愿贷款。

合同过于简疏也是项目的隐患之一。国际上类似的 30 亿美元以上规模的 BOT 项目,"合约最少是 2 英尺高"①,其中应注明各方应承担的风险与义务。而台湾高铁项目投资超过 150 亿美元,如此大规模的项目兴建合约,却只有 50 页左右,对于风险分担这一重要议题,合约中只有不到一页半的文字,不够具体详细。

台湾高铁项目已进入试营运阶段,但上述问题并未得到解决,由于还涉及台湾当局的政治舞弊问题,使得台湾高铁项目的问题更加扑朔迷离,而纳税民众很可能是风险的最终承担人,这与民间资金介入公共项目的初衷是背道而驰的。该项目尚有数十年营运期,今后还将会出现怎样的资金问题、技术问题、盈利问题,这些问题如何解决,台湾高铁公司应与高速铁路工程局共同协商,及时调整修正运营计划及风险应对计划,把可能发生的损失降至最低。

第四节 国际与国内工程承包市场的区别与联系

一、国际与国内工程承包市场的区别

1. 关于国内工程承包与国际工程承包市场概念的不同

对国内承包商来说,国际工程承包首先是一个市场的概念。了解国际工程承包首先要明确市场的概念。国际工程承包在这里的含义首先是承包商取得项目的不在本国,其次是通过优胜劣汰机制使企业得到生存和发展的本国以外的空间。空间的广度是指地域范围,即我们的企业在那些地区做工程,空间的深度是指在一个地区的经营情况。营销学上常用市场占有率来表示企业对一个市场经营的深度。国际工程承包市场经营深度包括对一个国家的了解程度、项目中标情况等。

由于建筑业在带动经济发展和就业方面的特殊作用,政府往往对建筑市场进行保护,限

---

① 高群服.台湾高铁 BOT 风波[J].台港澳,2000,(3):41.

制外国承包商参与国内建筑市场的竞争,使国内的建筑市场优先满足国内承包商的要求。这种只能由本国承包商承担的项目称为国内工程承包市场。

2. 国内工程承包与国际工程承包市场的形成不同

国际工程承包市场是随着一个国家的建筑市场的发展而形成的。一个国家的国民经济发展、社会生活水平的提高会从各个方面促进本国建筑市场和建筑业的发展。

当国民经济发展到一定程度,会因种种原因出现本国承包商不能满足承包工程市场需要的情况。这时,政府就会允许外国承包商直接参与本国的建设项目。这样,在本国的建筑市场内就出现了一些由外国承包商承担的项目,从而在国内建筑市场内形成了国际工程承包市场。促使一国向外国承包商开放本国承包工程市场的原因主要有以下几个方面:

(1)本国承包商没有能力承担某些工程

当一个国家的经济实力发展到一定程度后,需要建设一些特殊的工程,如超高层建筑、特大型桥梁、填造地等。完成这些特殊的工程需要一些特殊的设备和技术,本国的承包商没有能力购买和掌握这些技术和设备,而且从投资的角度看,也不可能要求本国承包商购买这些技术和设备。

(2)引进外部投资的需要

在经济发展过程中,建设资金不足是各国政府面临的主要问题之一。为解决建设资金问题,政府允许外部资金投资于本国的基础设施建设。外部投资主要有两部分:一是以盈利为目的的私人资本投资;二是以援助为目的的外国政府和国际金融组织。外部投资的项目往往要求政府允许外国承包商承担项目的建设工作,特别是外国政府和国际金融组织贷款的项目。例如,允许成员国的承包商参加投标,有条件地与当地承包商平等对待是世界银行贷款的条件之一。私人资本投资的项目往往也希望外国承包商参与竞争,以达到降低成本、控制工期和工程质量的目的。

(3)自然资源开发的需要

自然资源的开发对促进国家经济的发展有非常重要的作用。当一国的经济实力、技术力量等方面无力开发自然资源的时候,政府就需要以各种方式引进外国承包商进行资源的开发。

(4)市场竞争的需要

为保持承包工程市场的竞争态势,满足基础设施建设的需要,政府对外开放承包工程市场,让外国承包商参与国内的建设。

3. 国内工程承包与国际工程承包市场的构成不同

对外国承包商开放的承包工程市场形成该国的国际工程承包市场。各国的国际工程承包市场组成了全部的国际工程承包市场。从资金来源上看,国际工程承包市场由对外国承包商开放的政府投资项目、国际金融组织和外国政府的援助项目、私人投资项目等三部分组成。从项目内容上看,涉及了基础设施建设的所有领域。国际工程承包市场由国家、行业和项目等三个层次组成,即外国承包商可以承担的项目、外国承包商可以承担项目的行业、允许外国承包商承担项目的国家。对国际工程承包市场的研究需要分别研究这三个层次的情况。

各国或地区的承包工程市场对外国承包商的开放程度是不同的,对当地公司的保护措施也是不相同的。香港及中东地区国家采取外国公司和当地公司相同的资质管理的方法。政府管理部门根据承包商完成项目的业绩和资金实力,给承包商颁发资质等级证书,每一级承包商可以参加投标的项目有明文的规定。在资质审查中,如果承认外国承包商在外国完成的项目业绩,就使外国承包商可以争取到与当地公司同样的投标权力。日本政府则要求承包商要有在日本完成项目的业绩,实际上是把外国承包商排斥在本国市场以外。

国际工程承包市场是在各国承包工程市场开放和政府对市场的保护中形成和发展的。各国对不同的行业、不同的项目有不同的保护措施,这就使得国际工程承包市场的情况错综复杂,对国际承包商的市场开发和经营提出了更高的要求。有些要求同国内市场相比,有明显的区别。

二、国际与国内工程承包市场的联系

1. 国际工程承包市场应该是国内市场的自然延伸。

自然延伸的意思是企业因生存和发展的原因需要走向国际市场。这种需要可能是为了机会,即获取更多的项目;也可能是为了利润,国际工程的利润一般比国内要高一些。但国际工程承包市场的开拓绝不是模仿行为,更不能是一种政府行为,政府部门或上级主管公司不能强迫企业去开拓国际市场。

2. 工程承包的风险都比较大。

国际工程承包市场是竞争激烈的市场,只有准备充分的公司才有成功的希望。抱着试一试、看一看的想法去开展国际工程承包,结果很有可能是失败。这一点和国内工程承包是非常相似的。

第三章 市场进入决策及发展战略

> **学习目的与要求**

本章分析了国际市场的结构,介绍了不同国家和地区市场准入以及国民待遇,阐述了市场进入决策分析的过程,分析了我国公司在国际市场中的地位,指出了发展我国国际工程事业必须解决的问题。通过本章学习,了解国际工程市场的基本情况,并能针对我国公司在国际工程市场的进入和发展战略进行分析。

第一节 国际工程市场结构

一、国际工程市场行业结构

《工程新闻纪录》(ENR)将国际工程分为房屋建筑、制造、工业、石化、水利、排水、交通、有害废物处理、电力、电信及其他等十大行业市场。从近十年的发展趋势(见表3-1和图3-1)来看,各行业所占份额在经历了20世纪60~90年代波浪式发展后,进入21世纪以来均较为稳定。

国际工程市场2006~2014年行业市场营业额(单位:亿美元) 表3-1

业务领域	2006年	2007年	2008年	2009年	2010年	2011年	2012年	2013年	2014年
房屋建设	594.3	739.55	940.7	859.9	830.26	911.62	1032.6	1127.2	1167
交通运输	589.3	793.78	1041	1123	1090.1	1214.4	1307.1	1369	1357.2
工业	117.8	153.31	230	206	209.48	295.69	421.16	328.4	268.76
石化	450.8	800.4	908.4	914.2	893.21	1042.3	1197.7	1282.2	1253.4
电力	144.4	171.81	267.2	356.9	385.98	470.43	519.02	573.2	544.06
水利	58	86.38	142.3	112.2	123.81	153.53	154.07	157.7	135.37
制造业	75.2	70.8	69.17	38.06	46.53	60.83	79.54	96	98.11
排水/废弃物	28.5	48.2	58.14	62.9	63.89	70.88	71.73	70.7	69.43
有害废物处理	6.1	6.1	5.43	4.86	6.3	8.27	20.85	10.5	9.86
电信	29	33.23	39.37	26.86	29.6	59.46	57.57	56	66.9
其他	150.9	198.97	198.3	132.5	157.49	243.31	249.14	368.7	245.46
总计	2244	3102.53	3900	3838	3836.7	4530.8	5110.5	5439.6	5215.5

从市场份额来看,交通运输、石化、房屋建筑三大行业牢牢占据着建筑业传统优势地位。值得注意的是,石化行业 2008 年之后超过房屋建筑行业,成为仅次于交通运输的优势行业;电力工程从 2010 年开始比较稳定,市场份额基本保持在 10% 左右;水利工程波动不大,市场份额基本保持在 3% 左右;制造业工程份额逐渐下降,但从 2010 年开始又恢复增长;排水/废弃物工程虽然在整个国际工程承包市场中所占比重很小,但也是不容忽视的特殊市场。

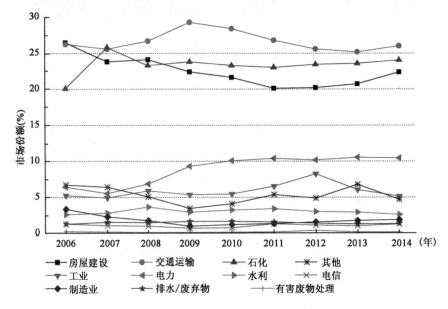

图 3-1 国际工程市场 2006～2014 年行业市场份额折线图

二、国际工程市场区域结构

ENR 将国际工程承包市场按照地区分布划分为北美(有时又细分为美国和加拿大两个市场)、拉丁美洲(有时区分加勒比海地区市场)、欧洲、中东、亚洲/澳大利亚、非洲(有时又细分为北非以及南非/中非两个市场)等主要地区市场。10 年来,各主要地区市场发展情况各异,详细情况如表 3-2 和图 3-2 所示。

最大 250 家国际承包人 2006～2014 年主要区域市场营业额(单位:亿美元)　　表 3-2

国家或地区市场	2006 年	2007 年	2008 年	2009 年	2010 年	2011 年	2012 年	2013 年	2014 年
亚太	402	554	685	732	766.4	1122	1388	1464.7	1374.1
欧洲	719	964	1141	1008	941.8	1015	1023	1118.6	998.06
中东	414	629	775	776	724.3	830.7	913.2	841.3	790.26
拉美	157	213	238	271	340.5	411.1	500.2	565.3	532.8
美国	291	369	418	349	326.1	367.1	441.1	484.1	511.52
非洲	180	286	509	568	605.9	581.5	568.7	622.4	709.49
加拿大	80	83	134	134	130	202	274.9	342	295.8
合计	2243	3098	3900	3838	3835	4529	5109	5438.4	5212

1. 欧洲市场

欧洲市场历来是最大的承包市场之一,随着经济一体化和区域经济集团化的推动,欧盟统一大市场的建成和东欧新成员国的加入,欧洲市场增长期保持较好的发展态势,是世界第一大地区市场。但从2006年开始,欧洲市场逐渐衰落,营业份额从2006年的32.1%递减至2014年的19.1%,在2011年被亚太市场超越,成为世界第二大地区市场。东欧由于自然资源丰富,物品比较缺乏,其市场潜力巨大,但社会经济发展较慢,资金缺乏,外汇支付比较困难。加之政治不稳定、社会动荡、民族矛盾深,使得该区域内国际工程的风险进一步增大。同时东欧的建筑业市场与国际接轨有限,市场难以打开。

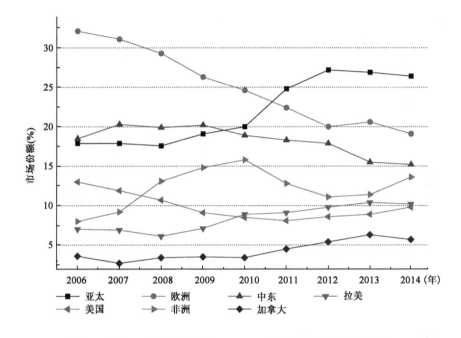

图 3-2 最大 250 家国际承包人 2006～2014 年主要区域市场份额折线图

2. 亚太市场

亚太市场是指亚洲和太平洋地区,包括东南亚、西北亚、东亚、南亚和澳大利亚、新西兰等地区。亚太市场于20世纪80年代中期之后开始兴旺,由于该地区的国家大都采用了适宜的外资政策,国际金融机构和发达国家投资者对该地区的投资不断增加,国际承包市场逐渐转移向亚洲,包括东南亚、中国、印度在内的亚太市场成为具有巨大发展潜力的市场。中国作为亚太地区大国,政治稳定,经济持续增长,有较充足的外资,实施京津冀一体化、"一带一路"建设等政策以及较强的技术消化能力,对亚太地区工程承包市场的发展具有积极的推动作用。亚太地区占整个国际市场的份额近年呈现增长态势,2011年起超越欧洲市场,成为最大的地区市场。

3. 北美市场

北美市场主要是由美国和加拿大两个发达国家组成,工程项目的技术含量较高,因此,该市场历来被美、英、法、澳、日等发达国家的大型工程承包公司所垄断。就发展中国家公司目前的技术和资金实力而言,在未来的10年还很难大规模进入该市场。但是近十年来,美国的工程承包业占比总体略有下降。

4. 中东市场

中东市场是20世纪70年代中期随着该地区石油开发美元收入的不断增加而发展起来的一个新市场。进入20世纪80年代后,由于中东各产油国石油收入锐减,以及两伊和海湾战争的冲击,该承包市场明显萎缩。战争结束后,战后重建及其他中东国家基础设施建设的大规模展开,给中东市场带来了活力。但社会稳定问题和地区冲突问题,使当地成为国际工程的高风险区。近十年来,中东的工程承包业总体呈下滑趋势。

5. 非洲市场

近30多年来非洲市场的发展一直处于相对平缓的状态。目前非洲各国政府都采取促进经济发展和吸引外资的政策,其承包市场具有资源丰富、工业基础薄弱、承包项目风险较小、竞争相对有限、利于带动设备材料出口等特点,不仅吸引了发达国家的承包商,对发展中国家的承包商也有很大吸引力,是世界第五大市场。落后的基础设施意味着非洲工程承包市场具有巨大的发展潜力。

6. 拉美市场

拉美地区国际承包市场虽近年来占整个国际市场的份额呈现增长态势,但长期以来处于较为落后的状态。这一地区各国都在积极采取促进本国经济发展的政策,但由于该地区经济基础环境较差,外债负担过重,资金严重缺乏,支付信誉不佳,在短期内拉美市场的发展潜力不大。

第二节 市场准入及国民待遇

一、市场准入

1. 市场准入概述

"市场准入"一词目前尚没有统一的概念和解释,大多学者是立足于某个具体的领域或条约而谈市场准入,如"服务贸易市场准入""农产品市场准入""中美市场准入协议""欧盟的市场准入"等。国际法意义上的市场准入是指一国允许外国货物、技术、服务和资本参与国内市场的范围和程度。它体现的是一个国家通过实施各种法律和规章制度对本国市场对外开放程度的一种宏观调控。

建筑市场准入包括市场客体和主体两个方面。对于客体而言,主要是规定什么样的项目可以进入市场交易(招标)并动工兴建;对于主体而言,主要是规定什么样的资质等级的公司能进入什么样的市场空间。这里所说的市场空间,是指针对工程类别、总分包角色和地域范围等条件所设定的壁垒。

2. 建筑市场准入基本体系及构成

建筑市场准入基本体系涉及面广、构成复杂,它作为行业准入体系,可以作为国家行业市场准入体系的一个子系统,而一国的建筑市场准入基本体系可以归于国际建筑市场准入体系的一部分,如图3-3所示。建筑市场准入体系的建立、构成和完善应与国家行业市场准入体系一脉相承,并反映出国际建筑市场准入体系的行业特征。

图 3-3　建筑市场准入体系关系图

首先,建筑业作为国家建设中发展壮大的竞争性行业,在市场规模逐渐庞大的过程中,国家应该及时参照国内其他行业,如食品业、银行业等,尤其是一些垄断性行业的准入规则,从各个角度对建筑市场的各方面进行规范,防止建筑市场的无序扩张和任意操作,以形成一个既可以保证建筑业稳定,又充满竞争力的建筑业市场体系结构。

其次,任何一国的建筑市场准入应该依照国际惯例,促进效率的提高,积极鼓励各类资源参与经济活动,注重市场行为的监管,积极培育和规范市场主体,努力创造公开、公平、公正的竞争环境,为经济社会发展提供重要的微观基础。

建筑市场准入基本体系由三部分组成,即市场准入的对象、市场准入的管理工具和市场准入全过程。市场准入的总体结构如图3-4所示,这是在理想状态下的建筑市场准入基本体系,各国根据其建筑业及建筑市场准入发展阶段、政府宏观条件及社会经济的现实状况不同,采用体系中的一部分而构成本国的建筑市场准入体系结构。

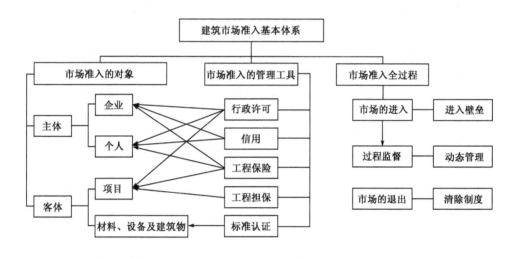

图 3-4　建筑市场准入的总体结构

二、国民待遇

所谓国民待遇是指境外服务提供者应与境内服务提供者享有同样的待遇,具体表现形式是提供相同服务的机构或个人应享有同样的待遇。而所谓待遇,是指相关成员的政府或政府机构采取的措施。其要点有:

(1)只要任何成员不通过法律或行政命令等形式对境外服务提供者实行歧视性待遇,而不论其制订的措施严厉与否,都不应被视为违反国民待遇原则。如某成员对银行和金融公司的设立、经营实行严格的限制(包括资本金的总额、资本负债比例、营业人员学历和经验要求),只要这种限制和措施是普遍适用于境内和境外企业,该成员就不应被视为违反国民待遇条款,而不论相关境外服务提供者在其本国内所享有的待遇如何。

(2)国民待遇原则要求相关成员给予境外服务提供者不低于境内服务提供者的待遇。它并不禁止任何成员给予境外服务提供者高于境内服务提供者的待遇。因此,服务贸易总协定下的国民待遇是指不低于国民的待遇。

(3)各成员方在国民待遇方面所承担的义务都属于特别承诺的义务,都只适用于特别部门,并基于一定的条件。

三、不同国家或地区市场准入及国民待遇差异

各国或地区的承包工程市场对外国承包商的开放程度是不同的,对本地公司的保护措施也是不相同的。例如世界银行的项目对本地公司或本地公司份额超过50%的本地公司与外国公司的联营体有7.5%的价格优惠。不享受7.5%的承包商的标价要增加7.5%,之后再和本地公司的标价进行价格高低的比较。香港及中东地区国家采取对外国公司和本地公司相同的资质管理的方法。政府管理部门根据承包商完成项目的业绩和资金实力,给承包商颁发资质等级证书,每一级承包商可以参加投标的项目都有明文的规定。在资质审查中,如果承认外国承包商在外国完成的项目业绩,就使外国承包商可以争取到与本地公司同样的投标权力。日本政府则要求承包商要有在日本完成项目的业绩,实际上是把外国承包商排斥在本国市场以外。

国际承包工程承包市场是在各国承包工程市场开放和政府对市场的保护中形成和发展的。各国对不同的行业、不同的项目有不同的保护措施,这就使得国际承包工程承包市场的情况错综复杂,对国际承包人的市场开发和经营提出了更高的要求。有些要求同国内市场相比,有明显的区别。

1. 与建筑业相关的水平承诺①

WTO主要成员国和地区"水平承诺"中与建筑业有关的限制主要针对"土地获得"和"投资"。

1)土地获得

在"土地获得"方面限制较多的是美国、欧盟和韩国。

(1)美国

①联邦政府限制联邦所有的土地仅对美国公民作首次发售,但所作限制不适用于根据美国任何州法律外国人(合法)所有的公司。

②用联邦政府资金开垦土地的收益和荒地、沙漠开垦的收益都仅限美国公民个人。

③非美国公民的土地所有权被限制在肯塔基州和南加罗林群岛。

④不居住在美国的非美国公民购买土地被限制在俄克拉荷马州、佛罗里达州和怀俄明州。

⑤在密西西比州,非美国公民不可以购买超过5英亩土地作为居住产权,或超过320英

---

① "水平承诺":是相对于"部门承诺"而言的,是指其中列明的内容适用于减让表中所列的所有服务部门和分部门。

亩土地作为个人发展。

⑥在夏威夷州、爱达华州、密西西比州、蒙大拿州和俄勒冈州,在公用土地出售时非美国公民不可以购买或报价。

(2)欧盟

①丹麦:对房地产购买的限制针对非常驻性质的合法实体。对农业土地的购买限制针对外国性质的合法实体。

②希腊:公民在边界附近获得土地需要得到国防部许可。

③爱尔兰:任何国内或国外的公司或外国政府有意获得爱尔兰的土地都必须预先签订土地委托的允诺(文件)。如这类土地是为个体所使用,可由企业和工作部部长签发证明的途径来代替上述要求。这条法律不适用于城镇边界内的土地。

④意大利:对房地产购买无承诺。

(3)韩国

韩国对"土地获得"不作承诺,除非以下情况:

①依照"土地转让法"认定不属于外国公司的公司,其土地的获得是允许的。

②依据"土地转让法"认定的外国公司及其分支机构,出于如下合法的商业目的,经"土地转让法"批准,对土地的获得也是允许的:

a. 正常商业行为中提供服务的用地。

b. 相关法律中规定给公司高级职员提供住房的用地。

c. 履行相关法律规定的土地所有权需要的用地。

③土地租赁权经正式批准允许。

日本、印度尼西亚、马来西亚、智利、泰国及巴基斯坦等国在"土地获得"方面没有或仅有很少的限制,集中在对边境土地的管理和非国民拥有土地的管理。

2)投资

在投资方面限制较多的是欧盟、巴西。

(1)欧盟

①法国:对现有的法国企业,外商如购买超过33.33%资产份额或投票权,或对法国公司的公开报价购买超过20%,都须遵循以下规则:

a. 在预先通知和对以下数量的投资是需要的进行确认之后15天,在营业额不超过5亿法郎的法国企业中投资不多于5000万法郎的企业不受限制。

b. 在预先通知和授权之后一个月可默认获得其他投资的许可,除非在例外的情况下经济事务部部长行使其权利延迟该项投资。

c. 在新的私营化公司中外国的参与可以被限制在一可变的,对公众而言是公平的报价的数额,这数额由政府以案例为基础作为个案来决定。

②西班牙:外国政府和外国公共实体(这往往是暗指除经济实体外无经济利益的实体的一部分)在西班牙的投资,而这是直接或间接由外国政府直接或通过公司或其他实体控制的,须预先得到政府的授权。

(2)巴西

①外国服务供应商希望提供一项服务,即必须以巴西的法律可预见到的合法实体组织

(建立)一个法人,巴西法律要求法人把其存在与其持有者分开。因此准予法人以个人形式存在。因此,一名法人对其世袭财产的权利有完全的资格和责任。

②义务:当(与海外)有商务关系的个人/客户组成法人组织的行动(依据法律/协会条款)已经以适当的实体公共(ERP)注册(文件)归档了,则一个实体可获得私营法人的条件。

③一个合资(风险)企业可以通过任何类型的商业组织形成的资金协会来建立,这须是在巴西法律下可预见到的(通常是一个私营有限责任公司)。

④与管理外国投资的法律、规则一致,所有在巴西投资的外国资金必须在巴西中心银行登记注册,以遵守合格的汇款、中心银行设立与海外资金汇款和转移等有关的程序。

韩国、新加坡、印度尼西亚、智利和巴基斯坦等国限制较少,集中在公司高级管理人员的身份和外国拥有股权及投票权的份额数量限制上。

2. 与建筑业相关的具体承诺①

1)商业服务——建筑服务

在"建筑服务"方面限制较多的是韩国、印度尼西亚和新加坡。

(1)韩国

从1996年1月1日起,允许外国建筑师通过与韩国法律许可的建筑师联合承包提供服务。在本国法律下得到许可的国外建筑师通过简单考试可以获得韩国建筑师执照,考试范围为6门常规学科中的2门:建筑法规和建筑设计。

(2)印度尼西亚

①对"商业存在"的市场准入限制主要体现在:

a. 合作(Joint Operation):通过设立代表办事处成立合作模式。

b. 合资(Joint Venture):设立合资公司需满足水平准则和外资投资法中的具体要求。

②对"商业存在"的国民待遇限制主要体现在:

a. 合作:

Ⅰ. 注册费用要求。

Ⅱ. 代表办事处的执照必须有3年的有效期并可以延长。

与已注册的外国公司成立合作模式的当地合作伙伴必须是"印尼国家咨询协会"成员并有A级资质。

b. 合资:合资公司的当地合作伙伴必须是"印尼国家咨询协会"成员并有A级资质。

(3)新加坡

对"商业存在"的市场准入限制主要体现在:

①公司股份应由不少于2/3或社会发展部规定比例的注册建筑师或类似专业人员拥有和注册,他们是公司的董事、经理和雇员。

②在新加坡的建筑工作应在公司一名董事的控制和管理下进行,其是在新加坡常驻的注册建筑师,拥有有效的实践证明,并至少是公司一个股东的注册业主。

美国、欧盟和日本等国限制虽然较少,但有各自的特点。

---

① "具体承诺",即分部门的承诺表中列明的对各具体部门或分部门所作的承诺。

2）商业服务——工程服务、综合工程服务

在此方面限制较多的是美国、马来西亚和印度尼西亚，但印尼的限制与建筑服务中的完全相同。

（1）美国（仅为工程服务）

①市场准入限制——自然人流动：除在水平承诺表中已注明外不作承诺，另外，只有美国公民才能获得哥伦比亚地区的营业执照。

②国民待遇限制——自然人流动：在爱达华、俄克拉荷马、南加利福尼亚、南达科他、田纳西、得克萨斯和西弗吉尼亚州需要居有住所才能获得执业资格。

（2）马来西亚

①市场准入限制——商业存在

a. 工程服务：工程服务可以仅由一个自然人提供。

b. 综合工程服务：仅能通过代表办事处、地方办事处或在当地组成的合资公司提供，其合资对象为马来西亚个人或马来西亚控股公司或两者皆有，目的是获取马来西亚授予的服务合同。

②市场准入限制——自然人流动

a. 工程服务：不作承诺，除在水平部门中提及有关的，必须进行每次为期一年的临时注册。

b. 综合工程服务：不作承诺，除在水平部门中提及有关的，保证为期一年的时间或完成服务合同所必需的持续时间。

③国民待遇限制——跨境交付、境外消费：（综合）工程服务必须由一个已在马来西亚注册的工程师鉴别。

④国民待遇限制——商业存在：综合工程服务没有限制，外方在合资企业中所持股权总计不能超过30%，建立这样的合资企业仅是为了保证完成服务合同必需的持续时间。

⑤附加承诺：用来检验为专业实体进行注册的服务供应商能力的考试必须使用英文。

在此方面限制较少的是欧盟、巴西、泰国、新加坡和巴基斯坦等国，集中在投资股份占比量和高级管理人员的身份要求上。

3）建筑和相关工程服务

在"建筑和相关工程服务"限制较多的是欧盟和韩国。

（1）欧盟

①市场准入限制——商业存在

a. 意大利：对高速公路和罗马机场的建设、维修和管理有专营权的限制。

b. 葡萄牙：对高速公路的建设、维修和管理有专营权的限制。

c. 希腊：对在公共部门提供服务的建筑公司的董事长有国籍要求。

②市场准入限制——自然人流动

除在水平承诺表中已注明以外不作承诺。希腊对在公共部门提供服务的建筑公司的董事长有国籍要求。

（2）韩国

①"一般建筑工程"的市场准入限制——商业存在

a. 不允许开设分公司,从 1996 年 1 月 1 日起允许开设分公司。
b. 每年特定时期颁发新的许可证。
c. 每份合同均有合同总额限制。
d. 实施强制性的转包合同体制。
② "特殊建筑工程" 的市场准入限制——商业存在
a. 仅允许与得到许可的当地公司的合资。
b. 1996 年 1 月 1 日起允许成立 100% 外资公司。
c. 1998 年 1 月 1 日起允许设立分公司。每年特定时期颁发新的许可证。
d. 每份合同均设有合同总额限制。
美国、马来西亚和巴基斯坦等国的限制很少。

第三节 市场进入决策分析

在工程公司选择市场进入模式的过程中,需要同时考虑公司内部因素和外部环境因素,在分析不同因素对于资源投入、风险水平、灵活性和控制水平四大决策目标的影响后,选择合适的市场进入策略。工程公司国际市场进入模式的一般决策模型,如图 3-5 所示。

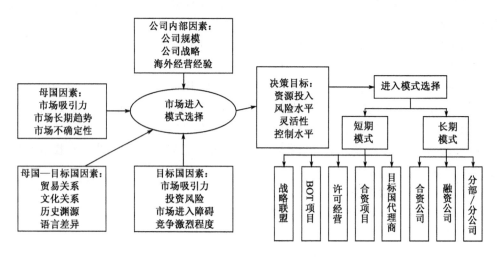

图 3-5 进入模式的一般决策模型

一、内外环境分析

在市场进入决策过程中,需要同时考虑企业内部因素和外部环境因素。

1. 企业内部因素

研究企业内部因素,即分析企业自身实力。企业进入市场应准确认识自身实力。企业实力包括硬实力和软实力。企业硬实力体现在雄厚的财力、先进的设备、宽敞规整的厂房、一流的人力资源、先进的工艺技术、卓越的产品质量、庞大的销售网络、规模巨大的产能,并且也已形成了规模效益和高市场占有率等。而企业软实力则更多体现在文化影响力(包括企业文化和品牌文化)、企业核心理念、企业原创设计和创新能力、企业公关意识和能力、企业决策及执行力、企业学习能力等国际标准化建设。

企业内部因素主要包括企业资源能力、经营实力、国际经营的经验、规模效益、发展状况和企业战略等方面的因素,它们对国际工程市场进入的决策有重大影响。

(1)资源能力

面对同样的国际环境,不同的企业组织表现出很大的行为差异,其中一个很重要的原因就是企业之间的资源能力状况存在差异。资源因素指与企业技术、资本、管理能力和营销技术等相关的因素。

(2)经营实力

在资本、技术知识和跨国文化管理的能力等方面有优势的大型企业,会倾向于选择高风险和高报酬的国际直接投资方式,而经营实力相对薄弱的中小企业可能只是将国际业务视为国内业务的补充,其战略重点是发展国内业务,因而选择出口贸易或特许经营的方式进入国际市场。

(3)国际经营的经验

企业国际经营的经验也是国际市场进入决策的一个重要影响因素。当企业对外国市场和产品了解不多时,一般先采取出口贸易的方式进入,当国际经营经验积累到一定程度时,企业才开始尝试直接投资的方式。企业在选择进入方式时往往倾向于利用以往成功的经验模式来进行,因而在进行新市场的进入决策时需要慎重分析以往经验的可行性和适用性。

(4)规模效益

企业的规模效益是企业用来判断自身实力和国际竞争力的重要指标。规模经济是指在技术水平不变的情况下,产出倍数高于要素投入倍数,当产量达到一定规模后,单位产品的成本逐渐降低,出现要素报酬递增的现象。随着企业规模尤其是生产经营规模的不断扩大,经济效益会不断提高。而企业内部分工、协作则是提高规模效益的主要方式,通过企业间的专业化分工协作提高企业劳动生产率,降低成本,从而实现了规模经济效益。

(5)发展状况

公司业务所处产业的发展状况也是一个决定国际市场进入决策的重要因素。建筑产业结构影响企业行为,单个企业的跨国经营又离不开整个建筑产业国际化发展的基本背景,包括产业链相关的上下游产业的国际化发展状况等。

(6)企业战略

各个企业发展成为国际企业有着各自不同的动机,包括利用优势能力、占领世界市场、获取战略资源、分散经营风险、应对国际竞争、交易成本最小化和长期收益最大化等。一般来说,国际化经营的战略有三种,分别是本土化战略、全球化战略和跨国战略。实施本土化战略的企业倾向于选择出口贸易或直接投资的方式,以对每个国家市场的需求做出最准确的反应;采取全球化战略的企业通常选择直接出口或投资的方式,以形成规模经济从而降低成本;对外直接投资将是追逐跨国战略企业的最佳选择,它将有助于企业寻求全球化效率和本土化快速反应的统一。

2. 国际经营环境

国际化经营环境的因素包括母国和东道国的政治与法律环境、经济和技术环境、社会文化环境和自然地理环境及市场成熟度。

(1) 政治与法律环境

世界上不同国家有着不同的政治制度和法律制度,这些制度直接或间接地影响着跨国公司进入国际市场的难易程度及安全性。当东道国的法制健全和政治稳定时,企业倾向于选择直接投资方式进入,反之则可能以出口贸易或特许经营的方式进入。

政治因素包括以下几方面:国家主权,包括政权更迭可能导致的东道国政府违约,战争和内乱可能导致企业财产的损失和人员的伤亡;政府政策的不连续性,征收或者国有化,禁止、限制外资准入或并购,歧视和非歧视性干预,汇兑限制等;民族主义和宗教,经济民族主义,宗教问题导致劳动力使用风险等。

稳定的政治环境是确保工程项目施工正常开展的基础。国际工程承包的开展要求企业对该工程所在国家的政治环境进行全面的了解。从目前世界的政治环境来看,发达国家与发展中国家的差距依然比较大,部分国家内部的政局不稳,而政治环境相对稳定的国家大多集中于西欧和北美。相对于国内环境而言,企业在进行国际工程承包时,需要综合考虑各国的政治环境因素,根据各国政局的稳定情况来决定工程的开工时期,降低并尽量避免政治风险给企业带来的经营危机。

(2) 经济环境

经济因素对跨国经营起着决定性的作用,主要指目标国家经济特征、外部经济关系、风险程度以及目标国政府对外国企业有关的政策和法规等,这些都影响着市场进入的决策。当然母国政府的优惠政策也会对企业的国际化经营起到推波助澜的作用。如果东道国的经济政策宽松、市场规模和发展潜力巨大、竞争不很激烈,科技发展水平较高以及母国的经济政策积极,那么则适宜在东道国直接投资,否则就要慎重考虑进入国际市场方式的决策。

国际工程承包所面临的经济环境也随着工程所在国家以及地域的不同而相应的有所区别。世界经济环境的发展从整体上看呈现不平衡态势。一方面,各国之间的经济结构不同,对经济调控和管理的措施也不尽相同。另一方面,由国家政治环境影响下的经济发展呈现出各自国家的特点。发达国家如美国等,其经济发展逐渐趋于放缓,国内的失业率较高,同时各行业已经有一定的规模,企业发展比较成熟,在进行国际工程承包时,企业需要结合具体国家经济环境进行分析,确定该国的经济环境是否利于工程施工的开展以及是否能够为企业带一定的经济效益,确保企业经济活动的顺利开展。

 拓展阅读:不同国家对国际工程承包的限制政策

项目的实施要依准项目所在国的相关国家政策,不同国家有不同政策。现就以下几方面对比分析:
(1) 对承包商实行资质或建筑许可管理。

如美国一般依靠保险公司对不同档次的承包商所提供保险金额的不同进行市场调节;日本要求承包商按工程工种申报等级;香港特区采用认可承建商名册方式对经营者进行管理,该名册每季度更新;新加坡按资产规模、技术资质、人员情况、历史记录、企业信誉将承包商分成若干等级;韩国按技术水平、资本金、设施、装备和其他必要的事项对承包商进行审查,审查通过后获得建设业许可证及建设业许可手册;马来西亚按注册资本等对建筑企业进行分级管理;印度尼西亚按业绩、专业技术人员和技术设备等进行承包资格分级管理;泰国采用标准规定和许可要求对建筑业企业进行管理。

(2) 要求外国承包商须注册为当地公司或设立工程代表处,接受当地法律的制约。

现行法律对外国承包商还有一些特别规定或限制,如美国规定:当外国公司把经营利润汇回外国母公司时,税法要求扣留一部分;韩国规定:外国公司需就其在韩国境内的收入缴纳法人税;新加坡规定:外国公司如想获得 G1 或 L1 级以上资质等级,其所在国家的司法制度应能为新加坡政府所接受;日本规定:外国公司必须至少雇佣 2 名当地人士参与管理事务,否则吊销营业执照;马来西亚规定:在马国进行工程总承包的外国公司须注册为 A 级公司,外来实有资本不得低于注册资本的一半,外国注册公司须有 2 名马国人担任公司董事,其中 1 人必须是马国的土著人;印度尼西亚规定:凡有工程承包业务的外国代表处,其印尼合营伙伴必须是具有"A"级资格的印尼承包商协会或联合会成员,进行工程咨询业务的外国代表处,其印尼合营伙伴必须是具有"A"级资格的印尼咨询协会成员;泰国政府对外国分公司汇回国外总公司的利润征收一定比例的收入汇出税。

(3) 招投标实行资格审查制度,对参与政府工程投标有限制。

如美国的资格预审表中对投标者提出以往类似工程项目经历和保函额度等条件,外国公司一般难以满足;政府公共性工程一般对外国公司总承包有限制,并实行强制性保证担保,保函需由经批准从事担保业务的保险公司和专业担保公司出具。

日本亦实施资格审查制度,允许外国公司参加投标的政府工程项目有基本额度的限制,并规定有投标程序,这种程序使得外国公司的中标可能大大降低;大部分工程项目采用联合体(JV)承包方式,对地方工程,要求联合体(JV)一定要接受地方政府指定,将工程的某部分或整个工程工作量的一定比例分包给当地小企业施工。

香港特区要求投标者必须符合保留承包商名录及接受投标要求的财务标准,且应获得质量管理体系认证,政府《公共工程认可承建商名册》中成员可参与政府工程投标。

韩国在联合承包、分包、承包规模和开放领域等方面对外国公司作了规定和限制;对于政府工程,通过调整有关建筑业法律规定,减少了外国企业的参与机会。

在马来西亚进行工程总承包的外国公司须注册为 A 级公司,且须与马来西亚 A 级公司就某一项目实行"项目风险共担的联合",才可能总承包政府工程;取得总承包资格后,必须拿出 30% 总承包额的工作量交由马来西亚当地公司分包实施,且这 30% 的工作量要由马来西亚当地分包公司优先挑选。

3. 社会文化环境

文化因素是指企业所在国家或地区中的人们的价值取向、道德准则、行为方式和风俗习惯等构成的环境因素。如果东道国和母国的文化差异很大,这就要求企业具备超高的文化整合技巧和较强的全球战略协调能力,故企业应该量力而行选择国际市场的进入方式。文化对国际市场进入决策的影响来源于两个方面:首先,不同国家的企业具有不同的民族文化以及相应的企业文化,这种独特的文化特征会影响他们对进入国际市场决策的倾向性;其次,投资国与东道国之间存在文化差异,文化差异程度会影响企业市场进入的决策。文化差异的存在是客观的,其影响力的发挥往往与企业的文化特征和核心能力有关。文化背景不同的企业对文化之间差异的感受不同。决策者对文化差异感知度越高,他们对经营风险和不确定性越敏感。企业在实施国际化经营时,一方面要重视文化因素对进入决策的影响,认真分析本国(特别是本企业)和东道国的文化特征以及两国之间文化的差异;另一方面,需要加强自身文化建设和文化管理,提升企业文化的软性竞争力。

拓展阅读：巴西美丽山项目中的社会文化交流

在巴西北部亚马逊地区，启动不久的美丽山水电站特高压直流输电项目的塔基定位等工作正在紧张进行。这是中国特高压技术走出国门的首个直流输电项目，不仅是中巴产能合作的"最新样板"，也是国家电网进行国际项目管理的示范案例。

2015年5月，李克强总理参加巴西里约州活动期间，看望了在现场演奏中国音乐的巴西少年交响乐团，该乐团是由国家电网巴西控股公司支持的"文化之旅——马累贫民窟交响乐团"社会公益项目，已有300多名贫民窟少年从中获益。

此外，国家电网还深入挖掘中巴文化契合点，赞助巴西具有全国影响力的四季长跑、中巴文化月等公益项目，捐赠巴伊亚州的学校建立电力工作室，扩大了中国企业在巴西文化、社会等领域的综合影响力。2014年2月，国网巴西公司本土化运营获得联合国全球契约组织"社会责任管理最佳实践奖"。

4. 自然地理环境

各国在自然资源和地理环境上的差异，既是促进国际贸易的重要因素，也是引发对外直接投资的驱动因素。由此可见，在考虑国际市场进入时，企业所面临的母国和东道国的环境都不容忽视。

5. 成熟度

当今国际市场发展不平衡，欧洲、北美等发达地区工程承包市场发展成熟，有利于跨国公司项目的开展；而亚洲、非洲、拉美等欠发达地区工程承包市场尚不完善，跨国公司开展项目面临着严峻的挑战。因此，市场进入决策应考虑市场因素，判断市场的成熟度以及进入的难易程度。

一个成熟的市场应具备以下几个条件：一是市场应具有完善的法律和规则，有利于工程项目施工的正常开展；二是从业人员应具有较高的素质，增强劳动力在国际市场上的竞争能力；三是企业遵守合同的意愿度较高，合同意识较强，不断提高合同管理水平。

二、确定战略目标

一个企业究竟应该选择哪种方式进入国际市场，首先取决于企业进入国际市场的战略目标。行为服从动机，战术服务战略。企业要追逐的是长远的发展战略目标。企业应根据内外环境所制订的符合自身发展的战略以及企业国际化经营的动机，确定国际化经营战略和目标。

各个企业发展成为国际企业有着各自不同的动机，包括利用优势能力、占领世界市场、获取战略资源、分散经营风险、应对国际竞争、交易成本最小化和长期收益最大化等。自20世纪90年代之后，随着经济全球化的发展，跨国公司日益成为一种全球性的组织，其国际市场的拓展战略也越来越趋向服务于母公司的全球战略。总之，跨国公司在进入外国市场时，所考虑的不一定是对单个市场而言最有效的进入方式，而是着眼于全球效率的最大化。对于希望进入国际工程市场的公司而言，其目标是寻找一个合适的市场进入模式以保证公司利润回报最大化。而利润回报同公司资源投入、风险水平、灵活性和控制水平是紧密联系的。

不同企业追逐的国际化发展目标会有所差异。原因之一是各企业的经营实力不同，比如是否有适应国际市场需要的技术，拥有多少资本，有没有较丰富的国际市场营销经验，是否具备跨文化经营的管理能力等。经营实力强劲的大企业大多希望尽快进入国际化大公司行列,会倾向于选择价值创造量大、风险报酬高的海外直接投资方式;而经营实力薄弱的中小企业可能只是将国际市场作为国内业务的一个补充,其基本战略还是发展国内业务,因而选择出口进入方式。事实上,企业经营实力也是有关进入方式选择的基本约束因素。国际市场进入方式的选择在很大程度上取决于企业本身拥有哪些经营实力上的优势。选择什么方式还受到政策、法律以及国际关系等因素的制约。中国企业能否自由地进入海外市场以及选择以什么方式进入海外市场,既可能受到本国政策、法律的限制,也会受到东道国的限制。在中央政府制定对外开放政策,提出要"利用两个市场、用好两个资源"的政策之后,越来越多的中国企业拥有了进入国际市场经营的有关权力,从而有了更多的可供选择的进入方式方案。即便如此,各国政府之间是否就有关自由流通、国民待遇等问题达成,对进入方式的选择范围或优先度也是有一定影响的。

影响国际市场进入方式决策另一个因素是东道国环境。东道国环境因素关系到企业技术优势以及经营管理优势是否能发挥作用,也关系到市场开发和销售渗透的速度与规模,进而影响到不同进入方式下可能获得的收益和生产经营体系的延伸。东道国的环境因素主要是指政治与政策、文化、经济三大方面。进入国际市场首先要考虑的是政治风险,其次是由文化差异引起的沟通障碍,再次是由经济状况决定的市场规模和需求层次。由于世界经济发展的不均衡,技术、商品都存在国际生命周期现象。各国生产变化过程与需求变化过程之间差距为企业进入国际市场创造了契机。但是,不少国家对外国商品和外国企业的进入设置了限制条件(保护主义措施),降低了某些进入方式的可行性。另外,政治经济和市场需求的变化速度与震动幅度也是需要认真思考的。变化过快、震动过于剧烈,往往要求经营者快速调整。企业是否可以在东道国进行直接投资、是否更多地实行经营当地化,就需要慎重抉择。

三、市场进入模式的决策因素

由于市场环境以及公司内部环境的不同,没有一种独特的市场进入模式能够适应于所有公司。在国际工程领域,短期的市场进入与长期的市场进入的差异主要体现在公司资源投入、投资风险以及灵活性上。

1. 资源投入

不同的市场进入模式需要不同水平的资源投入,即需要在工程项目所在地利用不同数量的资产从事生产经营活动。这些资产既包括有形资产也包括无形资产。一般而言,短期的市场进入一般不涉及在海外投资的问题,其资源投入相对来说比较低。而长期的市场进入,不仅需要公司在项目所在地拥有经营资产,同时需要考虑市场退出时的沉没成本,因此,资源投入相对较高。

2. 风险水平

风险是指事先未能预料到的损失的可能性和不确定性。由于对国际市场环境的不确定性非常大,因此控制风险是公司国际化经营的重要考虑因素之一。对于工程项目而言,投资风险和合约风险决定不同的国际市场进入模式。投资风险是指与项目利润密切相关的项目所在国的经济环境以及政府政策的不确定性。显然对于长期的进入模式而言,其在项目所在国经营的时间越久,因此投资风险也越大。而合约风险是指与国外公司签订及履行合同的不确定性。全资子公司的市场进入模式的合约风险最低。

3. 灵活性

灵活性是指公司迅速地、低成本地改变一项国际经营方式或地理领域的能力,也就是公司在跨国经营中的应变能力。资源投入形成了公司的退出障碍,并使得公司战略的灵活性降低。在长期进入模式下,由于公司投入大量资本从事独资或合资经营,一旦出现不利的经营环境而需要退出该国市场时,就大大增加公司退出的沉没成本,降低公司经营战略的灵活性。

4. 控制水平

控制水平体现了公司对跨国经营活动的组织管理、决策以及生产运营方面的影响能力。公司所有权的归属是体现公司控制水平的重要指标。控制水平取决于公司所占股权份额,股权比重越大,公司所拥有的决策控制权也越大。对于希望进入国际工程市场的公司而言,其目标是寻找一个合适的市场进入模式以保证公司回报最大化。而利润回报同公司资源投入、风险水平、灵活性和控制水平是紧密联系的。

四、市场进入模式的选择

对于工程公司而言,在进行国际项目经营活动时首先遇到的决策问题,就是进入国际市场的最佳模式选择问题。进入模式决定了公司对国外投资的控制程度,并直接关系到公司国际化的绩效和成败。同时,国际市场的进入模式决定了之后的项目管理模式,国际工程市场不同于一般所讲的产品市场,它是项目市场,市场进入就是对项目的争夺,因此从一定程度上讲,市场进入模式也就是获取项目的方式,在实践中,它是国际性工程企业项目化管理的重要内容之一。

在国际工程领域,按市场短期进入与长期进入分类,基本市场进入模式有以下 8 种:

1. 基于项目的短期市场进入模式

(1) 战略联盟(Strategic Alliance)

战略联盟是指多个公司间为了共同的战略目标,基于相互信任和尊重在一定时期内建立互相合作关系。工程公司战略联盟的对象可以包括客户、目标国政府、供应商、金融机构以及其他的合约方。

(2) BOT 项目

BOT 是一种新兴的工程承包方式,私营公司或外商取代政府成为融资主体,承担融资风险。BOT 项目的参与者一般包括目标国政府、私营开发商、当地合伙人和各类有经验的专业人员。国际工程公司或者工程公司联合体作为私营开发商进行融资参与目标国基础设施的建设,并以此获取利润。

(3) 合资项目(Joint Venture Project)

随着经济的发展和客户要求的提高,工程项目的复杂程度大大增加。尤其是一些复杂的国际项目,对目标国政策、环境以及文化的陌生使得某一个公司独立完成项目非常困难。因此,公司常常会选取一个或多个目标国公司就该项目签订合作合同,进行优势互补,分工合作。通过充分利用目标国合资对象的生产资料和社会关系,实现降低成本、控制风险和提高公司应变能力的目标。

(4)许可经营(Licensing)

对于工程公司而言,许可经营是指许可证持有公司将它们的无形资产(包括专利、贸易机密、技术诀窍、注册商标、信誉等)有限地授权给目标国公司使用,以换取许可证使用费或其他形式的支付。许可经营的优点主要体现在:同基于投资的长期进入模式相比,对目标国市场的开发成本较低,减少了来自目标国政治、经济上的风险。然而,对于许可证持有公司而言,来自许可经营的利润率要比直接投资的利润率低,同时对于工程的质量控制会比较困难,并且有时候许可证使用公司会成为许可证持有公司一定意义上的竞争对手。

(5)目标国代理商(Local Agent)

在国际工程领域,通过目标国代理商进入该国市场的方式极为普遍。双方公司签订合同后,由目标国代理商为工程公司提供一系列的服务,包括提供当地社会、法律、经济、政治和金融等方面的信息;与当地投资商、政府、供应商和分包商进行联系;协助投标并办理诸如劳工签证、政府批文、不动产租约、后勤合同和税收申报等手续。

2. 基于投资的长期市场进入模式

(1)合资公司(Joint Venture Company)

合资经营模式是工程公司进入国际市场的常用模式,通过选择一个或多个目标国公司作为合作伙伴,组建作为经济实体的合资经营公司。由于有当地合资人的协助,可以消除对当地环境陌生所产生的经营上的困难;更容易跨越准入障碍,进入速度更快;可以充分利用目标国对合资公司的税收和其他优惠政策。

(2)独资公司(Sole Venture Company)

独资经营就是将资本直接转移到另一个国家,新建或投资一家公司,在其生产、销售和管理等各个方面全权决策。在目标国建立独资子公司提高了国际工程公司在目标国行为的灵活性和控制力,为公司的快速扩张提供了条件。不同于建立合资公司时所必需的长时间谈判和沟通,建立独资公司相对要简单和方便得多,然而其建立过程仍然是相当复杂和昂贵的。因此,兼并和收购是快速建立子公司的方法之一。

(3)分部/分公司(Branch Office/Company)

分部/分公司是指公司为了方便国际化经营而在目标国设置一些分支机构或辅助机构。该模式特点与独资公司基本类似,区别在于,分公司不具有独立的企业法人资格,不具有独立的法律地位,不独立承担民事责任。

第四节 国际大型承包商发展战略

经济全球化加剧了国际工程市场同业间的竞争,但竞争力的不对称促使国际分工达到"均衡互补"。经济全球化使世界成为一个整体的大市场,并强烈地冲击着区域保护。在国际市场中,企业扬长避短、各展所长,同业公司之间短兵相接,在同一个市场内相互竞争;在国际分工中,企业按实力对号入座。在市场竞争日益激烈的压力下,国际知名建筑企业为保持和提升竞争实力,在联合重组的同时,还在企业的战略、管理和技术等方面进行了不懈的努力。

一、国际大型承包商发展模式

国际承包商的业务特征主要体现在:海外收入比例高、涉及行业多元化、国际业务分布重点突出。这些公司之所以形成现有的业务特征,与其发展历史有着密切的联系。这些公司都已经发展了至少半个多世纪,根据它们的发展历史,可以大致将其成长路径分为5个不同的阶段。通过进一步研究,还可以发现在不同的阶段各个公司都采用了类似的战略和发展模式。

1. 公司成立初始阶段

这些公司最开始的组织形式都是私人公司或者合伙制,这个阶段一般采用的发展模式为专业化(差异化产品)、建立与业主的战略联盟等。

2. 公司快速发展阶段

这一阶段,多数公司选择了在主营业务方面追求最大市场份额,具体通过设立分支机构,进行企业/业主联盟等方式,有不少企业开始多元化经营,甚至尝试走出国门开拓海外业务,同时还有少数企业开始重视研发,以获得更大更有难度的项目。

3. 海内外业务扩张阶段

这一阶段,公司普遍启动了海外拓展业务,在海外设立分支机构,并伴有少量的海外并购,同时为了获取更多的营业额,大部分公司开始涉足多个领域,实施多元化战略。值得注意的是,不少公司开始选择上市融资,进入资本市场,这也为它们开拓融资渠道,日后进行大规模兼并和收购打下了坚实的基础。

4. 全球化战略推进阶段

这一阶段,为了全面推进全球化扩张,一般采用兼并收购等方式进入目标国家,包括对竞争对手的横向并购,对产业链上企业的纵向并购,以及不同领域的综合并购。采用大量的兼并收购行为,公司快速进入多个国家的多个领域,但同时由于扩张过快、领域过于分散,也隐藏了很多经营危机。这一阶段,也有公司开始在运营模式上尝试创新,为客户提供一站式服务,引进项目管理等经营理念,抢占工程服务市场的先机。

5. 战略调整与重组阶段

经历几十年多元化、全球化的扩张,企业内部出现了很多运营方面的问题,再加上建筑业利润率普遍下降,导致巨型工程企业开始进行战略调整与重组,以退为进,开始转让没有优势、利润较低的业务,集中核心业务,大量投入研发新技术,积极创新,从而占领新的市场。

二、多元化与集中核心业务战略

1. 多元化经营

多元化经营是企业发展到一定阶段的一种自然选择。目前,世界500强企业中94%的企业都实行多元化经营,多元化的优势体现在通过业务组合规避风险,充分发挥核心竞争力的辐射作用,充分利用闲置资源和现有的生产、营销能力和渠道实现集团化规模增长。国际许多大型承包商在十大国际工程承包行业(根据ENR的划分)中均有涉及(见表3-3)。除了业内多元化,很多国际承包商还采取了业外多元的方式,使经营的范围更加广泛,如法国Bouygues公司除工程承包外,还经营电信服务和电视传媒业务;美国Bechtel公司工程承包涉及石油化工、航空航天、国防、电信和公共工程等多个领域。

国际大型承包商涉及行业情况 表3-3

公司	房屋	制造	电厂	供水	污水	工业	石油	交通运输	有害物质	电讯
Bechtel	√	√	√	√	√	√	√	√	√	√
Fluor	√	√	√	—	—	√	√	√	√	√
Skanska	√	√	√	√	√	√	√	—	—	√
Hochtief	√	√	√	√	√	√	√	√	√	√
Vinci	√	—	√	√		√		√	√	√
AMEC	√	√	√	√	√	√	√	√	—	√

工程承包企业的纵向发展战略,就是根据工程承包业务的价值链,进行后向一体化或前向一体化的过程。在纵向发展中,全球主要承包商几乎都具有向业主提供从项目可行性咨询、工程设计、融资、项目施工管理、后期经营等一揽子服务能力,如图3-6所示。在经营宗旨中将其定义为"业主的合作者,并提供超出业主期望的全过程服务"。在后向一体化方面,Vinci公司成为欧洲最大的公路材料生产商,Vinci、Skanska、Bouygues、Hochtief、Kajima等承包商,几乎都涉足商业项目开发、特许经营和项目开发等业务。

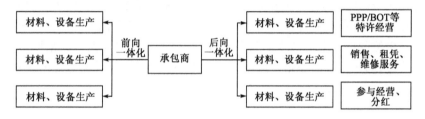

图3-6 承包商纵向发展战略模式

在横向发展方面,工程承包企业横向发展战略主要表现在市场规模的拓展、企业规模的扩大、多元化经营和创新4个方面,如图3-7所示。

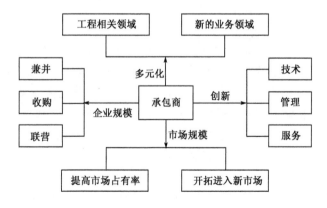

图3-7 承包商纵向发展战略模式

在过去几十年里,国际建筑市场最多的竞争是以各种"交钥匙"工程为代表的系统承包商模式,这种经营方式将企业的利润源泉从简单的工程承包环节延伸到从设计、施工,到工程的全部过程,使快速具备这种能力的企业在市场竞争中处于有利地位。经过几十年的竞争磨炼,越来越处于有利地位。经过几十年的竞争磨炼,越来越多的企业开始形成国际市场上的总承包能力,于是以总承包能力为核心的竞争力基础开始动摇,取而代之的是全方位价值链创新,正成为新形势下竞争力的核心基础。全方位价值链创新模式的实质是将企业放置于一个远超出竞争对手范围的大环境,将企业的客户、供应商、金融机构,以至于客户的客户都纳入企业的一个框架,通过企业自身价值链与这些密切关联的外部群体的价值链更有效的耦合,创造新的价值。如德国的 Hochtief 公司(2008 年 ENR 排行榜第一,国际市场营业额为 261.8 亿美元)可以为各种类型的复杂工程项目提供全套的解决方案,涵盖范围包括项目开发、施工和与工程建设有关的各种服务以及特许权项目的投资、运营管理服务等。Hochtief 公司通过提供"一站式"服务等解决方案,吸引了更多的客户,实现了迅猛的发展。

2. 集中核心业务

在具体核心竞争优势方面:Vinci 公司在公路工程方面成为欧洲公路施工技术和材料生产的领头羊;Hochtief 公司在大型土木工程(如公路、桥梁、隧道、地铁、机场等)基础设施方面具有核心专长;Bechtel 公司掌握世界领先的核电建设和石油化工技术,其拥有的冷反应堆技术、石化技术、火力发电技术,使其成为 ENR 全球 225 强中最大的技术输出型承包商;日本 Kajima 公司则致力于研发具有自主知识产权的新材料和新技术。

无论国际还是国内企业,尽管采取了多元化或专业化等不同的经营方式,但其最终目的是一致的,即以最适合企业自身发展的形式,实现企业利润最大化。协同作用可用来衡量企业内部各经营单位联合起来所产生的效益情况,全球主要承包商无论是采取多元化还是专业化经营方式,协同作用往往是企业进行多元化布局或专业化延伸时考虑的主要因素。

三、人才战略

企业的发展离不开"人",雇员是企业成功的基石,企业通过对雇员能力、创新精神、团队协作精神的培养,增强企业整体实力,应对不断变化的内外部环境的挑战。法国的 Bouygues 公司认为"员工是最宝贵的财产"。欧美大型承包商非常重视人才管理,他们将全体员工视为公司实现持续发展和取得优良业绩的核心。

1. 引进人才

欧美承包商在招聘员工时非常关注员工的内在驱动力、多元性等特点。欧美承包商的人才招聘和录用不是为了填补职位的空缺而设计,而是以符合公司的长期发展战略为依据。一个企业只有拥有多元化的人才,形成多元企业文化,才能满足全球多元化的市场需求,进而成为真正的国际化企业。因此,国际大型承包商特别注重构筑企业多元文化,因此在引进人才时,这些承包商注重雇员种族、性别、学历、语言、文化背景和经验等特点的差异化,并鼓励雇员工作时的思维方式和风格的多样化。

2. 开发与使用人才

经过一百多年的发展,欧美大型承包商内部已经形成了一套全面完善的人才培训体系。他们为员工提供持续培训的机会和终身学习的环境,保证员工及时进行知识更新,从而不落后于世界先进水平。企业每年都会在培训方面投入大量资源。例如,德国 Hochtief 公司非常重视对其员工的培养,不只是技能培养,而且包括思想理念和行为模式的培养,公司还为经营管理人才设置了关于工程技术的培训项目,旨在为公司培养高级复合型人才。Hochtief 公司与世界名校、培训机构联合举办培训班对员工进行培训,合格者不仅可以得到学位证书,还可以得到国际通用的执业资格证书。

3. 保留人才

物质激励虽然不是企业激励雇员的唯一措施,却是保留人才的基本保证,这些措施使得员工具有公平感、安全感和成就感。欧美大型承包商为员工提供舒适的工作环境,相当丰厚的薪资,良好的福利待遇。薪酬体系包括工资、奖金、分红及其他激励措施。除此以外,"员工持股"逐渐成为欧美承包商保留人才的重要手段,因为持股能够更好的激发员工的主人翁意识,促使他们努力工作以提高公司的业绩。

自2006年起,德国Hochtief公司的员工可以去高校申请攻读与该公司业务相关的专业博士学位。该公司专门设立了非盈利基金会"Hertie Foundation",用于研究如何促进员工工作与生活平衡。同时,还组织一些活动,例如,该公司每年都面向员工子女组织为期四天的 Easter Holiday Action Days(复活节行动日)活动,有设计比赛、参观项目现场、参观体育比赛等丰富多彩的活动内容,取得了良好的效果。这些活动可以使员工赢得家人的尊重和支持,自然培养了员工对企业的忠诚度和自豪感。

四、技术创新

技术的先进性有助于吸引大批业主,并使承包商获得超额利润。许多国际大型承包商把技术开发与创新看作是企业发展过程中的一项重要使命。

1. 完善的组织模式及管理协调

许多国际大型承包商为此专门设立了研究与发展部,全面负责企业的技术创新、产品开发和设计任务,在研究与发展部内部,又会作明确的职责分工。如日本清水建设集团研发部不仅设立了研发计划部和研发管理中心两大管理部门,而且还根据不同的专业领域设立了8个细分的研究部门。研发部在进行技术创新的同时还扮演以下角色:提高公司的劳动生产率(管理效率、现场生产力)、拓展公司的业务领域、提高公司的品牌影响力。如 Hochtief 公司的技术创新包含三个层面:第一层面是中央创新管理;第二层面是以市场为导向的技术创新;第三个层面是与项目相关的技术创新。

2. 研发经费及技术人员的保障

技术创新不是单纯的技术概念,而是技术经济的概念,是一种经济活动。从技术创新的生产要素来看,资金和人才是技术创新的基本要素。因此建筑施工企业的技术创新活动离不开资金,研发经费投入是企业技术创新的重要支撑;而人才作为生产力中最活跃的因素,是建筑施工企业技术创新的载体和关键,也是技术创新活动区别于其他生产活动的重要方面。

日本的建筑业之所以能够引领世界潮流,归功于日本建筑企业对技术创新的持久性投入,企业作为技术创新的主体,完全承担了技术创新的重任。日本的五大建设集团(清水、鹿岛、大成、大林组和竹中)的研发投入年均都在100亿日元左右,在稳定的研发经费投入基础上,五大建设集团都拥有充足的技术研发人才,形成了由专业技术带头人、技术骨干及一般技术人才组成的专业人才梯队,并且公司在各自擅长的领域配备了相应的技术设备,为技术创新工作顺利推进打下了坚实的基础。在进行技术创新的同时，五大建设集团也十分注重对创新成果的保护，平均每个公司年专利申请量就达 300 多项，大大调动了员工发明创造的热情，使技术创新活动走向良性循环。

3. 畅通的信息来源与创新合作

国际工程公司一般都非常重视相关技术及产品信息的收集与管理，并根据技术研发工作的性质和客观环境及条件限制，选择适合企业自身特点的技术创新合作组织形式，这种合作不仅包括公司内部的各部门、产业链的各环节之间的充分沟通、交流与合作，同样包括与外部科研院所、高等院校等第三方的合作。Hochtief 公司创新的力量在很大程度上是基于密切的内部合作，这种集中的专业知识能够保证公司制定前瞻性的创新战略，不断优化公司现有的产品和工艺。Hochtief 公司还注重与外部科研机构的创新合作，与达姆施塔特技术大学等大学开展了研究项目，还为即将毕业的大学生提供在公司内完成毕业论文的机会。

4. 技术创新及科研成果的产业化

技术创新成果的市场化和产业化，是技术创新活动的关键环节，也是技术创新的根本目的。以技术为导向的企业在技术创新的过程中，往往只能实现技术领先，而对于重大的创新技术，企业只有具备推动全系统产业链发展的积极性及能力，高度重视知识产权和专利并不断推动标准演进，才能使技术创新成果最大限度地发挥其商业价值。在日本清水建设集团内部，形成了一套完整的技术创新成果推广体系，在知识产权负责人及知识产权战略委员会的引导及管理下，全体员工都被赋予技术创新的职责，不断实现"独创—应用—再创"的良性循环，增强了公司的核心竞争力。

5. 信息技术与现代管理的融合

近十年来，信息技术与现代管理手段的快速发展以及两方面力量的互相促进和融合，促使国际建筑业的管理方式发生了重要改变。现代信息技术的广泛应用，使企业管理过程中的信息流能够以更快捷和更低成本的方式进行传递，极大地降低了管理成本，同时提高了管理的效率。在此推动下，企业的组织结构开始呈现扁平化的趋势，管理跨度不断增加。这一方面缩短了企业的管理流程，以及企业与市场之间的距离；另一方面也为企业在全球范围快速扩张创造了良好的条件。在国际工程承包中，大型跨国建筑企业运用信息技术和现代管理手段，能够以比传统管理手段更高的效率和更低的成本实现全球资源的配置，从而增强在国际市场的竞争力。从行业层面看，则加快了全球建筑市场一体化的步伐。当然，这种作用过程不是单向的，随着建筑业国际化程度的不断提高，日益激烈的国际竞争也对企业的管理提出更高的要求，从而推动企业不断引进和吸收新的管理技术，最终促使信息技术和现代管理手段成为建筑企业竞争力的一个重要方面。

6. 知识管理

Fluor 公司是知识管理非常有效的国际承包商。Fluor 公司将员工的智慧、经验和知识的凝结看作是公司的核心能力，公司通过各种信息化的手段加强员工之间显性知识和隐性知识的积累、共享和融合与升华。1999 年以来，Fluor 公司投入巨资开发了知识管理信息系统，创立在线知识社区，共享即时市场信息、工程信息和管理知识等。

五、兼并和收购

承包商的发展和业务模式主要包括连锁、特许权、合作、合资/联营体和兼并收购。这些模式按照从"内部成长"到"外部成长"程度的不同,可见兼并收购对实现外部增长是最重要的。单纯依靠企业内部积累存在着很大的局限性。企业在全球化扩张时,一般采用兼并收购等方式进入目标国家,包括对竞争对手的横向并购,对产业链上企业的纵向并购,以及不同领域的综合并购。利用大量的兼并收购行为,公司快速进入多个国家和多个领域。

进入21世纪后,大型承包商为了应对复杂的国际工程市场环境,展开了大规模的重组和并购。

ACS公司是西班牙最大的建筑企业,在ENR的2008年统计中,其国际市场营业额达到51亿美元,在ENR全球225强排行榜中列第19位。其主要业务涉及五大领域:建筑、特许经营、环保与物流、工业服务和能源,是一个多元化发展的公司。其中,建筑业务包括土木工程、住宅建筑、房屋建筑(非住宅);环保与物流业务包括环保服务、港口和物流服务、设施管理等,工业服务包括电信网络、能源工程和控制系统等。目前,该公司拥有12万多名员工,在全球75个国家开展各项业务。ACS公司的发展史,就是一部企业并购史,在其27年的历史中,进行了14次大型并购活动,这一势头在未来还将持续下去。ACS公司的并购历史经历了三个时期。第一个时期是20世纪80年代,通过对建筑企业OCISA和SEMI公司的收购,完成了在行业内的立足以及多元化发展策略。第二个时期是20世纪90年代,ACS公司开始了大规模的企业并购活动,这一系列大规模的并购活动快速壮大了公司规模,大大提升了公司的市场地位和影响力。第三个时期是21世纪初,主要通过战略性投资增加公司的盈利能力。

六、战略联盟

由于全球市场竞争日趋激烈和复杂,对企业竞争资源的要求日益苛刻,企业采用建立战略联盟的方式来获得在现在和未来市场中的竞争优势。战略联盟既是一种组织安排,同时也是一种经营策略。战略联盟是介于市场交易关系和组织内部合作之间的合作关系,它不涉及企业所有权的变更,但它能消除交易障碍,降低交易成本。在不牺牲联盟成员独立性的前提下,切实扩大企业对外部资源的支配能力,使联盟各方的资本、技术、人力、信息资源得到有效、灵活的整合,从而可以最大限度地降低产品成本、提高规模经济效益,帮助联盟各方获取长期的竞争优势。如图3-8所示。因此,战略联盟在减少企业交易成本、扩大市场占有率、增强竞争力等方面,有着自己独特的优势。战略联盟具有不同的组织形式,如合资、合作、联合研究开发、供应商契约、交互许可等。

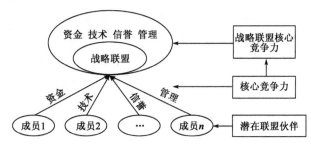

图3-8 战略联盟示意图

战略联盟分为行业内的联盟合作和跨行业的联盟合作两大类。行业内的联盟合作可以使企业在产业链的前端和后端进行纵向延伸,以及横向业务拓展(如开拓新的领域和区域市场)。跨行业的联盟合作则可以获得技术创新。Bechtel 的联盟企业可划分成如下几类战略联盟关系:

1. 当地的合作伙伴

这样的合作伙伴通常都是针对海外市场所建立的联合体,往往基于战略互补而形成,但合作伙伴不一定要有相同的目标。例如 Bechtel 和 Metodo 的联盟 BMT 公司,美国的 Bechtel 是为了扩大在巴西的电信市场份额,而 Metodo 是期望从 Bechtel 引进先进的工程技术。

2. 与美国政府的合作

主要针对国内市场,采用合作伙伴关系。政府对于建筑业企业的影响是不可小觑的,例如在对伊战争后,布什政府将伊拉克战后重建的首份大额合同授予了 Bechtel,合同总额达到 6.8 亿美元。在经营这四家联盟合作企业时,Bechtel 的主要目标并非赢利,甚至有可能要花费一笔资金,但这种与政府部门的合作却是必不可少的,它带来的技术支持比短期的赢利来得更为重要,并为以后更多的与政府部门的合作打下了良好的基础。

3. 咨询服务、技术支持类的战略联盟

这通常是依据互补技能选择伙伴。在 Bechtel 的第三类战略联盟中,有三家企业是独立于 Bechtel 公司而为其提供独立的咨询、技术服务。它们是 EPC Global 公司、APX 公司和 Bentley 公司。其中,EPC Global 公司是一家很有代表性的提供人力资源信息服务的企业,目前有超过 10 万家土木建筑企业与其合作。

第五节 我国公司在国际市场的开拓

一、我国公司在国际工程市场中的地位

世界经济的发展尤其是广大发展中国家经济的蓬勃发展为国际工程承包市场注入了新的活力。我国的国际工程承包与咨询事业是改革开放的产物,是在过去对外援助的基础上发展起来的。而在此过程中,我国公司也从 1979 年开始从无到有,从小到大,经过 30 多年的努力逐渐取得了令人瞩目的成就。

2014 年,中国承包商表现优异,我国内地企业共有 65 家进入 ENR250 强榜单,比 2013 年多了 3 家,总营业额达到 896.75 亿美元,有 21 家企业进入前 100 强。企业排名平均上升 5 位,进入前 20 强的企业达到 3 家,中交集团更是取得了第五的名次,为历史最佳。这 21 家企业营业额达到 578.98 亿美元,比上一年增长 96.2 亿美元,但是前三家企业营业额增长 105 亿美元,13 家企业出现营业额下滑,说明中国承包商受国际市场环境影响严重,大部分企业未能实现突破。而中交集团、中国电力建设集团和中建集团业务量的大幅提升能否稳固并持续,有待进一步观察。尽管在企业的国际化水平、工程项目的一体化运作能力和质量效益指标上还与国际顶尖承包商存在着不小的差距,但是通过加大国际业务投入、整合 EPC 项目运作能力、探索 BOT 等高端项目模式、与国际领先企业开展合作以及重组上市等活动,这些企业在国际工程领域的竞争能力得到了大幅提升。如表 3-4 所示。

2014年进入ENR250家国际承包商排名前100位的中国承包商　　　　表3-4

序号	公司名称	2014年排名	2013年排名	海外营业额（百万美元）
1	中国交通建设股份有限公司	5	9	15827.00
2	中国电力建设集团	11	23	11653.40
3	中国建筑股份有限公司	17	20	7239.10
4	中国中铁股份有限公司	23	28	5464.20
5	中国机械工业集团有限公司	27	25	5035.10
6	中国葛洲坝集团股份有限公司	44	51	2823.00
7	中国土木工程集团公司	47	71	2690.50
8	中国冶金科工集团有限公司	49	68	2669.00
9	中信建设有限责任公司	52	46	2605.30
10	中国铁建股份有限公司	58	39	2450.00
11	中国石油天然气管道局	64	63	2009.40
12	中国石油工程建设公司	66	76	1890.90
13	中国东方电气集团有限公司	72	79	1567.20
14	中国水利电力对外公司	74	84	1520.40
15	中国化学工程集团公司	76	82	1420.10
16	青建集团股份公司	81	98	1315.00
17	中石化炼化工程股份有限公司	84	88	1117.70
18	中地海外建设集团有限公司	86	93	1102.30
19	上海电气集团股份有限公司	91	64	973.00
20	中国通用技术控股有限责任公司	93	90	945.40
21	上海建工集团	100	129	746.00

二、我国公司的主要优势

随着经济全球化的突飞猛进，经过数年的拼搏与发展，中国对外承包工程行业已具有了一定的规模。承包工程企业的实力不断壮大，某些行业和国别地区取得了明显的竞争优势和较强的比较优势。

1. 专业优势

几年来，伴随我国产业结构调整和升级，我国公司在国际工程承包市场上逐渐形成了自己的一些强势产业。在多个领域中以生产成本为核心的比较优势具体包括：以工厂制造成本为主的大型基础设施领域，如发电、送电、港口机构、电信、冶炼等；以施工设备和施工技术为主的大型基础设施建设项目，如石油、公路、水利、供水、水电站、港口等。近年来的发展趋势表明，我国企业在科技含量高、资金规模大的工业项目上呈现持续增长的趋势，如电子通信类高科技项目竞争优势有着明显进步。

2. 地区优势

我国对外承包工程行业有着明显的优势地区，主要在亚洲和非洲地区。近年来我国对外承包工程在这些重要的市场上快速增长，营业额之和占海外市场营业总额的70%左右。

在全球225家大型承包商中,我国对外承包工程企业在亚洲市场中所占的市场份额呈现明显的扩大趋势,说明我国企业在亚洲市场上有比较强的竞争优势。在非洲地区市场的占有率也有了比较明显的提高,显示了我国对外承包工程行业在非洲市场的竞争实力。未来我国有望在东欧和拉丁美洲地区取得较快的增长速度。

3. 人力资源成本优势

作为一个人口大国,在人力密集型行业具有非常明显的竞争优势。目前,在一些经济发达国家和地区,中国的建筑劳务仍然有相当的竞争优势。在一些人力资源成本很低的经济不发达国家和地区,熟练的技术工人还是有一定的成本和效率优势。中国企业的人力资源的优势主要是在管理人员和技术人员的成本上。中国的工程技术人员的能力和水平与发达国家的工程技术人员没有明显的差距,但工资上却有相当的差距。与经济不发达国家的工程技术人员相比,中国的工程技术人员在工资上没有优势,但在能力和水平却有一定的优势。

4. 技术、信息和品牌优势

经过长期高速发展,中国企业的技术能力得到很好的提升。中国企业在制造技术、设计技术、施工技术等方面已经具有了很大的优势。在国际承包工程市场上,中国企业的技术优势,已经在铁路、桥梁、通信、发电、送电、冶炼和资源开发等方面凸显出来。这些将为中国企业争取大型和特大型项目提供坚实的基础。

中国企业在亚洲和非洲等国家覆盖了主要市场,就行业整体而言,形成了完善的信息网络,为今后的发展提供了较强的信息来源支持。经过长期的经营积累,一些对外承包工程企业已经在某些国家、某些行业形成了显著的品牌优势。对外承包工程企业要注意在重组过程中高度重视其国际市场上有一定影响的品牌保护。

5. 中国资源需求和大型机电设备出口的优势

随着中国经济总量的快速提高,对自然资源的需求量也在快速提高,国际市场资源开发利用已经上升到国家经济安全的高度。对外承包工程作为最成熟的"走出去"形式,可为资源开发类项目提供各种形式的支持,与自然资源开发形成互相促进、共同发展的关系,为国际承包工程提供了更多的机会。

中国目前基本形成比较完整的工业产业链,在大型机电设备、成套设备制造等方面具有较强的竞争力。未来大型机电设备和成套设备制造能力的竞争优势,会在更广泛的领域促进国际承包工程的发展。

6. 中国对外直接投资对承包工程的拉动力优势

在对外承包工程发展过程中,承包工程也开始逐步和投资紧紧地结合在一起。随着经济高速发展,中国正从资本绝对短缺变成资本相对短缺,而且一些行业和企业会出现资本相对富裕的情况。在今后一段时间内,对外投资的数量会较大幅度的增长。对外直接投资和间接投资两种形式,都会对承包工程产生较大的促进作用。

制造业的国际市场开拓将会给承包工程带来额外的机会。制造业以直接投资的形式开拓国际市场,可以推动承包工程的发展。

7. 经济援助对承包工程的促进作用

国际承包工程作为对外经济交往的重要组成部分,与政府的外交、经济援助有密不可分的关系。很多中国企业是通过经济援助项目进入国际承包工程市场的。政府的外交工作和经济援助对推动项目进展,落实项目资金都有至关重要的作用。随着我国经济实力的增强,更多的资金可以用于经济援助,将会对国际承包工程产生直接的促进作用。

三、我国公司的不足及发展策略

1. 我国国际工程承包与咨询企业的不足

1) 承包企业

虽然经过多年的努力,我国公司在国际工程市场上占据了一席之地,与自身相比取得了长足的进步。然而我们不能忽视的是,国内的许多国际工程公司在实现了零的突破,取得了一定成绩之后,都遇到了进一步发展上的难题,普遍感觉后劲不足。特别是在面对当前国际工程市场的新形势、新变化时,我们的企业正面临更多的困难,也暴露出许多不足之处。

(1) 承包工程企业的产业集中度居下

对外承包工程行业产业集中度降低。对外承包工程的总体规模发展很快,但增长方式、行业结构等方面存在一些突出问题。

产业集中度比较低将在国际市场的竞争中处劣势地位,尤其在大型项目的竞争中更为明显。产业集中度降低,一方面表明更多的中国企业进入国际承包工程市场;另一方面一些新进入市场的公司集中在中国企业已有的市场,用同样的手段与原有的中国企业争取相同的项目,行业内竞争明显加剧。中国企业之间还没有形成分工协作的局面,同质化竞争现象明显,这是造成市场经营秩序混乱的根本原因,整个行业基本上处于"外延型"的增长方式。

(2) 承包工程企业国际化程度较低

国际化程度是以国际市场营业额,人才结构专业化程度、资源配置、生产要素利用全球化、本地化、实体化经营等重要指标来衡量测评的。中国企业的总体情况是国际市场营业额在公司总营业额中的比例不高,以这个指标来衡量中国企业,不难看出中国企业的国际化程度还处于低级阶段,大部分中国企业的主战场还在国内市场。从市场的角度说,国际市场是一个企业国内市场的自然延伸,应该是企业总体市场战略的组成部分。国际市场营业额所占的比例从很多方面决定着国际市场在一个企业中的地位,影响着企业人才结构、资源配置等许多方面。生产要素利用全球化(资金、技术、原料、生产手段、劳动力)是企业国际化标志因素之一,企业在多大范围和程度上,利用、选择、组合生产要素的能力是决定企业国际竞争力的关键点,企业的国际化程度低必然会影响到企业在国际市场上的竞争力。此外,由于企业国际化程度低,国际市场营业额比例小,企业决策层的组成人员基本上都是来自国内市场,这在一些传统的工程公司尤为明显。由于决策层缺乏对国际市场和国际工程感性和理性的认识,在理念、决策和管理及领导方面都存在着许多问题,有的公司因此而遭受较大的损失。

(3) 企业资金短缺融资能力弱

欧美日等国承包商依靠与国际金融机构和国际组织的良好关系获取了的大量资金支持。我国对外工程承包企业融资能力普遍较弱,已成为承揽大型国际工程项目的最大"瓶颈"。一是融资渠道窄。国际上通行的项目融资在我国尚未开展,企业境外融资还面临着很大的障碍;二是政策性银行对国际工程承包企业的支持力度有限。对外优惠贷款和优惠出口买方信贷,难以满足融资需求;三是我国企业资产总规模相对发达国家普遍偏小,资产实力无法与国际大承包商抗衡;四是融资风险大,买方信贷提高了企业的资产负债率,项目的还本付息、利率和汇率等风险由企业承担,增加了经营风险等。

(4)企业开发投入和新技术应用不足

与经济的其他领域一样,技术进步在国际工程承包领域产生了很大的影响。比如利用信息技术,承包商可以迅速向国外分支机构或者分包商传递信息,适时控制项目进展情况。发达国家国际承包工程企业每年将大比例研发费用(大约在总收入的3%~5%)投入到项目开发与运作的各个环节,为欧美日等国际承包商的技术革新和技术竞争优势的保持和扩大提供了充足的动力。实际上,重视研发与技术开发是欧美日等国的承包企业与我国承包企业的一个重大区别。

(5)生产安全问题比较突出

随着我国企业对外涉及的市场领域越来越广,卷入当地各种纠纷的可能性越来越大,加之突发事件和地缘政治动荡不安,恐怖主义威胁各国安全,给对外承包工程造成了人员伤亡和巨大的经济损失,安全问题日益突出。同时,"零事故率"已成为国际大承包商重要指标之一。承包工程企业如何站在更高的层次上,处理好当地社会以及各种利益集团的关系,处理好企业员工与当地人员的融合问题,运用和谐观进行项目管理,成为日益关注的问题和追求的目标。

(6)对承包工程的支持体系尚需完善

对外承包工程、对外劳务合作的管理尚无明确的法律基础,立法进程滞后;国家和社会支持对外承包工程发展的政策措施和服务体系还不完善;金融机构对对外承包工程的支持力度有待进一步提高,对外承包工程的贷款利率和保险费率还比较高;对外承包工程保函风险专项基金规模小,支持的企业范围有待扩大;政策性贴息的贴息率和贴息期限需要提高;缺乏税收优惠措施和有弹性的外汇管理制度、风险保障制度和措施,缺乏对外承包工程的信息服务和其他相关服务等。

(7)承包商的国际竞争力薄弱

我国颇具实力的工程承包公司不多,所谓实力主要指国际竞争力,在智力密集、技术密集、资金密集和管理密集之大成,走国际化的道路。

我国承包商国际竞争力仍很薄弱,其具体表现有:组织运作机制的全面适应性建设滞后;整体管理水平如现代工程管理理论方法的运用自如尚不掌控;对工程项目全过程监控如工程项目现场实施精细化管理和项目执行力不严;资金运作和融资能力不强,如项目融资的新发展的应用,银企结合,银企贸结合度不够;在项目中的技术创新度、科技开发度远远落后于国际大承包商,如信息技术的应用和信息化建设尚不到位;业务域面单一化如建筑及相关工程服务、开拓的专业尚有拓展空间;与国际上的某些业主、某些大承包商等缺少固定的合作关系,如涉及尖端技术的工程项目,往往被发达国家大承包商所垄断;缺少复合型高端人才是根本性问题。

我国政府一再阐明对外工程承包和劳务合作的中长期战略应巩固并扩大现有的比较优势向"高技术、高附加值和高利润"的领域发展,在全球产业链中确立"中国"品牌。据此,要求企业"发展要有新思路,改革要有新突破,开放要有新局面,各项工作要有新举措",健全和完善两个体系,一个服务体系、一个保障体系,即健全和完善对外承包工程的金融、保险和信息等服务体系;健全和完善相关法律、法规、制度等保障体系和重点扶持"双优"即优势行业和优势企业"走出去"的大政策下,承包商应积极主动参与国际合作和国际竞争,为产业结构调整、国民经济增长和建设创新型国家做出贡献。

2) 工程咨询业

三十多年来,随着我国投资管理体制和建设管理体制改革的不断深化和对国外经验的学习,工程咨询作为一个独立的行业在国家的工程建设管理中的地位日益突出,各种制度、法规不断出台和完善。目前,我国的工程咨询业已发展成为服务门类齐全、过程全面的服务体系,但是同发达国家的咨询业相比,我国国际工程咨询事业仍然存在一些不足。

(1) 观念转变滞后

我国目前的咨询公司大多是计划经济时期隶属于一级政府部门的事业单位转制过来的,由于长期受计划体制下分配任务进行设计咨询工作的影响,现在虽然变为企业,但是市场主体意识、服务意识并不强,还有等、靠、要的思想。再加上多年来,我国国内大规模的基础设施建设也为我国的咨询公司提供了大量的咨询任务,弱化了国内公司的竞争意识。

(2) 阶段性的咨询服务制约了公司参与国际竞争的整体性

我国现有综合性咨询机构、专业性咨询机构、招标服务机构和施工监理机构四类咨询机构。这些机构本质上是为了适应国内市场的需要而建立起来的针对项目生命周期的不同阶段提供服务的阶段性服务机构,而非国际工程中所需要的综合性咨询机构。因此,在我国现有的咨询机构中,能够独立参与国际工程项目从决策到后评价过程服务的公司并不多。

(3) 国际工程咨询人才缺乏

要想在国际工程咨询市场上占有一席之地,需要大量懂技术、懂管理、懂法律、通外语,并且熟悉和精通国际工程管理和国际工程常用规范和标准的人才,这类人才在我国目前较为缺乏。

2. 我国国际工程企业的发展策略

国际工程市场是一个动态的市场,随着国际政治形势的变化、社会经济的发展和科学技术的进步,市场也会随之发生相应的变化。为了顺应国际工程承包市场的发展趋势,我国企业在努力克服不足的同时,也要时刻关注国际形势变化,学习和借鉴国际知名企业的经验,真正从思想上、行动上都与国际惯例接轨。

1) 承包业

(1) 深化改革,加快我国对外经济合作公司的实业化、集团化、多元化和国际化的步伐,增强企业活力和企业国际竞争能力,使我国国际工程承包和劳务合作事业迈上新台阶。为此,所有公司都要从根本上转变观念,以市场主体的身份优化内部运作机制,激发企业的自我拼搏精神,改变过去依赖政府部门或上级管理来维持自身存在和发展的思维习惯。要切实进行体制机构和运营机制的改革,充分发挥市场竞争机制和自我激励机制作用,改善自身的经营管理,争取向多功能的综合经营方向发展,不断壮大公司力量,以适应新形势的要求。

(2) 促进和发展各种联合,包括项目的联合投标、组建集团公司、合并与兼并、参股投资等方式,扩大企业规模和经营规模,实现集约化经营。许多对外工程公司规模小、实力弱,长期以来仅限于低层次的重复分包、承包工程或者派出劳务,没有意识到兼并与合并所组成的集团公司能够带来的巨大的优势互补,即资金、人才、技术的集中和重组。它能够扩大企业的规模和经营范围,提高市场竞争力,以承揽大型工程,加速企业的市场开拓和实力发展。

(3)创建有经营特点的经济实体,特别应当鼓励改革开放初期批准的有对外经营权的国际经济合作公司根据自己的特点逐步建成有一定的经济实力和经营特点的经济实体。但我们需要注意的是,仅有经营方式的转变是远远不够的,还应当以一定的实业为依托。实现实业化是为了增强经济实力,提高综合竞争能力,因此要选择合适的产业方向,使之与国家的产业方向相匹配,与工程承包、材料设备、技术发展有机结合。

(4)实现多元化经营方针。多元化经营与实业化、集团化的方向是相互关联和一致的。国际工程公司在进行海外工程承包活动中,有广泛的国际联系网络和众多的合作伙伴,完全有条件开展多种合作,包括实业投资、联合经营工程材料和工程设备及其他机械设备进出口贸易,与国内外工程咨询公司合作承揽工程咨询、监理和设计等工作。多元化经营可以综合利用资金和人力,可以缩小单一经营的风险因素,从而提高综合效益。

(5)实现国际化经营。随着生产社会化、经济一体化和贸易自由化的进一步发展,走国际化经营的道路是未来国际公司发展壮大的必由之路。经营国际化业务和国际化经营的本质是不同的,不只是表现在国际业务的比重和企业利润来自国外业务的比重多大。我们要实现真正意义上的国际化经营,就必须使企业以整个世界市场为一个整体,对企业的生产、销售、采购、研发在全球范围内合理配置资源。

2)咨询业

我国加入 WTO 后,工程咨询业迎来了更多的机遇,同时也面临着更多挑战。入世后,我们的咨询公司可以在会员国享受到比较平等的待遇,这就使得我们在国际工程咨询市场的竞争中有相当的机会得到与我国技术实力相当的咨询业务份额。但是,在享受平等竞争机会的同时,我国的工程市场也将逐步对外开放,我国原先相对封闭的国内市场也必将成为一个竞争激烈的国际工程咨询大市场。为了应对多方面的国际竞争,我们要做的不仅仅是开拓海外市场,还要坚守国内市场,因此必须在政府、行业、企业内部多个层次上加大力度,以促进我国工程咨询业的稳步发展。

(1)政府应加大对工程咨询业的支持

工程咨询业进入国际市场,其效益不仅仅是直接为国家创造外汇收入,更重要的是,通过咨询服务的口,可以有力地促进我国工程承包开拓国际市场,带动设备、材料和劳务的输出,产生的效益是其自身效益的数倍。因此,为了使我国工程咨询业在入世后把握机遇、赢得挑战,在不违反世贸组织规定的前提下,政府应对我国工程咨询业给予一定的扶持。这种扶持无论在发展中国家还是在发达国家都是常有的,而且这也是国际金融和援助机构所鼓励的。

(2)行业应增强服务意识和行业凝聚力

工程咨询业作为市场服务体系的组成部分,必须适应改革和发展的需要,适应入世后开放市场环境下的竞争。工程咨询是服务业,只有尽心尽力为顾客提供优质服务,才能不断取得新的成绩。咨询人员要尽快掌握现代化工程咨询方法和规范,坚持宏观与微观相结合,加强市场研究和经济分析,重视风险防范,切实提高工作质量。要树立良好的职业道德,主动为客户排忧解难,以高质量的咨询成果赢得顾客的信赖。

同时,随着行业的形成和发展,为沟通信息、协调业务、学术交流和维护权益,行业协会或学会的作用是不可低估的。加强协会、学会的管理能力,朝着经济实体化的方向发展,能够更好地发挥群体优势、统一协调业务、增强凝聚力,在发展中找准自身位置。

(3)企业自身应提高业务水平,加强国际合作

工程咨询不仅实践性强,而且对有关学科的理论依赖性也很强。加强工程咨询相关专业理论研究,并对工程咨询的原理、程序、方法、组织机构、业务开发、案例分析、发展规律等进行研究和探讨,以推进工程咨询工作的科学性、有效性和规范性,努力提高企业的技术水平和服务质量,以赢得客户和市场。

另外,我国工程咨询公司可以与拥有先进技术和管理经验的大公司开展广泛的合作,不断学习先进的管理技术和工程经验,在合作中迅速提高自身的能力;另外,由于许多发展中国家都有扶持本国咨询业发展的政策,而且几乎所有的国际金融组织都采取鼓励当地咨询公司参与的方针,因此我国工程咨询公司在与这些国家和地区开发业务时,与项目所在地的公司以各种形式进行合作,不失为明智之举。

拓展阅读:我国的"一带一路"战略

2013年9月5日习近平主席在哈萨克斯坦访问时提出,为了使欧亚各国经济联系更加紧密、相互合作更加深入、发展空间更加广阔,可以用创新的合作模式,共同建设"丝绸之路经济带",以点带面,从线到片,逐步形成区域大合作。同年10月,习近平主席出访东盟国家时提出,中国愿同东盟国家加强海上合作,发展海洋合作伙伴关系,共同建设"21世纪海上丝绸之路"。"丝绸之路经济带"和"21世纪海上丝绸之路"战略,简称"一带一路"战略。

中国企业要紧跟国家战略,服务国家战略,紧紧抓住国家"一带一路"战略契机,切实提高运营能力,奋力提高开拓水平,才可能大有作为。中国企业走出去有助于拓展和巩固海外市场;有助于就地生产,节省成本;有助于获取战略性资源;有助于多样化经营;有助于配合国家的宏观战略需求,形成以点带面的协同发展。因此,中国企业"走出去",既是国家战略,也关乎企业自身生死存亡,在目前国际风云变幻的局势中一定要慎重,不盲目,必须以"稳得住""能盈利""可持续"为目标,增强企业国际化经营能力。

(1)稳得住,关键要发挥国家的主导作用。就国家层面而言,要努力与对应国强化战略合作伙伴关系,建立两国政治上的互信,这是中国企业"走出去"的根本前提。

(2)能盈利,关键要突出企业的主体作用。中国企业"走出去",无论是国企还是私企,是为了国家战略意义考量,不是拿国内纳税人的钱去扶贫,因此,能盈利是必须的。

(3)可持续,关键要解决中外文明互需共荣。中国企业要在"一带一路"东道国获得可持续发展,目光不能短浅,思维不能单一,我们必须做文明、文化上互学互鉴的使者,跳出"经济"来经营"文明、文化",力争与东道国国民心心相印,这样"文明、文化"的平等互信、包容互鉴、合作共赢,反过来就会成为我们国际化经营的压舱石,这是看似无形、却是长久可持续的法宝。具体来说,一是要积极开展文化心灵的对话,寻求和扩大各自利益的共同点、汇合点,不断推进互利共赢合作,既不要"扶贫式"的施舍,也不要"奸商式"的乞讨,更不要"暴徒式"的掠夺;二是要相互尊重、对等关注,管控好分歧,以共赢消弭分歧,给各自的国家和人民创造实实在在的利益。

当然,国际化经营是一个系统工程,国际化经营能力的形成不是一蹴而就的,它与国家的综合实力密切相关,我们必须从战略高度考量,以具体的"一带一路"战略为抓手,以市场国际化、人才国际化和资本国际化为方向,确保中国企业走出去"稳得住""能盈利""可持续",并由此逐步实现我国从经济大国向经济强国的转变。

第四章 国际工程采购

学习目的与要求

本章介绍了国际工程咨询、承包的招投标方法、程序、合同类型和国际工程设备材料采购的含义、重要性和采购方式等内容，阐述工程设备材料招标的程序、招标文件的编制、评标方法。通过本章的学习，应掌握国际工程咨询和承包招投标的方法和程序，了解国际工程材料与设备采购的内容。

第一节 国际工程咨询招投标

一、国际工程咨询的招标

1. 国际工程咨询的招标方式

1）指定招标

指定招标也称谈判招标（Negotiated Bidding），是由客户直接选定一家公司通过谈判达成协议，为其提供咨询服务。指定招标的方式一般只在一些特定情况下采用，例如：

（1）咨询服务内容有严格保密的要求，如军事工程的咨询任务，一般直接聘用有资质的相关公司。

（2）客户需要某些咨询公司的专利技术，直接聘用这家公司。

（3）某咨询公司曾为客户进行过项目立项决策阶段的研究工作，并建立了良好的信誉，客户认为这个公司具有从事之后阶段的设计咨询任务的技术水平和能力，考虑到工作的连续性，节约再次选聘的时间和费用，仍然继续聘用该公司承担后续的工作任务。

2）有限竞争性招标

有限竞争性招标（Limited Competitive Selected Bidding）在国内工程中常被称为邀请招标，是客户利用自己的经验和调查研究获得的资料，根据咨询公司的技术力量、仪器设备、管理水平、过去承担类似项目的经历和信誉等选择数量有限的几家咨询公司发出投标邀请函，进行项目竞争。

被邀请的公司数量通常为3～4家。采用这种招标方式，参与竞争的公司数少，招标工作量小,招标工作量小,可以节约时间和费用,比较适合于工作内容相对不太复杂、金额不大的咨询项目。

3)国际竞争性招标

国际竞争性招标(Unlimited Competitive Open Bidding)是指在世界范围内公开招标选择工程咨询公司。采用这种方式可以为有能力的咨询公司提供一个平等的竞争机会,客户也可以从众多的咨询公司中挑选一个比较理想的公司为其提供高质量和高效益的咨询服务。

目前国际工程咨询项目,特别是世界银行、亚洲开发银行等国际金融组织的资助或贷款项目大都要求国际竞争性招标,并为此专门制定了选择咨询公司的规章、制度、办法和程序。如世界银行制定的《世界银行借款人以及世界银行作为执行机构选用咨询人员指南》(Guidelines on Consultants by World Bank Borrowers and by the World Bank as Executing Agency),以下简称《世界银行咨询工程师选用指南》。

下面仅对《世界银行咨询工程师选用指南》推荐的国际工程咨询招投标规定及程序进行说明。

世界银行资助的项目选择咨询服务的 5 个主要考量因素是:高质量的服务、经济高效、为所有有资格的咨询师提供平等机会、选择过程透明。为了达到这些要求,世界银行认为,应基于短名单对列举的企业进行竞争性招标,在招标过程中,优选服务质量合格的咨询单位,如有必要,也可考虑咨询服务的价格。因此,基于质量—成本的优选(Quality-and-Cost-Based Selection,简写 QCBS)是工程咨询最常见的招标方式。当然,在 QCBS 不一定适用的情况下,也可采用其他招标方式。

2. 国际竞争性招标的程序——基于工作质量和成本的招标(QCBS)

1)基本程序

QCBS 是基于短名单的竞争性招标方式,它考虑建议书的质量和咨询服务的价格。但是,对于质量和价格在评标过程中所占的权重,应根据每个项目的情况合理设置。

QCBS 方法对于国际工程咨询服务的选择过程主要包括以下步骤:

(1)准备工作大纲(Terms of Reference,TOR);

(2)对咨询工作进行估价,准备好预算和短名单的筛选标准;

(3)发布咨询招标公告;

(4)准备短名单(Short List);

(5)准备征求建议书(Request for Proposal,RFP);

(6)接受建议书;

(7)评价技术建议书,即对服务质量的考虑和评价;

(8)公开开标财务建议书;

(9)对财务建议书进行评价;

(10)对技术和财务建议书的最终评价;

(11)合同谈判、授标、签订咨询服务合同。

2)工作大纲

工作大纲应明确定义咨询任务的目标、成果和范围,并提供相应的背景资料(包括已有相关研究和基础数据),帮助咨询服务的投标人准备建议书。如果咨询服务包括业务培训,工作大纲还必须指明参与培训的员工数量,帮助咨询单位估计所需资源。工作大纲应列明完成咨询任务需要的服务和必要的调查,以及期望的成果展现形式(如报告、数据、地图和调查任务等)。当然,工作大纲也无须展现过多细节,以便咨询单位提出自己的工作计划和方法。同时,工作大纲应鼓励投标人在建议书中对其进行评论,也须列明双方的权利义务。

工作大纲须由业主方具有该项能力的专家或委托的专业公司编写,并符合业主方在招标前应准备好的咨询工作预算。编制预算时需要对以下资源进行合理的估计:专家服务的时间、后勤保障、实物投入(如实验室、车辆等)。预算一般包括两个部分,咨询服务费和可报销项目;并进一步区分国内和海外部分的费用。对专家服务时间的估计应包括国内和国外专家的合理估计,并在RFP中表明预估的专家服务时间或总成本,但不需要表明细节内容,如咨询服务费的标准。

3)招标公告

招标公告中一般包括咨询服务的范围和内容、咨询公司的资质要求和经验要求(不需要专家的个人信息)、入选短名单的标准、利益冲突的规定等。招标公告的目的是获得咨询公司的回应,表达愿意投标的兴趣(Expression of Interests,简写EOI)。

对于世界银行项目,业主必须向世界银行提交招标公告,世行将安排在其官网(UN Development Business online)和其他外部网站上予以发布。另外,业主还应在其他渠道发布招标公告,如工程所在国广泛流通的报纸、技术或经济杂志,或国内和国际上广泛使用的免费网络渠道。在世行经济发展网页(UNDB online)上发布消息后,应给予投标人14天以上的时间准备回复,之后才能拟短名单。除非业主已准备好合适的短名单,否则迟到的EOI并不能作为拒绝投标人的理由。

以下为在ENR网站上公布的国际工程咨询招标公告实例。

M. Y. Cheng 建筑师事务所/Barry Cheng 建筑师

新北市"New SkyRider"高架自行车道设计国际竞赛

项目概要:

公告编号:83　　　项目地点:台湾,新北市

投标日期:2016年5月24日　　项目金额(美元):70 150 000

公告类型:投标邀请函　　　联系方式:点击此处

项目介绍

"New SkyRider"计划的目的在于建置城市系统性立体自行车道通勤系统,提供市民绿色低碳、智慧便捷交通路网的选择,同时以系统流畅轻巧造型结合智慧节能科技运用及路网沿线地景的改造,塑造城市风貌转型的新地标及缝合区域生活圈规划发展,计划将优先连接溪北新庄区及溪南板桥区为本项目示范路线,再逐步延伸至全市及扩大至相邻县市,从而改变市民通勤生活习惯,以建置低碳、智慧及友善的都市环境,推动城市永续发展。

> 新北市诚邀国际优秀设计团队,结合国际级低碳自行车系统、低碳城市规划、空间结构及地区产业整合经验,提交有新意的高架自行车道设计方案。本案设计需完成基地范围内之高架自行车道系统、引道及相关设施以及基地范围内之广场、公园、中环路两侧未开辟约10米人行空间及大汉溪水岸高滩地景观设计。达到树立城市地标,以接轨国际,提升能见度,达成国际城市行销之目的。
> 　　该工程建造费用:约新台币22.8亿元(约合美元7.015千万元)。
> 　　技术服务费用:规划及设计服务采用固定费用合同,约新台币1.26亿元(约合美元3.88百万元)。
> **参赛资格**
> 　　具有以下两个资格之一的可以参赛:
> 　　(1)台湾工程技术顾问公司、建筑师事务所、土木(或结构)工程师事务所、公司。
> 　　(2)台湾以外的国际设计公司:包括工程技术专业或顾问业之法人或机构、建筑师事务所或建筑师、景观建筑师事务所或景观建筑师、土木(或结构)技师事务所或土木(或结构)技师。

4)短名单及其作用

业主在准备短名单时,应首先考虑具有相应资格并提交了EOI的咨询公司。短名单一般包括来自不同国家和地区的6家公司,在这6家公司中,除非没有其他符合资格标准的咨询公司,否则一是不应包括两家来自同一国家或地区的咨询公司;二是应包括至少一家来自发展中国家的公司。如果提交了EOI的公司中没有符合要求的,业主可直接与其熟悉的符合要求的咨询公司联系,或寻求世界银行的帮助选用合适的公司。当符合条件并提交了EOI的咨询公司不够6家,或咨询服务的规模或特点并不需要更大范围内的竞争时,世界银行可以同意业主选择少于6家咨询公司列入短名单。

只要项目预算达不到世界银行采购计划中规定的额度(各个项目的额度不同),短名单可以只包含项目所在国的公司。当然,如果有国外公司提交了EOI,应予以考虑。同一个短名单中所列的公司应具有相似的业务目标、业务能力、专家经验,承担过类似的项目。国有企业、非政府组织或机构一般不与私营公司列在同一个短名单中。如果短名单中所列咨询机构组成较为复杂,则一般应采用基于服务质量或投标人资质的招标标准。同样,短名单中一般不包括个人咨询师。若同一家咨询机构在多个并行项目的短名单中,招标人应确保其能力可以满足多个咨询任务同时进行的需求。

5)征求建议书及邀请信

征求建议书(RFP)中包括的内容有:投标邀请函(Letter of Invitation,简写LOI)、投标人说明(Instructions to Consultants,简写ITC)、招标资料表(Data Sheet)、工作大纲(TOR),以及咨询合同类型说明。可以使用世界银行提供的标准制式文本,而对标准文本的改动应通过招标资料表予以明示。

投标邀请函中一般包括对资金来源的说明、业主方的介绍以及提交建议书的日期、时间和地点。邀请函中要求被邀请的公司以电传的方式确认已收到邀请函,并答复是否愿意提交建议书。

投标人说明及招标资料表中明确了与咨询投标与业务相关的具体情况。如关于预期工作量按人月数表示的说明、咨询公司评选方法与程序、有关当地的法律资料、被邀请投标的咨询公司的名单、建议书编制使用的语言及提交的份数和截止日期、合同谈判开始的日期以及建议书的有效期等。

6) 招标资料表

招标资料表中应强调本项目对标准制式招标文本的改动，及需要强调的投标要点。招标资料表范例如表4-1所示：

招 标 资 料 范 例　　　　　　　　　　表4-1

投标人须知条款	内　　容
1.1	工程说明：
1.1	本款第一句应由下述文字代替：招标资料表和投标书附录所定义的业主和采购代理（下称业主和采购代理），在投标资料表中，所有"业主"一词均应由"业主和代表业主的采购代理"代替
1.1	业主名称和地址：
	采购代理的名称和地址：
1.1	业主对采购代理的授权范围（根据业主与招标代理之间的有关协议）
1.2	工期：
2.1	借款人：
2.1	项目名称及其描述、世行贷款的金额和类型：
5.1	应更新的资审材料：
9.1	此条款应由下述条款完全替代： 招标文件的内容 招标文件包含下述文件，它们应与按投标人须知第11条发布的补遗共同阅读（文件名称略）
12.1	投标语言：英语
13.2	指明此合同是否与其他合同以组合标的形式同时招标：
13.2	在第13.2款末增加下述段落： 当几个合同（段）同时招标时，下述规定将适用： 评标将针对每个合同（段）单独进行，合同将授予整体成本最低标的或组合标。投标人必须至少对一个完整的合同（段）进行投标。如果被授予一个以上的合同时，投标人提供的折扣将在评标时予以考虑。 应注意，只有在开标时已被宣读的并且在评标报告中写明的折扣才予以考虑
14.4	指明合同是否调价：
15.1	指明投标货币是选择第Ⅱ5条的A：
15.2	业主国别：
15.2	业主国货币：
16.1	投标有效期：
16.3	外币部分调价的年百分比（%）： 当地货币部分调价的年百分比（Qc）
17.1	投标保证金的金额： 投标保证金的有效期应到投标书有效期截至日前的第30天

续上表

投标人须知条款	内　　容
17.3	删除最后一句并代之以:"联营体的投标保证金,应以递交投标文件的所有联营体成员的名义出具"
18.1	投标可在最短天和最长天之间进行工期的选择报价,对它的评标办法在投标人须知中做出了规定。中标人提出的竣工时间将作为合同的竣工工期
19.1	标前会的时间、地点:
20.1	投标文件副本的份数:
21.2	递交投标文件的地点:
21.2	合同编号:
22.1	投标截止日期:
25.1	开标时间、地点:
30.2	为换算而选择的货币: 汇率来源: 汇率日期:
31.2(e)	竣工期的选择报价将以下述方式进行评审:
32.1	指明国内投标人在评标时是否享受国内优惠:是;否;
37	业主可接受的履约保函的格式和金额:
38	争端解决方式: 业主建议的争端审议委员会成员或争端审议专家:
38	A. 如果争端发生于业主和国内承包商之间,争端应按业主所在国法律解决; B. 如果争端发生于业主和国外承包商之间,按业主所在国法律解决或按照 UNCITRAL 规则(除非投标人在递交标文件时已提出)解决

7) 开标与评标

(1) 开标

通常来说,咨询公司准备投标的时间应不少于4周,对于特别复杂、需要跨专业合作的大型项目,准备时间可能多于3个月。期间若投标人提出澄清要求,招标人应准备书面澄清材料,并回复所有短名单中的咨询公司。如有必要,招标人可以延迟提交建议书的截止时间。

技术建议书和财务建议书应同时提交,超过截止时间之后,对于技术建议书或财务建议书的修改将不被接受。同时,技术建议书和财务建议书应分别密封。

评标委员会一般由业主选择的技术、财务和法律等方面的相关专家组成。委员会先对所有有效的技术建议书进行评价,之后,若世界银行对评价结果并无异议,才可对财务建议书进行评价。评价时应严格采用 RFP 中提出的评价标准。

(2) 对服务质量的评价

对服务质量进行评价时,评标委员会通常由不少于3人、不多于7人的相应领域专家组成。若世行认为评价过程与 RFP 中的描述有所出入,或无法衡量技术建议书的强弱,或不能及时做出评价,世行可要求招标人另外组建评标委员会。

在 RFP 中,应对每一项指标及其具体构成进行描述,并指明通过评价的最低分值标准。一般而言,百分制条件下,投标人应获得至少 70~85 分,才能通过技术评价。

常见的评价指标及其分值分布如下:

咨询工程师的相应工程经验:0~10 分。

技术方案:20~50 分。

关键专家:30~60 分。

培训方案和安排(若存在):0~10 分。

本国专家参与:0~10 分。

总分:100 分。

公司资历和经验的权重小于其他两项内容的权重。这是因为在确定短名单时已考虑过这一因素。招标人一般还会将以上指标进行分解,如技术方案还可分解为技术创新性和详细程度等多个方面。当然,世界银行不建议将指标分得太细,使得评标过程沦为机械的打分。在复杂项目中,应着重考虑项目的技术方案。

在评价技术建议书时,应只评价投标人提出的关键专家。关键专家在很大程度上决定了项目完成的质量,因此也应着重考虑该项因素。招标人应从关键专家的简历中判断其资质和经验,而这一项评价指标需要从一般工作经验和经历、在本类型项目中的工作经验以及在本地区承接工程的经验和经历三个方面予以考虑。

评标专家还应考虑技术建议书对工作大纲的响应程度。如果不能相应 RFP 中提出的重要内容,技术建议书就是不合适的,而且应该在技术评标中被拒绝。

在技术评标结束后,招标人应按照世界银行的标准格式准备技术评标报告,向银行陈述评价的结果,并说明每份标书的优缺点。若不同专家对同一份标书在相同指标中给出的分数差距太大,招标人也应在报告中进行说明。评标表应附在附件中,交由世界银行进行审核。

(3)商务评价

在世界银行审阅并批准技术评标报告后,招标人应通知所有未达到技术标最低分要求的投标人,或未能响应 RFP 和 TOR 的投标人投标失败,并在咨询合同签订之后将未开封的商务标返还给失败的投标人。另外,招标人也应告知失败的投标人其技术标的得分以及各分项的得分。

同时,招标人将告知所有通过技术评标的投标人开商务标的时间和地点。开标时,应有愿意参加的投标人代表到场。开标人将唱出每位投标人的名字、技术标总得分及分项得分、商务标报价。招标人应对开标过程进行记录,并发给所有投标人。

然后,招标人将评价和比较商务标。首先,按照 RFP 中的规定将投标价格折算成统一货币(当地货币或通用货币)。货币换算汇率应采用在 RFP 中规定的日期和渠道公布的卖出汇率,该日期应不早于投标截止日前 4 周,且不晚于最初的投标有效期。若投标人采用基于工期的合同,则还应纠正所有数据统计的错误(如总价加错等);若采用总价合同,投标人应在财务建议书中包括总价,且不纠正算数错误,财务建议书的总价即被视为最终报价。为了便于评价,最终报价中不考虑当地可识别的间接税和所得税。最终报价应当包括投标人的差旅、翻译、打印、文秘等费用。最低报价的建议书获得满分,其他建议书按比例折为其他分数;也可采用 RFP 中明示的其他计分方式。

然后,将技术建议书得分和商务建议书得分按权重加总,即可获得每个投标人的最终得分。一般来说,商务建议书的权重为 20% 居多,但以 RFP 中的规定为准。得分最高的投标人可获得合同谈判的邀请。

8) 合同谈判、咨询服务合同

谈判通知通常用电传或电报发出,确认谈判的时间,规定谈判的地点。参加谈判的咨询公司代表必须具有公司的书面授权书,证明他代表该公司进行谈判以达成具有法律效力的协议。合同谈判依据的材料是技术建议书和财务建议书。谈判前应准备好合同草本,例如 FIDIC 编写的《客户/咨询工程师标准服务协议书》(Conditions of The Client/Consultant Model Services Agreement)、世界银行和亚洲开发银行的《咨询服务合同》等,并可以在此基础上加以补充和修改制定。

国际工程咨询谈判的内容包括对工作大纲、技术方案、招标人义务和合同特别条款的讨论。这些讨论不应在本质上改变 TOR 中包含的咨询业务范围,及最终产品的质量和价格。一旦选定了咨询公司,则不能更改关键专家的人选,除非咨询招投标过程因故延迟使得更换人选不可避免,且更换的人选应具有相同或更好的资历和经验。若因中标人在投标时未确定关键专家是否能够参与项目而导致需要更换人选,则中标人失去中标资格,投标人应转为与下一顺位投标人进行谈判。

在商务谈判时,双方应明确咨询公司的纳税义务。若采取总价合同,且在评标时将合同价格作为评价指标,合同价格不应有协商的余地。在基于工期的合同中,由于合同价格是根据专家的投入时间、可报销的费用等因素决定的,因此应包括专家的月费和对可报销费用的估计。若将合同价格作为评价指标,则不应对专家的月费再进行谈判,除非该费率明显过高。类似地,招标人也拥有对投标价要求澄清和解释的权利,若价格过高,在与世行商议后,可要求投标人修改报价。可报销费用应在实际发生后凭票予以实报实销,并不应在谈判中涉及;不过业主可在谈判中明确可报销费用的单价限额(如住宿的最高费率)。

在与得分排名第一的咨询公司谈判失败后,招标人应将谈判的分歧所在以书面形式告知对方,提供书面回应的最后机会。预算考虑不应成为谈判破裂的唯一原因。若无法达成一致,投标人应以书面形式告知对方终止谈判的意向,在获得世行的同意后,投标人与第一顺位投标人的谈判可以宣告失败,并开启与第二顺位投标人的谈判。同时,投标人应提供谈判记录和谈判失败的原因,以供世行进行审核。一旦与第二顺位投标人的谈判开始之后,投标人不能再与第一顺位投标人进行谈判。谈判成功后,投标人应通知短名单上的其他公司投标失败。

9) 双封制

"双封制"(Two Envelope System)是指咨询公司投标时,同时递交分别包装密封的"技术建议书"和"财务建议书";评审时,先打开技术建议,进行评价,按评价结果排出咨询公司的名次,并首先邀请排名第一的公司进行合同谈判。财务建议书只是在谈判时才被打开,作为谈判的一项内容,如果谈判达成协议,则其他公司的财务建议书将被原封退回,不被打开。具体来说,当评委对所有技术建议书的评价和比较完成之后,评价委员会在规定的日期内召开讨论每份建议书的评估情况,通过讨论取得一致意见。以此为根据,对短名单中的公司进行排名,技术建议书最好的公司排在第一名。名次排定之后,评价委员会将通知排名第一的公司,提出建议书的不足之处,要求进行修改、补充和澄清,然后进行合同谈判。谈判时打开该公司的财务建议书,考虑是否能够接受其报价。当谈判中在技术或财务方面可能无法达成协议,业主也可以要求排名第二的公司修改建议书的不足之处,做好谈判的准备。

咨询服务招投标的评价标准通常是以咨询公司及其工作人员的资历和经验、技术建议书的水平和质量、客户对咨询公司的信任程度和相互关系为主要考虑因素,而以咨询服务费为次要考虑因素,这与工程承包的评价标准是不相同的。

3. 其他招标模式

1)基于服务质量的招标

基于服务质量的招标方式一般适用于以下三种情况:

(1)复杂的或高度专业化的工作任务。

(2)对后续工作有重要影响的任务,必须委托最好的专家提供咨询服务,如大坝等重要基础设施的可行性研究和结构设计、关乎国家政策的研究和大型政府部门的管理研究等。

(3)完成任务的方法可能有多种且差别极大,如管理建议、部门或政策研究等。

若采取基于服务质量的招标,RFP 可以只要求投标人提交技术建议书,也可以要求一同提交技术建议书和财务建议书,但是采取双封制(Two – Envelope System)的方式。RFP 中应提供成本估算值或估计的关键专家人月数,但仅作提示,投标人可自行估算成本或人月数。

若 RFP 中只要求提交技术建议书,可对技术建议书按前述方法进行评价,并要求排名第一的投标人提供详细的财务建议书,然后双方就财务建议书和合同进行谈判。若要求同时提供技术和财务建议书,则应保证未参与谈判的投标人的财务建议书不被打开。

2)固定预算的招标

该方法应仅在项目任务较简单、能被明确描述,且预算固定的情况下采用。在 RFP 中应列明固定预算,并要求投标人在预算范围内提供最好的技术和财务建议书,并分别密封。工作大纲应能保证预算足够,RFP 中应列明是否包括税收和其他开支,以及业主提供的服务的价格。技术建议书的评价方法应与前文所述一致,超出预算的财务建议书即被拒绝。技术建议书得分最高的投标人可于获得合同谈判的机会。

3)投标价最低中标方式

该方法往往用于标准任务或日常服务,且已有较成熟的业务标准,如审计、简单工程的工程设计等。在此方式中,应在 RFP 中设定咨询服务应达到的最低水平。招标人应根据短名单发出投标邀请。开标时,首先打开技术标书并评价。未达到咨询服务质量的最低水平的投标即被拒绝。随后,打开通过技术评价的投标人的商务标,投标价最低者即中标。

4)基于咨询工程师的资质进行选择

在小型项目(如低于30万美元的项目)或紧急项目中,由于来不及签发 RFP,有竞争力的建议书也难以得到及时的准备和评价,招标人可只准备工作大纲,并根据其经验获得尽可能多的咨询公司的投标意向,其中应包括至少3家有类似经验的公司。这时,招标人可比较其工作经验和资质,并选择资质最好、经验最丰富的公司。选择之后,这家公司可提供建议书,同时包括技术部分和商务部分;若其建议书能有效回应工作大纲,并被投标人所认可,则可被邀请参加合同谈判。若谈判破裂,可选择第二顺位的公司进行谈判。

5）单一来源选择（Single Source Selection，简称 SSS）

从单一来源选择咨询服务将丧失竞争的优势，选择过程也缺乏透明度，因此，单一来源的选择只适用于某些特殊情况。单一来源选择的合理性应从业主和项目的整体利益出发进行考虑，世界银行有义务保证其经济性和有效性，并为所有有资格的咨询公司提供平等的机会。

适用于单一来源选择的情况有：

(1) 是之前咨询业务的自然延伸；

(2) 特殊情况，包括但不限于自然灾害和世界银行认可的紧急情况；

(3) 非常小的项目，如低于 10 万美元；

(4) 只有一家咨询公司有资格或有相关经验。这时，投标人不需要准备 RFP，而是向世界银行提交情况说明，保证单一来源选择比竞争性招标有优势，以及选择某特定公司的原因。

4. 国际工程咨询合同类型和其他规定

1) 合同类型

(1) 总价合同

总价（Lump Sum）合同是咨询公司与客户针对一项咨询任务经商定同意以总价计算咨询费用的咨询合同类型。根据咨询任务的具体情况和双方协议，可分为固定总价和调值总价的形式。

固定总价是指双方一旦就总支付费用达成协议，支付费用的总金额就被固定下来，不因实际执行的咨询任务比预计的工作量大而增加费用。如果原计划咨询任务有较大变更或增加新的内容时，工作量增加的部分应另外协商计算费用。

调值总价常用于服务时间较长（如一年以上）的咨询任务，在合同条款中双方商定：如果在工程中出现通货膨胀、汇率变化并达到某一限度时，合同总价应做出相应的调整。

(2) 基于工期的合同

一种基于工期的合同是以人月费计费。人月费（Man Months Rate）单价是用咨询人员每个人每个月所需费用乘以其相应的工作月数，再加上其他非工资性开支来计算咨询服务费的方法。这种方法广泛应用于工程项目的一般性计划、可行性研究、工程设计、建设监理和项目管理等任务，是国际竞争性咨询投标中常用的费用计算方法。

另一种是按日计费。按日计费（Perdiem）实际可以视为按小时计费的方法，是用咨询人员的工作日数计算所需费用的计费方法，即以每日费率乘以相应的工作日数，其他非工资性工作支出，如差旅费、办公费等，由客户直接补偿。计算工作日时，应按每日 8 小时计算，并应包括咨询人员为执行咨询任务时所付出的全部时间，如旅途时间等。对于加班工作时间应相应地提高费率。

(3) 成本加酬金合同

成本加固定酬金（Cost Plus Fixed Fee）是在经双方讨论同意的估算成本的基础上，再加一笔固定数目的报酬金额的计费方法。这里所说的成本包括咨询人员的工资与各种社会福利、公司管理费和可报销费用，而固定酬金是用于不可预见费、投资利息、奖金和利润。酬金因素需要单列出来并依照日程表或根据进度目标支付。如果咨询人员与客户双方商定需要增加人员以便按原定期限完成任务,则通常应增付给他们的只是成本费用,而不增加酬金或利润。

2)百分比

工程造价百分比法(Percentage of Construction Cost)是按工程项目建设总投资的某个百分比计算咨询费用。一般情况下,工程造价低的项目取费百分比高一些,工程造价高的项目取费百分比低一些;工程难度大、技术复杂的项目取费标准高于工程难度小、技术不复杂的项目。

这种计费方法,在工程设计中应用较多。世界银行不赞成这种方法,认为不利于在设计中革新和降低工程项目的造价。

5. 个人咨询工程师的选择

国际工程咨询工作具有多样性,有时需要咨询专家以个人身份承担咨询任务。例如,审查、补充、修改可行性研究报告;协助某部门(行业)制定发展规划;协助贷款银行执行某项具体任务等。

个人咨询工程师通常在以下情况下采用:①个人可以完成的工作;②不需要外部专业支持(如总部办公室);③个人咨询工程师的资质和经验可以完成工作。如果分别选择多位咨询工程师使得沟通协调工作量大幅增加,还是建议咨询工作由同一家公司来完成。

个人咨询专家的选聘程序与咨询公司的选聘程序大致相同。候选者名单可以利用国际金融组织的个人咨询专家注册资料(Data on Individual Consultant,简写DOIC),也可以由其他渠道获取资料。选聘的评价依据主要是咨询专家个人的资历、从事过的类似咨询工作的经验、类似工作地区的经验和工作业绩进行排序,择优聘用。

二、国际工程咨询的投标

1. 国际工程咨询投标

1)投标决策与公司战略

掌握国际工程咨询项目的信息来源。国际工程主要的信息来源一般是:给项目提供资金的国际机构和国际金融机构。

各国中央政府或地方政府或各级政府的各部门发布的吸收外资的项目计划或采购通知,各个国家或地区的中央政府或地方政府或各级政府的各部门在会议、广播电台、电视台、报纸、杂志上宣布利用境外资本的年度基础设施建设计划、近远期规划和采购招标通知。这些利用境外资本的国际工程项目信息对国际工程咨询商或承包商进行信息跟踪或进行参与都是十分有用的。

大企业或招标公司在报刊上所发布的招标资格预审广告或投标通知,如中国境内的知名招标公司或其他企业集团或公司经常在《经济日报》等报刊上发布的国际招标资格预审广告或投标通知。

其他途径还包括大公司及其境外机构、国际合作伙伴、中介公司或代理商提供的国际工程信息,注册银行指定或过去项目业主的邀请,以及协会机构和中国驻外使领馆或代表处提供的项目信息。

在20世纪80年代中期,我国将工程咨询界定为"智力密集型服务行业"。此后虽然经历了2000年前后的工程咨询行业改制转企,并取得了一定的发展,但由于观念、体制和市场等多方面的原因,国际工程咨询业务在技术水平、企业和业务规模等方面与发达国家相比差距仍然较大,尚未形成独立的产业形态,其业务形式也只是表现为中国工程咨询业中的涉外业务。由于我国国际工程咨询起步晚,能力弱,也造成了我国施工企业在国际工程市场上许多项目承包,特别是一些大型、综合性项目总承包业务的机会流失,在很大程度上制约和影响了我国海外工程承包业务的深层次开拓与发展。国际工程由于其环境复杂,影响因素较多,导致承包商都对工程咨询业务有很强的依赖性。就承包方而言,甚至出现了与一些大型咨询公司相互融合的状况。为了加快我国国际工程咨询业发展,需要对国际工程咨询公司项目管理环境进行研究,并分析发展对策分析。SWOT-PEST矩阵是一种战略分析方法,利用它可以把影响国际工程咨询发展的政治(P)、经济(E)、社会(S)、技术(T)等因素放到统一的框架内进行系统的SWOT分析(表4-2),辨别出影响国际工程咨询发展的关键因素,从而为其发展提供战略性的决策,促进其发展。分析结果表明,要提高我国工程咨询行业在国际市场上的地位,一方面,国家应从宏观、政策层面加大对工程咨询行业发展的支持;另一方面,工程咨询企业应适应国际工程咨询发展趋势,加行业整合,提高行业国际化程度,增强开拓国际咨询业务的能力,勇于、善于创新,提升快速反应能力。

国际工程咨询的SWOT-PEST分析   表4-2

PEST / SWOT	政策法规因素 (Political)	经济因素 (Economic)	社会文化因素 (Social)	技术因素 (Technological)
S(优势)	2001年以来国家出台多项鼓励政策	国内经济发展快速,促进工程咨询单位进一步发展	对外承包工程业务量逐步增加,工程咨询企业国际化程度较高	—
W(劣势)	国外政策缺乏宽松的协调机制,要求严格	工程承包单位在国际工程上利润低,对该类业务投入不大	在国外受制约因素多,与国外大型咨询公司差距较大	起步晚,内部机制问题较多
O(机遇)	工程咨询人员充分利用国内外市场发展的有利条件,多方位开展咨询任务	对外承包工程对咨询业务需求量逐渐增大	咨询业务经验逐渐得到积累,对国外文化、语言、政策等了解增多	学习国外先进经验、技术,加强适应性改革
T(挑战)	全面、系统、准确了解国外政策环境、市场环境	咨询行业融资受制因素较多,业务运作风险较大	行业竞争激烈,国际工程管理严格	行业整合、重组,形成强势企业,培养核心竞争力

2)投标准备

如果工程咨询公司准备参加一项咨询项目的投标,就应做好投标前的准备工作,主要是组织咨询投标班子和编写公司能力声明文件,争取被列入短名单中。

(1)组织咨询项目的投标班子

组织一个好的投标班子是争取获得咨询项目的基本保证,在一定程度上,咨询公司要通过投标班子编写一系列的文件,表现本公司的实力和水平,以赢得客户的信任。投标班子应由相应的技术人员、经济人员和法律人员组成，必要时也应有商务人员参加。这个班子的负责人应具备比一般人员更全面的知识和更丰富的工作经验，善于管理，能使全体成员充分发挥自己的积极性，同时，还应具备勇于开拓与不断进取的精神。

投标班子在项目咨询招标初期应做好以下工作：

①编制并主动向客户提交本公司能力声明文件和有关宣传资料，让客户了解公司，积极争取列入短名单中。

②通过与客户加强联系和其他渠道，收集项目信息资料。

③深入调查了解项目所在国家和地区的政治、经济、文化、法律和自然条件等情况。

④研究确定是否需要与当地公司或其他公司联合投标，如果需要应积极联系，促成合作。

(2)公司能力声明文件

公司能力声明文件(Capability Statement)是介绍自己公司情况的材料。通过这份材料向客户宣传本公司的服务范围、专业特长、技术水平、综合实力，特别是在以往从事咨询项目中取得的业绩。它可以使新客户开始了解本公司，使老客户了解公司新的进步和成果。为进入短名单创造有利条件。

公司能力声明文件应包括以下内容：

①公司的背景与机构，即公司的历史和背景、参加国际组织及注册情况、产权结构、内部组织机构(包括分支机构)等。

②公司的资源情况：公司的人力资源，包括人员和专业构成、工作经验、主要咨询人员的业务简历；公司拥有的设备及设施，包括勘测设备、计算机、绘图仪器等；公司的财产状况等。

③公司的业务与经验：公司的业务领域和服务范围，过往完成的咨询项目的情况，包括独立或合作承担的咨询项目，并说明项目的业主和地点、规模和特点提供咨询服务的类型、内容及完成时间等。

④公司的荣誉和信誉：介绍公司在科技进步和提高投资效益等方面的成果，曾获得国际机构、政府、客户的表彰和奖励的情况。

文件中列举的数字、图表、照片应真实可靠，印刷精美，以维护公司的信誉和形象。

3)编制建议书

咨询公司应根据客户的邀请函和工作大纲编制建议书，建议书分为技术建议书和财务建议书。

(1)技术建议书的编制

技术建议书可参照下述结构形式和内容编制：

①概述。介绍本公司(包括合作者)名称、注册地址等；说明建议书的结构与主要内容；简述本公司的优势，所建议的技术方案的先进性。

②公司概况。简要叙述本公司的情况，相当于公司能力声明文件的摘要。如果与其他公司联合投标，则还应介绍其他公司的情况，说明联营体结构和每个成员之间的分工、协作方式。

③咨询公司的经验。介绍本公司工作资历和工作经验，重点介绍在类似项目、类似国家和地区完成咨询任务的情况，表明本公司的水平、经验和承担该咨询项目的优势。

④对本项目的理解。阐述项目的背景及其对所在地区和行业发展的影响；项目的特征、

技术指标与环境条件;影响本项目的关键和敏感性因素等。

⑤对工作大纲的理解与建议。阐述对工作大纲的每项工作的范围与深度的理解,澄清不确切之处,提出改进意见和合理化建议。

⑥完成任务的方法与途径。详细描述为完成各项任务拟采取的方法和步骤,其中包括完成咨询任务的总体方案与计划、各子项任务的划分、工作标准、技术措施、质量保证体系、提交成果的方式、内容和时间。本部分内容为建议书的核心。

⑦工作进度计划。再充分考虑项目所在国家和地区的自然条件、法律法规、宗教信仰、风俗习惯等因素的基础上,编制切实可行的工作进度计功,以文字、图表等形式表明项目的总体进度安排,各子项任务开始与结束的时间及相互衔接。

⑧咨询人员工作安排。介绍项目组组长和成员的配备,主要咨询人员资历和经验简述,公司对项目的支持,项目组各成员的分工及工作时间安排计划,可用横道图(Bar Chart)表示。它可作为财务建议书中费用估算的依据。

⑨需要客户提供的支持。为完成咨询任务,需要客户提供的支持包括:免费提供有关文件、资料,协助提供仪器、设备、人员配合,帮助办理咨询专家的出入境手续以及有关仪器设备进出关手续等。

⑩附件。附件包括:邀请函和工作大纲;公司从事类似咨询项目实例(按邀请函附件格式);项目组咨询人员和公司支持人员简历(按邀请函附件方式);公司能力声明文件;公司的其他材料。

(2)财务建议书的编制

财务建议书的内容通常应包括:

①咨询费用估算方法及财务建议书的编制说明。

②咨询服务费用总金额,包括咨询人员的酬金、可报销费用和不可预见费。

③咨询人员酬金的估算明细。

④可报销费用估算明细。

⑤不可预见费估算,通常按③、④两项费用之和的5%~10%估算。

⑥由注册会计师审计的公司资产负债表和损益表。

4)合同谈判与签约

工程咨询公司在接到客户的谈判邀请通知后,应准时派出谈判小组前往指定地点参加合同谈判。谈判小组一般应由编写建议书的负责人、财务与法律人员和项目组组长等人组成,谈判小组组长应持有公司最高负责人签署的授权书。

从咨询公司角度,为了保护其合法权益,在谈判中应特别注意下列问题:

①区分合同生效期和咨询服务开始日期,明确"不可抗力"的具体含义,以及在不可抗力出现时咨询公司应采用的对策和应得到的合理补偿。

②咨询公司需要客户提供的帮助应详细开列。

③明确支付的细节,如支付方式、时间、外汇支付方式和比例、延期支付的补偿等。

④明确在税务、保险等方面双方的责任和义务。

⑤明确仲裁规则、争取写明一旦出现争端并需要仲裁解决时,仲裁地点为国际仲裁机构或认可的第三国。

双方通过谈判达成一致并签署协议之后,咨询工作就进入准备实施阶段。

2. 国际工程咨询费用的计算

咨询费用计算方法有人月费单价法,人月费单价法是目前国际上广泛采用的一种工程咨询费用的估算方法。估算费用由酬金、可报销费用和不可预见费用三部分组成。

1) 酬金

咨询人员的酬金数额等于人月费率乘以人月数(即以月数计算的工作时间)。

人月费率也称月酬金,由咨询人员的基本工资、社会福利费、公司管理费、利润及海外津贴与艰苦地区津贴组成。

(1) 基本工资

咨询公司付给咨询人员的月工资,不包括其他额外收入。

(2) 社会福利费

咨询公司为工作人员支付的社会保障费及其他福利和津贴费,主要有:

①退休基金;

②休假日工资(包括公共假日、每年公司规定的休假、病假等);

③各种津贴费,如住房津贴、交通津贴和生活津贴等;

④奖金;

⑤社会保险费;

⑥健康和医疗费;

⑦其他费用。

(3) 公司管理费

这项费用是公司用于行政管理和业务活动方面的费用,一般以公司的年度费用为支出依据。根据一些国际金融组织的规定,社会福利费、公司管理费可分别按与基本工资的比例关系计算,所占比例要根据上年度(世行规定为前3年)公司损益表、公司社会福利费明细表和公司管理费明细表中的实际数据确定。因此,在财务建议书中报价时,应附有经过会计师事务所审计的公司损益表、福利明细表和管理费明细表作为证明材料。

(4) 利润

利润是指税前利润,以基本工资、社会福利费和公司管理费之和的百分比来计算。

(5) 海外津贴与艰苦地区津贴

这是公司发给在海外或艰苦地区执行咨询任务的工作人员的补助费,其数额根据不同的国别和地区以及生活条件的艰苦程度来确定。

以上五部分相加就得出咨询人员的人月费率。由于咨询人员来自不同的国家,本身的技术水平和职务不同,咨询项目的复杂程度不同,人月费率的数额彼此相差很大,其中来自美国、加拿大等发达国家的咨询专家的人月费率较高,而来自印度、马来西亚等发展中国家的咨询专家的人月费率较低。

2) 可报销费用

可报销费用(Out of Pocket Expenses)是为执行咨询服务任务而发生的工作费用,包括:

(1) 国际与国内交通旅行费;

(2) 食宿费(世行、亚行规定每一类地区有对应的食宿标准);

(3)通信费；

(4)各种资料的编制、打印、复印、快递费；

(5)办公设备、用品费；

(6)当地提供的设施和服务所付的费用。

以上各项花费为可报销费用，由客户按实际开支给予报销。

3)不可预见费

不可预见费(Contingency)是指在酬金和可报销费用之外，在执行咨询任务的过程中发生的额外费用。如由于工作量是额外增加而导致的咨询专家酬金的增加；由于通货膨胀、汇率波动而引起的成本费用的增加等。该项费用相当于客户的备用金，通常取酬金和可报销费用之和的 5%～15%，如果未发生上述情况，则咨询公司不能得到这笔费用。按以上方法估算出咨询人员的酬金、可报销费用和不可预见费并相加，即得出按人月费单价法计算的咨询服务用的估算值。

第二节 国际工程承包招投标

一、概述

下面仅以《世界银行货物、工程及非咨询服务采购指南》推荐的国际工程承包招投标过程进行说明。

世界银行资助的项目选择承包商的 4 个主要考虑因素是：

第一，经济有效地实施项目，包括货物、工程及其他非咨询服务的采购。

第二，为来自发达国家和发展中国家的所有有能力的承包商参与竞争提供相同的信息、平等的机会。

第三，鼓励项目业主方(即借款人)所在国家建设工程行业的发展。

第四，采购过程透明。

1. 国际工程承包合同的类型

招标文件中必须明确说明国际工程承包合同的类型。常见的合同类型包括总价合同、单价合同和成本加酬金合同。对世界银行来说，成本加酬金合同仅在高风险条件下或事前无法准确估算成本的情况下才能采用，且对于最高成本也应有所限制。

招标是业主选择最优技术、最佳质量、最低价格、最短周期承包商的方式，也是平等基础上的竞争。这样，需要业主及时把充足的广告/公告通知所有合格的、潜在的投标人，并为其留出足够多的时间准备标书，采用公平的合同条款，货物或工程引用的标准和技术规格尽可能采用国际认可的标准。

业主在选择合同类型时，需要从以下 4 个方面进行决策，找到业主满意、承包商可以接受的合同类型：

第一，对整体投资控制是否有利；

第二，招投标过程是否复杂；

第三,项目实施过程中双方风险的分担是否可以接受;

第四,现有的项目信息是否完备。

1) 总价合同

总价合同(Lump Sum Contract),是指支付给承包商的款项在合同中是一个总价,在招投标时,要求投标人按照招标文件的要求报出总价,并完成招标文件中规定的全部工作。采用总价合同,业主应能够提供详细的规划、图纸和技术规范;提供足够的有施工专场经验的监督人员(自有的或雇用的均可);拥有从事规划、预算、施工方案研究的雇员或咨询人员;具有良好的财务能力及对该项目支付的能力。

采用总价合同的主要优点是:

①由于承包商投入的资金存在风险,承包商会努力降低成本。

②选择承包商的程序比较简单。

③选定承包商的原则比较客观,通常采用最低标价法。

④投标时可确定最终价格(假设不发生图纸和规范的变更或不可预见的情况)。

⑤会计与审计的费用较低。

总价合同分为固定总价合同和可调值总价合同。

(1) 固定总价合同(Firm-Lump Sum),是指业主和承包商以有关资料(图纸、有关规定、规范等)为基础,就工程项目协商一个固定的总价,这个总价一般情况下不能变化,只有当设计或工程范围发生变化时,才能更改合同总价。对于这类合同,承包商要承担设计或工程范围内的工程量变化和一切超支的风险。

(2) 可调值总价合同(Escalation-Lump Sum)中的可调值是指在合同执行过程中,由于通货膨胀等原因造成的费用增加,可以对合同总价进行相应的调值。可调值总价合同与固定总价合同的不同在于:固定总价合同要求承包商承担设计或工程范围内的一切风险,而可调值总价合同则对合同实施过程中出现的风险进行了分摊,即由业主承担通货膨胀带来的费用增加,承包商一般只承担设计或工程范围内的工程量变化带来的费用增加。

2) 单价合同

单价合同(Unit Price Contract)是国际工程承包中最常用的一种计价方式,其特点是根据合同中确定的工程项目所有单项的价格和工程量计算合同总价。通常是根据估计工程量签订单价合同。单价合同适用于工程项目的内容和设计指标不十分确定或工程量可能出入较大的情况。

单价合同的主要优点有以下几点:

①可减少招标准备工作,缩短招标准备时间。

②能鼓励承包商通过提高工效等手段节约成本。

③业主只按工程量表项目支付费用,可减少意外开支。

④结算时程序简单,只需对少量遗漏单项在执行合同过程中再报价。

⑤对于一些不易计算工程量的项目,采用单价合同会有一些困难。

单价合同主要有估计工程量单价合同和纯单价合同两类。

①估计工程量单价合同是由业主委托咨询公司按分部分项工程列出工程量表及估算的工程量,适用于可以根据设计图纸估算出大致工程量的项目。

②纯单价合同是在设计单位还来不及提供设计图纸,或出于某种原因,虽有设计图纸,但不能计算工程量时,可采用这种合同。采用这种合同时,招标文件只向投标人提供各分部分项工程的工作项目、工程范围和说明,不提供工程量。

3)成本加酬金合同

成本加酬金合同(Cost Plus Fee Contract)是一种根据工程的实际成本加上一笔支付给承包商的酬金作为工程报价的合同方式。采用成本加酬金合同时,业主向承包商支付实际工程成本中的直接费,再按事先议定的方式为承包商的服务支付酬金,即管理费和利润。

这种合同方式适用于某些急于建设而设计工作并不深入的工程项目,由于不具备计算工程单价或总价的条件,只能以估算的工程成本为基础加额外补偿来计价,尤其是一些灾后或战后重建工程、涉及承包商专有技术的工程等。采用成本加酬金合同主要的优点是:可在规划完成之前开始施工;适用于由于不能确定工作范围或规模等原因无法确切定价的工程。

采用该方式时应注意以下问题:项目开始施工时,最终成本不能确定;需要业主的雇员、工程师进行较多的控制成本、记账及审计工作;业主与工程师应挑选一个熟悉这种合同类型的总承包商,有作为项目组成员进行管理工作的经验,并有良好的会计工作水平;如果设计发生大的变化,过早的开工会导致延误和额外的开支。

成本加酬金合同,根据其酬金的确定方法不同可分为如下几种形式:

(1)成本加百分比酬金合同,是指承包商除收回工程实际成本外,还可得到实际成本的百分比计取的酬金;这个百分比是双方在签订合同时共同商定的。

(2)成本加固定酬金合同,是指按工程实际成本加上一个双方事先商定的固定不变的数额作为酬金的计价方法。与前一种不同的是,采用这种方式时,酬金不随成本的增减而变动。

(3)成本加浮动酬金合同,是指按一定条件计算浮动酬金的计价方法,即业主与承包商事先商定预期酬金水平;当实际成本等于预期成本时,按预期酬金水平支付;当实际成本低于预期成本时,增加酬金;当实际成本高于预期成本时,减少酬金。这种合同方式与前两种方式相比的最大优点可以促使承包商降低工程成本。

由于成本加酬金合同方式的竞争性差,而且业主很难控制投资,因此,在国际工程承包中较少被采用。

4)三种合同类型的对比(表4-3)

三种合同类型的对比　　　　　　　表4-3

总 价 合 同	单 价 合 同	成本加酬金合同
(1)承包商会努力降低成本; (2)选择承包商的程序比较简单; (3)选定承包商的原则比较客观; (4)投标时可确定最终价格	(1)可减少招标准备工作,缩短招标准备时间; (2)能鼓励承包商通过提高工效等手段节约成本; (3)业主只按工程量表项目支付费用,可减少意外开支; (4)结算时程序简单	(1)适用于某些急于建设而设计工作并不深入的工程项目; (2)竞争性差,而且业主很难控制投资

2.国际工程承包招标的方式

1)国际竞争性招标

该方式也称为无限竞争性招标(Unlimited Competitive Open Bidding),即由业主在国内外主要报纸、有关刊物上发布招标广告,公开进行招标,凡对此招标项目感兴趣的承包商都可以购买资格预审文件,参加资格预审,资格预审合格者均可以购买招标文件进行投标。这种方式可为所有有能力的承包商提供一个平等竞争的机会,业主有较大空间选一个比较理想的承包商,这有利于降低工程造价,提高工程质量和缩短工期,但由于参与竞争的承包商可能很多,资格预审和评标的工作量较大。

2) 有限竞争性招标

它是一种由业主根据自己积累的经验和资料或根据工程咨询公司提供的承包商情况,选择若干家有实力的企业邀请其来参加投标的方式。一般邀请 5~10 家前来投标,这些被邀请者应具有承担过类似项目的经验和资历,在技术力量、设备能力、资金和管理水平等方面满足招标工程的要求,特点是选择范围小,节省了资格预审工作的时间和经费;但可能会有一定的片面性,漏掉一些在技术上、报价上有竞争力的承包商。

3) 采购

它是由业主直接选定一家或几家承包商进行协商谈判,确定承包条件及标价的方式。该方式的特点是节约时间,容易达成协议,迅速开展工作,但无法获得有竞争力的报价。该方式是一种非竞争性招标的方式,适合于工程造价较低,工期紧,专业性强或军事保密工程。

4) 其他形式

公开竞争是有效采购的基础。因此,选择合适的招标方式非常重要。通常情况下,世界银行要求其贷款项目实行国际竞争性招标,这一招标过程需要严格的监督,并允许对本国承包商提供一定的优惠条件。当然,国际竞争性招标不适用时,可以采用其他招标方式。

3. 国际工程承包招投标和国际工程咨询招投标的区别

对比国际工程承包招投标和国际工程咨询的招投标,可看出它们在以下方面有所区别:

(1) 咨询工程招投标中可以对 TOR 进行修改,TOR 是提出建议书和进行谈判的基础;而国际工程承包招投标中,投标人并不能对招标文件进行实质上的修改。

(2) 咨询工作委托人可以开列短名单,自行筛选咨询服务提供者;而国际工程承包一般都必须采用竞争性招投标。

(3) 咨询评审以技术评审为主,不以价格最低为主要标准;国际工程竞争性招投标中价格是重要甚至唯一的评审要点。

(4) 咨询招投标中不公开开标,不宣布报价,废标标准较宽松;国际工程承包招投标中必须公开开标,宣布各方报价,废标标准比较严格。

4. 国际工程招投标与国内工程招投标的比较

对比国际工程承包招投标和现行国内工程的招投标,在以下几个方面有所区别:

(1) 招标方式的名称不同:国际工程承包招投标多称作竞争性、有限竞争性招投标,与之对应的,国内工程招投标通常称作公开招标、邀请招标等。

(2) 资格预审:国内很多业主对资格预审只是走形式;国际工程承包市场,建立了一套极其严格的资格预审流程。

(3) 项目环境:国际工程承包因项目环境的复杂性而比国内工程承包具备更大的

风险。

(4)对监理工程师赋予的权限不同:国内监理单位的工作常常受到业主的限制和干预,FIDIC 合同监理工程师拥有较为广泛的权力。

5.国际竞争性招标的程序

(1)国际竞争性招标的程序如图 4-1 所示。

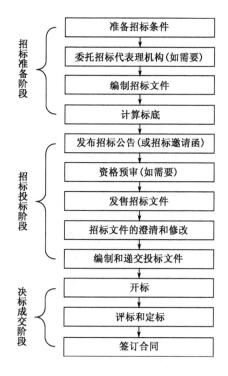

图 4-1　国际竞争性招标的程序

(2)两阶段招标

对于包括设计、采购、安装、施工等多任务的大型复杂总承包合同、包括复杂和特殊性质的工程或需要复杂的信息和沟通技术的承包任务,为了避免业主的要求不被误解,可以实行两阶段招标方式。在第一阶段,投标人在概念设计或实施要求的基础上提供未报价的技术建议书;业主在技术方面进行沟通和修改后,第二阶段再提供完整的技术标书和商务标书。

(3)招标公告

对于世界银行项目,业主必须向世界银行提交招标公告,世行将安排在其官网(UNDB online)和其他外部网站上予以发布。招标公告的内容包括业主的相关信息、借款的数量和目的、招标范围以及招标代理机构的名称、电话及地址。若已提供,则应披露公开发售资格预审文件和招标文件的时间。另外,业主还应在其他渠道发布招标公告,如工程所在国广泛流通的报纸、技术或经济杂志,或国内和国际上广泛使用的免费的互联网渠道。在 UNDB online 上发布消息后,应给予投标人足够的时间准备相关文件。以下为在 ENR 网站上公布的工程承包国际竞争性招标实例。

> **纽约/新泽西港务局**
>
> **合同 SWF-164.054—斯图尔特国际机场—防回流装置安装及泵站系统升级**
>
> **项目概要：**
>   公告编号:82 项目　　　地点:纽约
>   公告类型:征求意见书　　项目金额(美元):一百万至五百万
>   联系方式:点击此处
>
> **项目介绍：**
>   纽约和新泽西港务局
>   对以下合同感兴趣的投标人必须将密封的建议书于本公告指明日期的下午2:30之前投递至纽约和新泽西港务局的首席采购官办公室,地址为纽约市格林威治大街150号世界贸易中心4号楼21楼,邮编10007。届时将在招标办公室公开开标并唱标。
>   合同文件可以在新泽西州泽西市蒙哥马利大街2号1楼的合同部阅读和购买,售价为100美元一套,不退款。合同文件也可以预定,请预付100美元,开售后将以次晨达的方式为您送达,不需另付邮费。只接受对公支票。请将对公支票邮寄至纽约和新泽西港务局合同部,新泽西州泽西市蒙哥马利大街2号1楼,邮编NJ 07302。投标文件也可于每周二的上午10点至12点,及每周四的下午2点至4点,在斯图尔特国际机场的第一大道1180号,138号楼阅读。如有疑问请致电838-8200,查看招标文件是否可售请至网址:
>   http://www.panynj.gov/business-opportunities/bid-proposal-advertisements.html?tabnum=3。
>   潜在投标人有任何疑问请联系列表上提供的人员和电话。
>   **进入大楼需携带有效、有照片的身份证件!**
>   合同 SWF-164.054—斯图尔特国际机场—防回流装置安装及泵站系统升级,合同估价:一百万至五百万美元。投标截止日期:2016年4月5日,星期二。本合同所涉及工作内容主要包含移除和重装现有水表,安装防回流装置,包括相关的电子控制阀;更换已有泵站系统和部件,包括在斯图尔特机场中17栋大楼和附属设施中的相关电力系统和控制系统。

二、资格预审

1. 概述

1) 资格预审的含义

资格预审指业主雇佣一家代理机构在邀请递交标书前对实施某一合同的公司的适宜性进行评估的过程。在资格预审中,业主应考虑以下客观的、可供量度的因素,来选择有能力、有资源的潜在投标人:

(1) 有相关经验、以往工程项目的表现合格、在过去一段时间内成功完成类似的项目;

(2)财务状况良好。

资格预审中,由业主方编制资格预审文件,以刊登公告的方式邀请承包商参加资格预审,向承包商出售资格预审文件,对其进行审查,确定通过资格预审的公司并通知所有申请人。在世行贷款的项目中,业主一般应使用世行提供的标准制式资格预审文件,只进行最小的改动,并应允许所有达到要求的潜在投标人进行投标。

2)资格预审的目的

(1)了解投标人情况。

(2)事先淘汰不合格的投标人。

(3)减少评标的时间、费用。

(4)节约不合格投标人的费用。

(5)鼓励联营体。

2. 资格预审的程序

1)基本程序(图4-2)

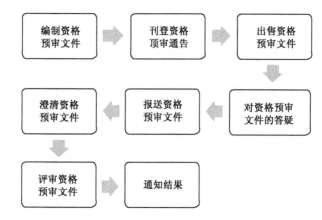

图4-2 资格预审的基本程序

2)资格预审公告的内容和发布渠道

发布渠道为:通过国家指定的报刊、信息网络或者其他媒介发布。

内容应包括:

(1)工程项目名称。

(2)工程所在位置和概况。

(3)合同包含的工作范围。

(4)资金来源。

(5)资格预审文件的发售日期、地点和价格。

(6)递交资格预审文件的日期、地点等。

3)资格预审文件的内容

(1)资格预审通告

①工程基本信息。

②对申请资格预审投标人的要求。

③业主的信息。

④要求提交资格预审申请书。
⑤联系方式。
⑥时间节点。
(2) 资格预审须知
①总则
在总则中分别列出工程业主名称、资金来源、工程名称和位置、工程概述(其中包括初步工程量清单中的主要项目和估计数量,申请人有资格执行的最小合同规模以及资格预审时间表等,可用附件形式列出)。
②必须提供的资料、证明
要求投标人应提供的资料和证明:在资格预审通知中应说明对投标人提供资料内容的要求,一般包括几方面:

a. 申请人的身份及组织机构,包括该公司或合伙人或联营体各方的章程或法律地位、注册地址、主要营业地址、资质等级等原始文件的复印件。

b. 申请人(包括联营体的各方)在近3年(或按资审文件规定的年限)内完成的与本工程相似的工程的情况和正在履行合同的工程情况。

c. 管理和执行本合同所配备主要人员资历、经验。

d. 执行本合同拟采用的主要施工机械设备情况。

e. 提供本工程拟分包的项目及拟承担分包项目的分包商情况。

f. 提供近两年(或按资审文件规定的年限)经审计的财务报表,今后两年的财务预测以及申请人出具的允许招标人在其开户银行进行查询的授权书。

j. 申请人近两年(或按资审文件规定的年限)介入的诉讼情况。
③通过的强制性标准
强制性标准以附件的形式列入。它是通过资格预审时对列入工程项目一览表中各主要项目提出的强制性要求。其中包括:

a. 强制性经验标准(指主要工程一览表中主要项目的业绩要求)。

b. 强制性财务、人员、设备、分包、诉讼及履约标准等。达不到标准的,资格预审不能通过。

④联营体的要求。
⑤建议分包人的要求。
⑥国内投标人的优惠。
⑦其他、附件。
(3) 资格预审申请书的表格
①申请人表。
②申请合同表。
③组织机构表和框图。
④财务状况。
⑤公司人员。
⑥施工机械设备表。

⑦分包商表。
⑧业绩。
⑨在建工程。
⑩介入诉讼事件表。

3. 联营体
1）联营体的概念

在工程联营体实际运营中，联营中主体单位要以平等互利为基本原则，在相互竞争中充分发挥各自的优势。联营体之间要相互信任，明确各部门的责任，制订各项规章制度（包括会议、财务、考勤、分配、文件呈报、财产管理、定期报表等），便于联营体之间的管理。在独立承包的项目中，承包商也会制订相应的管理制度，目的就是合法追求利润最大化。

在有些工程联营投标项目中，联合体中标后，将项目完全交由联合体中的一家单位负责，或者是将项目肢解全部分包给其他单位，而另外的单位并未履行招标合同中规定的责任义务。

2）联营体的优势和缺点

主要优点是可以优势互补，例如可以弥补技术力量的不足，有助于通过资格预审和在项目实施时取长补短；又如可以增强融资能力，对大型项目而言，周转资金不足会影响工程的实施，参加联营体则可减轻每一个公司在这方面的负担。参加联营体的另一个优点就是可以分散风险；在投标报价时可以互相检查投标文件，合作提出备选方案；也有助于工程的顺利实施。

当然联营体也有一些缺点，因为联营体多半是临时性的合伙，彼此不易搞好协作，有时难以迅速决策。这就需要在签订联营体协议时，明确各方的职责、权利和义务，组成一个强有力的领导班子。

3）联营体参加资格预审应遵循的条件

（1）资格预审的申请可以由各公司单独提交，或2个或多个公司作为合伙人联合提交，但应符合下述第三款的要求。2个或多个公司联合提交的资格预审申请，如不符合对联营体的有关要求，其申请将被拒绝。

（2）任何公司可以单独、同时又以联营体的一个合伙人的名义申请资格预审。

（3）联营体所递交的申请必须满足下述要求：
①联营体的每一方必须递交自身资格预审的完整文件。
②资格预审申请中必须确认：联营体各方对合同所有方面所承担的各自和连带责任。
③资格预审申请中必须包括有关联营体各方所拟承担的工程部分及其义务的说明。
④申请中要指定一个合伙人为牵头方，由他代表联营体与业主联系。

（4）资格预审后联营体的任何变化都必须在投标截止日期之前得到业主的书面批准，如果业主认为后组建的或有变化的联营体可能导致下述情况之一者，将不予批准和认可：从实质上削弱了竞争，其中一个公司没有预先经过资格预审（不管是单独的还是作为联营体的一个合伙人），联营体的资格经审查低于资格预审文件中规定的可以接受的最低标准。

4）联营体投标注意事项

（1）选取合作伙伴：争取到一个强大的合作伙伴，就少了一个强有力的竞争对手。在选择合作伙伴时,尽量选取综合实力强、当地影响力大、相对优势高的公司;其次,选取文化背景、体系相近的公司作为合作伙伴,这样相互之间更加容易磨合,更具凝聚力。避免合作伙伴中途退出或"打酱油"式地参与影响整体工作的顺利进展。

(2)争取话语权:拥有话语权能够保障本公司的核心利益,控制风险。作为联营体成员或者小股东时,可以通过包揽更多投标工作来增加自身的话语权,同时在联营体协议中要求在牵头人做出决策时需取得其他成员的同意。

(3)均衡自身利益与联营体利益:需要大家共同做出贡献,保持联营体的竞争力,在成功获取项目后,各成员才能更好地获得相应的自身利益。联营体往往会要求成员公司中具有强大竞争力的分包签署排外协议,这样会导致分包在市场上的竞争力大大下降。如果与联营体绑定后,就会失去与其他具有竞争力总包的有效合作。因此对于是否签署排外协议,各方需要好好地权衡考虑。

(4)标准化:在投标前期有必要制订统一的文件制作格式,以便在后期汇总时节约大量的人力、物力,形成凝聚力。

(5)引进专业咨询机构:对于此前没有大型项目投标经验的公司,很有必要聘请专业咨询机构参与工作,包括投标材料的准备和递交、专业工作包括技术标制作、法律咨询、业主演示文件准备、工程量计算和动画制作等。

(6)参与实体及授权:尽量采用更高级别公司的名义参与投标,然后授权给分支机构参与,这样不但可以降低母公司承担的风险,还同时避免了参与公司头衔混淆的现象。

(7)关键人物的参与和团队人员的稳定:一个团队如果能在专业人士的指导下运转,将会事半功倍;项目持续时间较长,人员的稳定性也很重要。

(8)积极参与:在这方面可主要采用联营体的会议记录和追踪落实的手段,调动参与联营体成员的积极性,保证分配给各成员的工作及时有效地完成。

(9)保密事项:在给分包发放标书时,需要先签署保密协议,有针对性地发放文件,如发放工期计划时,应按照分包内容分段发送;会议应分级召开,涉及核心内容的讨论要严格限制与会者。

4. 资格预审的评审

1)强制性审查

首先对收到的资格预审文件进行整理,看是否对资格预审文件做出了实质性的响应,即是否满足资格预审文件的要求。检查资格预审文件的完整性,并检查资格预审强制性标准的合格性。例如投标申请人(包括联营体成员)营业执照和授权代理人授权书应有效;投标申请人(包括联营体成员)企业资质和资信登记等级应与拟承担的工程标准和规模相适应;以联营体形式申请资格预审,应提交联营体协议,明确联营体主办人;如果有分包,应满足主体工程限制分包的要求;投标申请人提供财务状况、人员与设备情况及履行合同的情况应满足要求。

只有对资格预审文件做出实质性响应的投标人的申请才有资格进一步评审。

2)评价与选择

选择标准是:公司机构健全、财务状况良好、人员技术管理水平高、施工设备适用、有丰富的类似工程经验和良好的信誉。

评审有合格制(达到标准要求即可)、优选制(只选择排在前几名的申请者);评审方法有定性评审和定量评审。若采用定量评审,常用打分方法按组织机构与经营管理、财务状况、技术能力、施工经验四个方面逐项打分。只有每项得分均超过最低分数线,而且四项得分之和高于某个分值的投标人才能通过资格预审。最低合格分数线应根据参加资格预审的投标人的数量来决定,如果申请投标人的数量比较多,则适当提高最低合格分数线,这样可以多淘汰一些水平较低的投标申请人,使通过资格预审的投标人的数量不致太多。具体来说,在每一个方面,还可以将指标细化。

评审有合格制(达到标准要求即可)、优选制(只选择排在前几名的申请者);评审方法有定性评审和定量评审。若采用定量评审,常用打分方法如下。

(1)机构和管理

①公司管理机构情况;

②经营方式;

③以往履约的情况,如获得的各种奖励或处罚等;

④目前和过去涉及诉讼案件的情况。

(2)财务状况

①平均年营业额或合同额;

②财务投标能力;

③流动资金;

④信贷能力;

⑤流动资产与负债比值。

(3)技术能力

①现场主要管理人员的经验与胜任程度;

②现场专业技术人员的经验与胜任程度;

③施工机械的适用来源与已使用的年限;

④工程分包情况。

(4)施工经验

①类似工程的施工经验;

②类似现场条件下的施工经验;

③完成类似工程中特殊工作的能力;

④过去完成类似工程的合同额。

5. 资格后审

对于一些开工期要求比较早、工程不复杂的工程项目,为了争取早日开工,有时不预先进行资格预审,而进行资格后审。

资格后审是在招标文件中加入资格审查的内容。投标人在填报投标文件的同时,按要求填写资格审查资料。评标委员会在正式评标前先对投标人进行资格审查,对资格审查合格的投标人进行评标,对不合格的投标人不进行评标。

资格后审的内容与资格预审的内容大致相同,主要包括投标人的组织机构、财务状况、人员与设备情况、施工经验等方面。

对于某些大型或复杂的项目,招标的第一个重要步骤就是对投标人进行资格预审。业主发布工程招标资格预审广告之后,对该工程感兴趣的承包商会购买资格预审文件,并按规定填好表中的各项,按要求日期送给业主;业主经过对提交资格预审文件的所有承包商进行认真审核后,通知那些认为有能力实施本工程项目的承包商前来购买招标文件。

三、招标

1. 招标文件的编制原则

(1)应遵守国家的法律和法规,如招投标法、建筑法、合同法等多项相关的法律、法规。

(2)如果是国际组织贷款,应符合该组织的各项规定和要求。

(3)要注意公正地处理业主和承包商(或供货商)的利益,要使承包商(或供货商)能获得合理的利润,如果不恰当地将过多的风险转移给承包商一方,势必迫使承包商加大风险金,提高投标报价,最终还是业主一方增加支出。

(4)招标文件应该正确地、详细地反映项目的客观情况,以使投标人的投标能建立在可靠的基础上,这样也可减少履约过程中产生的争议。

(5)招标文件包括的众多内容应力求统一,尽量减少和避免相互矛盾。招标文件的矛盾会为承包商创造索赔机会。招标文件用语应力求严谨、明确,以便在产生争端时易于根据合同条款判断解决。

2. 招标文件的内容与规定

招标文件必须包含投标者准备标书所需要的所有信息,虽然根据项目的规模和性质不同存在一定的差异,但一般来说,招标文件需要包括以下内容:

(1)投标邀请函(Invitation To Bid)

(2)投标人须知和投标资料表(Instructions To Bidders And Bid Data Sheet)

(3)投标函(或投标表,Form Or Letter Of Bid)

(4)合同协议书(Form Of Contract)

(5)通用和专用合同文件(Conditions Of Contract, Both General And Particular)

(6)技术规范和图纸(Specifications And Drawings)

(7)相关的技术信息(如地质条件和气候条件等)(Relevant Technical Data)

(8)工程量清单(List Of Goods Or Bill Of Quantities)

(9)工期计划(Delivery Time Or Schedule Of Completion)

(10)其他附件(Necessary Appendices),如各类保函的格式(Formats Of Securities)。

同时,评标的基础和标准应在投标人须知和技术规范中明确阐述。工程部分的投标文件可以包括大致的合同总价,但不应该包括对工程量清单项目的详细报价。采用世界银行贷款的项目应使用世界银行制定的相应的标准投标文件(Standard Bidding Documents,简写SBDs),对制式文本的改动应尽可能少,并且需要通过世行的同意,而且这些改动都应在招标资料表或专用合同条件中予以明示,而不能直接更改制式投标文件中的文字。若没有合适的世行标准投标文件,则应采用世行认可的其他国际通用合同条件。

世行贷款项目中对于招标文件的部分规定如下:

(1) 语言

资格预审文件和招标文件应至少使用英语、法语和西班牙语中的一种书写。同时，业主可以另外准备使用本国语言书写的翻译件。如果业主使用了两种语言书写投标文件，则投标人可以任意选用其中一种投标。同时，签署合同时使用的语言应与投标文件使用的语言保持一致。若投标人使用的是本国语言，业主应该准备一份英语、法语或西班牙语的翻译件提交给世界银行。业主不应要求或允许投标人使用两种或两种以上的语言签署合同。

(2) 招标文件的澄清

投标人在收到招标文件时应仔细阅读和研究，如发现有遗漏、错误、词义模糊等情况，应按招标文件中规定的地址以书面或电报、电传、传真等方式向业主质询，否则后果自负。招标文件中应规定提交质询的日期限制（如投标截止日 28 天以前）。业主将书面答复所有质询的问题的附本交给所有已购买招标文件的投标人。

(3) 价格和价格调整

投标价格是指按照投标人提交的工程量表中的单价和工程量为依据，计算得出的工程总标价。投标人未填报单价和价格的项目的费用将被视为已包含在工程量表的其他单价和价格中，业主在执行期间将不另行支付。

所有根据合同或由于其他原因，截止到投标截止日前 28 天，由投标人支付的关税、税费和其他捐税都要包含在投标人呈报的单价、价格和总投标报价中。

投标人填报的单价和价格在合同执行期间将根据合同条件的规定予以调整。投标人应在投标书附录中为价格调整公式填写价格指数和权重系数，并随投标文件递交证明材料。

(4) 货币

在投标报价时和在以后工程实施过程中结算支付时所用的货币种类可以选择以下两个方案之一。

①投标人报价时完全采用工程所在国的货币表示，若投标人预计有来自工程所在国以外的工程投入会产生其他币种的费用（外汇需求），投标人应在投标书附录中列出其外汇需求占投标价格（除暂定金额外）的百分比（%），投标人应在投标书附录中列明外汇需求和采用的汇率。

业主可能会要求投标人澄清其外汇需求，此时，投标人应递交一份详细的外汇需求表。

②采用两种报价，即对于在工程所在国应支付的费用，如当地劳务、当地材料、设备、运输等费用以当地货币报价，而对在工程所在国以外的采购费用则以外币报价。

(5) 投标保函、履约保函和动员预付款保函

①投标保函

在国际工程承包中，当事一方为避免因对方违约而遭受经济损失，一般都要求对方提供可靠的第三方保证。这里的第三方保证是指第三者（如银行、担保公司、保险公司或其他金融机构、商业团体或个人）应当事一方的要求，以其自身信用，为担保交易项下的某种责任或义务的履行而做出的一种具有一定金额、一定期限、承担其中支付责任或经济赔偿责任的书面付款保证承诺。

与工程项目建设有关的保证主要有投标保证、履约保证和动员预付款保证等，履约保证和动员预付款保证将在稍后介绍。常用的保证形式有两种。一种是由银行提供的保函

(Bank Guarantee),另一种是由担保公司或保险公司提供的担保(Bond)。

投标保函的主要目的是担保投标人在业主定标前不撤销其投标。投标保函通常为投标人报价总金额的 2.5%,有效期与报价有效期相同,一般为 90 天。

②履约保函

履约保函的目的是担保承包商按照合同规定正常履约,防止承包商中途毁约,以保证业主在承包商未能圆满执行合同时能得到资金赔偿。履约保函通常为合同额的 10%,有效期到缺陷责任期结束。

如前文所述,履约保证也有履约担保和银行履约保函两种形式,而履约担保的含义与银行履约保函的含义是不同的。在使用范围上,担保远大于保函。提供担保的担保公司不仅承担支付的责任,而且要保证整个合同的履行。一旦承包商违约,业主在要求担保公司承担责任之前,必须证实投标人或承包商确已违约。这时担保公司可以采取以下措施之一:

a. 按照原合同的要求继续完成该工程;

b. 另选承包商与业主签订新合同完成此工程,在原合同价之外所增加的费用由担保公司承担,但不能超过规定的担保金额;

c. 按业主要求支付给业主款额,但款额不超过规定的担保金额。

由前述可知,银行保函作用更类似于保险,可保证某一方免受某种风险所造成的损失。而担保的作用则是保证某种特定合同义务的履行。

由于保函与担保保证的含义不同,其保证金额也不同。通常均按合同总价的百分比计算。担保金额的比例通常要大得多。在美洲,履约担保金额能达到合同金额的 50% 以上,在中东地区的一些国家,履约担保金额甚至达到合同金额的 100%。

银行履约保函有两种类型。一种称为无条件(Unconditional or On-Demand)银行保函。其保证的含义是:如果业主在任何时候提出声明,认为承包商违约,而且提出的索赔日期和金额在保函有效期和保证金额的限额之内,银行即无条件履行保证,对业主进行支付。另一种是有条件(Conditional)银行履约保函。其保证的含义是:在银行支付之前,业主必须提出理由,指出承包商执行合同失败、不能履行其义务或违约,并由业主或工程师出示证据,提供所受损失的计算数值等。赔偿的最大金额为保函的投保金额。相对第一种形式的保函来说,第二种保函的特点是赔偿金额的支付不是一次性的,而是按照按价赔偿的原则进行,从而能更好地保护承包商的利益。

③动员预付款保函

一般在合同的专用条件中均注明承包商应向业主呈交动员预付款保函(也称预付款保函),主要目的是担保承包商按照合同规定偿还业主垫付的全部动员预付款,防止出现承包商拿到动员预付款后卷款逃走的情况发生。动员预付款的担保金额与业主支付的预付款等额,有效期直到工程竣工(实际在扣完动员预付款后即自动失效)。

3. 开标、评标、决标与授标

1) 投标准备时间

业主应根据项目的具体情况、合同的规模和复杂程度等因素为投标人预留充足的准备时间。通常来说,一般在招标邀请信的发出日期或招标文件的购买日期和开标日期之间至少需要留出六个星期。如果合同规模较大,或所需的工程机械较复杂,则应留出十二个星期。在这种情况下,业主可以考虑召开标前会议,并组织现场考察。投标人可以采用邮寄的方式投递标书。若采用电子投标,招标人应保证投标系统的安全、可靠、保密,并使用电子签名或其他类似的方式。

2)开标过程

开标在规定的日期、时间、地点当众一一唱读投标书中投标人名称和每个投标的报价及任何替代方案的报价,开标时不解答任何问题。替换、修改或撤回的信函也应当众读出。

3)标书的澄清

除非投标人拒绝所有标书,否则在投标截止时间之后,投标人不能对其标价做任何改变。招标人可以要求投标人澄清标书中的问题,但不能要求或允许投标人更改其标书中的实质性条款或价格。澄清标书的要求应以书面形式呈现。

4)形式审查

投标人的合格性检查、投标文件的有效性、投标文件的完整性、报价计算的正确性、投标书的实质性响应,以淘汰不合格的投标人。

实质性响应是指投标文件和招标文件的全部条款、条件和技术规范相符,无重大偏差。而其中重大偏差是指有损于招标目的的实现或在于满足招标文件要求的投标进行比较时有碍公平的偏差,例如:

(1)固定价投标时提出价格调整;

(2)未能响应技术规范;

(3)合同起始、交货、安装或施工的分段与要求的关键日期或进度标志不一致;

(4)以实质上超出所允许的金额和方式进行分包;

(5)拒绝承担招标文件中分配的重要责任和义务,如履约保证;

(6)对关键性条款表示异议或保留,如适用法律/税收;

(7)在投标人须知中列明的可能导致废标的偏差。

处理方法上,以世行贷款项目为代表的,废标并不予修改;以 FIDIC 为代表的,不改变报价的前提下撤回偏差予以修改。

5)评价和比较

还应对标书进行技术评审和商务评审。技术评审是确认完成工程的能力及施工方案的可靠性;商务评审时从成本、财务、经济分析等方面评审投标报价的正确性、合理性、经济效益和风险——"评标价"最低。

通常由招标机构和业主共同商讨决定中标人(董事会、政府、金融机构),决定中标日后,业主发出中标通知书。有时中标通知之前,业主发出附有限制条件的意向书,可做谈判。中标后,承包商使用履约保证换回投标保证金。

6)本国优惠

根据世界银行的规定,招标人可以对本国的投标人实行一定的优惠策略,并在招标文件中对本国投标人的确认方法和优惠的幅度予以明示。若实施本国优惠策略,则评标时应将所有投标人分为两组,第一组由符合要求的本国投标人组成,第二组由国际投标人组成。

在评标时,首先在每组内选出最低价,若第一组的最低价低于第二组的最低价,则本国投标人中最低价者中标。若第二组中最低价更低,则需要将第二组中的中标价在其基础上将加上7.5%,再与第一组的最低价进行比较。包括无条件折扣,但不包括暂定金额和计日工的费用。在这一比较过程中,若国内投标人的价格更低,则其中标。

一般来说,贷款国的投标人在符合下列所有条件时,可享受本国优惠:

(1)工程所在国注册;

(2)工程所在国公民拥有大部分所有权;

(3)分包给国外公司的工程量不大于合同总价(不包括暂定金额)的50%;

(4)满足招标资料表中规定的其他标准。

对于工程所在国承包商与国外承包商组成的联营体,获得优惠需具备以下条件:

(1)国内的一个或几个合伙人分别满足上述优惠条件;

(2)国内合伙人能证明他(们)在联营体中的收入不少于50%;

(3)国内合伙人按所提方案,至少应完成除暂定金额外的合同价格50%的工程量,并且这50%不应包括国内合伙人拟进口的任何材料或设备;

(4)满足招标资料表中规定的其他标准。

7)授标

授标是指业主将把合同授予投标文件实质上响应招标文件要求,并经审查认为有足够能力和资产来完成本合同,满足上述各项资格要求,而且投标报价最低的投标人。

8)拒绝所有投标

在以下情况下,世界银行可以拒绝所有投标:

(1)所有投标均未回应 TOR 中的重要内容,或者在服从 TOR 的要求方面具有重大缺陷;

(2)所有投标均未能满足 RFP 中列明的技术标书最低评分;

(3)成功的投标人的报价大大高于咨询工作的预算。

当然,在最后一种情况下,业主可以与世界银行讨论,是否增加咨询预算,或减少咨询服务的内容,或者重新邀请其他咨询公司进行投标。另外,如果是基于人月费法进行的咨询报价,也可以与投标人商议,在不损害咨询服务质量的基础上,减少一定的人月数。

在决定拒绝所有投标前,业主应通知世界银行,并告知拒绝的理由,然后在银行的同意下,修改征求意见书、工作大纲、短名单、预算等内容,并重新开始招标。

四、国际工程施工投标报价

1. 投标的程序

国际工程施工投标报价是国际工程承包过程中的一个决定性环节,承包商要承揽国际工程项目,就要按照一定的程序进行投标报价。承包商要想通过投标战胜众多竞争对手而获得工程项目承包权,除了具备强大的实力,良好的信誉外,在很大程度上取决于能否提出有竞争力的报价。所谓有竞争力的报价,是指该投标报价合理,既能被业主接受,又能在中标后顺利地完成合同同时获得合理的利润。但是,工程报价不是简单的数量计算,而是根据工程范围和性质、技术规范、工期要求、拟采用的施工方案、进度计划以及所需人工、材料、机械设备直接费价格、各种管理费和利润等间接费价格算出的投标价格。因此,投标报价是一项重要且又复杂,影响因素众多的工作。国际工程施工投标的程序如图 4-3 所示。

2. 投标组织

对于一个公司进行成功的工程投标,组织一个强有力的、内行的投标团队是至关重要的。一个好的投标团队的成员应由经济管理类人才、专业技术类人才、商务金融类人才以及合同管理类人才组成。

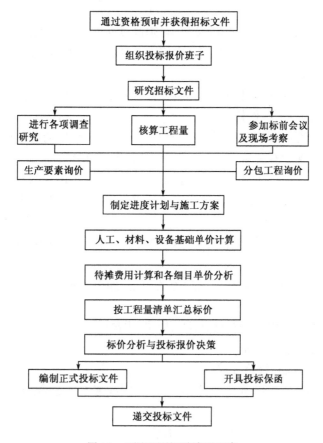

图 4-3　国际工程施工投标的程序

所谓经济管理类人才,是指直接从事费用计算的人员,他们不仅熟悉本公司在各类分部分项工程中的工料消耗标准和水平,而且对本公司的技术特长与不足之处有客观的分析和认识,掌握生产要素的市场行情,了解竞争对手的情况,能运用科学的调查、分析、预测使投标报价工作建立在可靠的基础上。

所谓专业技术人才,是指工程设计和施工中的各类专业技术人才,他们掌握本专业领域内的最新技术知识,具有较丰富的工程经验,能从本公司的实际技术水平出发,选择最经济合理的施工方案。

所谓商务金融类人才,是指具有从事金融、贷款、保函、采购、保险等方面工作经验和知识的专业人员。

所谓合同管理类人才,熟悉经济合同相关法律、法规,熟悉合同条款并能进行深入分析,提出应特别注意的问题,具合同谈判和合同签订经验,善于发现和处理索赔等方面的敏感问题的人员。

总之,投标团队由方方面面的人才组成,同时要注意保持团队成员的相对稳定,积累和总结以往经验,不断提高其素质和水平,以形成一个高效率的工作集体,从而提高本公司投标报价的竞争力。

3.投标前的准备工作

1)研究招标文件

招标文件规定了承包人的职责和权利,必须高度重视,认真研读。招标文件内容虽然多,但总的来说不外乎商务条款、标的工程内容条款和技术要求条款。

(1)合同条件方面

要核准下列日期:投标截止日期和时间;投标有效期;由合同签订到开工允许时间;总工期和分阶段验收的工期;工程保修期等。

①关于误期赔偿费的金额和最高限额的规定;提前竣工奖励的有关规定。

②关于保函或担保的有关规定、保函或担保的种类、保函额或担保额的要求、有效期等。

③关于付款条件。应搞清是否有动员预付款,其金额和扣还时间和办法;永久设备和材料预付款的支付规定;付款的方法;自签发支付证书至付款的时间;拖期付款是否支付利息;扣留保留金的比例、最高限额和退还条件。

④关于物价调整条款,应搞清有无对于材料、设备和工资的价格调整规定,其限制条件和调整计算公式如何。

⑤关于工程保险和现场人员事故保险等的规定,如保险种类、最低保险金额、保期和免赔额等。

⑥关于不可抗力造成损害的补偿办法和规定、中途停工的处理办法和补救措施。

⑦关于解决争端的有关规定。

(2)承包商责任范围和报价要求

①应当注意合同是属于单价合同,还是总价合同或成本酬金合同,不同的合同类型,承包人的责任和风险不同。

②认真落实要求投标的报价范围,不应有含糊不清之处:例如,报价是否含有勘察设计补充工作,是否包括进场道路和临时水电设施,有无建筑物拆除及清理现场工作,是否包括监理工程师的办公室和办公、交通设施等。总之,应将工程量清单与投标人须知、合同条件、技术规范等共同认真核对,以保证在投标报价中的不错报、不漏报。

③要认真核算工程量。核算工程量,不仅是为了便于计算投标价格,而且是今后在实施工程中核对每项工程量的依据,同时也是安排施工进度计划、选定施工方案的重要依据。投标人应结合招标图纸,认真仔细地核对工程量清单中的各个分项,特别是工程量大的细目,力争做到这些细目中的工程量与实际工程中的施工部位能"对号入座",数量平衡。当发现工程量清单中的工程量与实际工程量有较大差异时,应向招标人提出质疑。

(3)技术规范和图纸

①工程技术规范是按工程类型来描述工程技术和工艺的内容和特点,对设备、材料、施工和安装方法等所规定的技术要求,有的则是对工程质量(包括材料和设备)进行检验、试验和验收所规定的方法和要求。在核对工程量清单的过程中,应注意对每项工作的技术要求及采用的规范,因为采用的规范不同,施工方法和控制指标将不一致,有时可能对施工方法、采用的设备和工时定额有很大影响,忽略这一点不仅会对投标人的报价带来计算偏差,而且还会给未来的施工工作带来困难。

②要特别注意技术规范中有无特殊施工技术要求,有无特殊材料和设备的技术要求,有无允许选择代用材料和设备的规定;若有,则要分析其与常规方法的区别,合理估算可能引起的额外费用。

③图纸分析要注意平、立、剖面图之间尺寸、位置的一致性,结构图与设备安装图之间的一致性,当发现矛盾之处,应及时提请招标人予以澄清并修正。

2)进行各项调查研究

(1)工程建设的政治、经济、社会环境调查;

(2)工程所在国生产要素市场调查;

(3)工程现场自然条件与施工条件调查;

(4)工程项目业主与承包商自身调查;

(5)竞争对手调查。

3)标前会议及项目现场

标前会议也称投标预备会,是招标人给所有投标人提供的一次答疑的机会,有利于加深对招标文件的理解,凡是想参加投标并希望获得成功的投标人,都应认真准备和积极参加标前会议。

在标前会议之前应事先深入研究招标文件,并将在研究过程中发现的各类问题整理成书面文件,寄给招标人要求给予书面答复,或在标前会议上提出并要求予以解释和澄清。参加标前会议时应注意以下几点:

(1)对工程内容范围不清的问题,应提请解释、说明,但不要提出任何修改设计方案的要求;

(2)如招标文件中的图纸、技术规范存在相互矛盾之处,可请求说明以何者为准,但不要轻易提出修改技术要求;

(3)对含糊不清、容易产生理解上歧义的合同条款,可以请求给予澄清、解释,但不要提出任何改变合同条件的要求;

(4)应注意提问的技巧,注意不能使竞争对手从自己的提问中获悉本公司的投标设想和施工方案;

(5)招标人或咨询工程师在标前会议上对所有问题的答复均应发出书面文件,并作为招标文件的组成部分,投标人不能仅凭口头答复来编制自己的投标文件。

现场勘察一般是标前会议的一部分,招标人会组织所有投标人进行现场参观和说明。投标人应准备好现场勘察提纲并积极参加这一活动。派往参加现场勘察的人员应事先认真通读招标文件的内容,特别是图纸和技术文件,同时应派经验丰富的工程技术人员参加。现场勘察中,除与施工条件和生活条件相关的一般性调查外,还应根据工程专业特点有重点地结合专业要求进行勘察。

现场勘察费用可列入投标报价中,若不中标,则投标人得不到任何补偿。

4. 投标报价的组成与计算

1)标价构成分析

投标报价的费用构成主要有直接费、间接费、计划利润、税金以及不可预见费等。直接费是指在工程施工中直接用于工程实体上的人工、材料、设备和施工机械使用费等费用的总和;间接费是指组织和管理工程施工所需的各项费用,主要由施工管理费和其他间接费组成;利润和税金是指按照国家有关部门的规定,工程施工企业在承担施工任务时应计取的利润,以及按规定应计入工程造价内的营业税、城市建设维护税等税金;不可预见费是工程项目的风险费。

为了便于计算工程量清单中各个分项的价格,进而汇总整个工程标价,通常将工程费用分为直接费、待摊费用及其他可单列项的费用。待摊费用的概念是工程项目实施所必需的,但在工程量清单中没有单列项的项目费用,需要将其作为待摊费用分摊到工程量清单的各个报价分项中去。

2) 各项费用的计算

(1) 直接费基础单价

① 人工工资单价

工日基价是指国内派出的工人和在工程所在国招募的工人,每个工作日的平均工资。一般来说,在分别计算这两类工人的工资单价后,再考虑功效和其他一些有关因素以及人数,加权平均即可算出工日工资基价。

国内派出人员费用包括以下几方面:

a. 国内工资,标准工资一般可按建筑安装工人平均4.5级计算。

b. 派出工人的企业收取的管理费,目前的一般做法是根据项目规模和报价预算等情况经与派出工人的单位商定。

c. 置装费,按热带、温带和寒带等不同地区发放。

d. 国内旅费,包括工人出国和回国时往返于国内工作地点之间的旅费。

e. 国际旅费,包括开工的出国、完工后回国及中间回国探亲所开支的旅费。

f. 国外零用费及艰苦地区的补贴,按各公司的规定计算。

g. 国外伙食费,按各公司情况参照有关规定计算。

h. 人身意外保险费和税金,不同保险公司收取的费用不同,如业主没有规定投保公司时,应争取在国内办理保险。发生在个人身上的税收一般即个人所得税,按当地规定计算。

i. 加班费和奖金。

雇用当地人员费用包括以下几方面:

a. 日基本工资。

b. 带薪法定节假日、带薪休假日工资。

c. 夜间施工或加班应增加的工资。

d. 按规定应由雇主支付的税金、保险费。

e. 招募费和解雇时须支付的解雇费。

f. 上下班交通费等。

② 材料和设备基价

国际承包工程中材料、设备的来源有三种渠道,即当地采购、国内采购和第三国采购。在实际工作中,采用哪一种采购方式要根据材料设备的价格、质量、供货条件及当地有关规定等确定。国外采购物资的特点是供应商多,商业性强,价格差别大。投标者应向多家询价,货比三家,便于确定自己的材料设备单价。在这三种采购方式中,后两种的价格计算方

法类似,现分别介绍如下:

a. 当地采购的材料、设备单价计算。如果当地材料商供货到现场,可直接用材料商的报价作为材料设备单价;如果自行采购,可用下列公式计算:

$$材料、设备单价 = 市场价 + 运杂费 + 运输 + 采购保管损耗$$

b. 我国和第三国采购材料、设备单价,可用以下公式计算:

$$材料、设备单价 = 到岸价 + 海关税 + 港口费 + 运杂费 + 保管费 +$$
$$运输保管损耗 + 其他费用$$

上述各项费用如果细算,包括海运费、海运保险费、港口装卸费、提货费、清关费、商检费、进口许可证费、关税、其他附加税、港口到工地的运输装卸费、保险和临时仓储费、银行信用证手续费,以及材料设备的采购费、样品费、试验费等。

从我国采购材料、设备,利用开展国际工程承包业务带动材料设备出口,既可以降低成本,增加外汇收入,还可以推动国内建材、机械工业的发展。

③施工机械台班单价

施工机械台班单价一般由下列费用组成:

a. 基本折旧费;

b. 安装拆卸费及场外运输费;

c. 维修保养费;

d. 保险费;

e. 燃料动力费;

f. 机上人工费。

(2)待摊费用的计算

①施工管理费

施工管理费是由于施工组织与管理工作而发生的各种费用,费用项目较多,主要包括下列几方面:

a. 管理人员费,从生产和辅助生产劳务数量的比例并结合管理岗位计算管理人员数量,按他们的平均日工资计算管理人员的工资和费用。

b. 办公费,包括复印、打字、文具纸张、邮电、办公家具以及水电、空调和采暖等开支。

c. 差旅交通费,包括因公出差费用、交通工具使用费、养路费和牌照费等。

d. 文体宣教费,包括报纸、学习资料、图书、电影、电视以及体育和文娱活动的费用。

e. 生活设施费,如现场人员卧具、厨房设施和卫生设施等费用。

f. 劳动保护费,购置公用或大型劳保用品,如安全网等发生的费用。个人的劳保用品等费用可以计入此项,也可以计入人工费中。

g. 检验试验费,包括材料、半成品的检验、鉴定和测试等费用。

h. 工具、用具使用费,指小型工具(如人力推车)、消防器材、工人常用低值易耗用品和用具等费用。

i. 固定资产使用费,指办公使用的房屋、设备,办公和生活使用的交通车辆等的折旧摊销、维修、租赁费等。

j. 广告宣传、会议及招待费。

②其他待摊费用

其他待摊费用包括以下几方面:

a.临时设施工程费,包括生活用房、生产用房和室外工程等临时房屋的建设费,施工临时供水、供电、通讯等设施费用。有的招标文件将一些临时设施作为独立的工程分列入工程量清单,则应按要求单独报价,这对承包商是有利的,可以较早得到这些设施的进度支付。

b.投标期间开支的费用,包括购买资格预审文件、招标文件、投标期间的差旅费和标书编制费等。

c.保函手续费,包括投标保函、履约保函、预付款保函、维修保函等,可按估计的各项保证金数额乘以银行保函年费率,再乘以各种保函有效期(以年计)即可。

d.保险费,承包工程中的保险项目一般有工程保险、第三方责任险、人身意外保险、施工机械设备保险、材料设备运输保险等,其中后三项保险费已分别计入人工、材料、施工机械的单价,此处不再考虑。

e.税金,按照国家有关规定应交纳的各种税费和按当地政府规定的收费。

f.经营业务费,包括为监理工程师在现场工作和生活而开支的费用(如监理工程师的办公室、交通车辆等)以及法律顾问费等。有的招标文件对监理工程师具体开支项目有明确规定,投标人可以单列列项报价;如果招标文件没有规定单列,则这笔费用可计入业务费摊销。

g.贷款利息,是指承包商为启动和实施工程常常需要先垫付一笔流动资金,以补充工程预付款的不足,这笔资金大部分是承包商从银行借贷的,因此,应将流动资金的利息计入工程报价中。

h.上级单位管理费,是指上级管理部门或公司总部对现场施工项目经理部收取的管理费。

i.计划利润,可按工程总价的某一个百分数计取。

j.风险费,指工程承包过程中由于各种不可预见的风险因素发生而增加的费用。通常由投标人经过对具体工程项目的风险因素分析之后,确定一个比较合理的工程总价的百分数作为风险费。

(3)开办费

有些招标项目的报价单中有开办费(或称初期费用)一项,这里指正式工程开始之前的各项现场准备工作所需的费用,有的招标文件规定这些内容可以单独列成分项。如果招标文件没有规定单列,则所有开办费都应与其他管理费用一起摊入到工程量表的各计价分项中。它们究竟是单列还是摊入工程量其他分项价格中,应根据招标文件的规定办理。

开办费在不同的招标项目中包括的内容可能不相同,一般包括以下内容:

①现场勘察费。业主移交现场后,应进行补充测量或勘探的,可根据工程场地的面积计算。

②现场清理费。包括清除树木、旧有建筑构筑物等,可根据现场考察实际情况估算。

③进场临时道路费。如果需要时,应考虑其长度、宽度和是否有小桥、涵洞及相应的排水设施等计算,并考虑其日常维护费用。

④业主代表和现场工程师设施费。如招标文件规定了具体内容要求,则应根据其要求计算报价。

⑤现场试验设施费。如招标文件有具体规定,应按其要求计算;可按工程规模考虑简易的试验设施,并计算其费用,如混凝土配料试块、试验等。而其他材料、成品的试验可送往附近的研究试验机构鉴定,考虑一笔试验费用即可。

⑥施工用水电费。根据施工方案中计算的水电用量,结合现场考察调查,确定水电供应设施,例如水源地、供水设施、供水管网、外接电源或柴油发电机站、供电线路等,并考虑水费、电费或发电的燃料动力费用。

⑦施工机械费。在前面"基础单价的计算"中,已核算出施工机具设备的使用费基价,一般可将机具设备的折旧费和安装拆卸费计入本项中。至于燃料动力、操作人工和维护修理等则计入机械台班费用中,摊入各工程单价中。

⑧脚手架及小型工具费。根据施工方案,考虑脚手架的需用量并计算总费用。

⑨承包商临时设施费。按施工方案中计算的施工人员数量,计算临时住房、办公用房、仓库和其他临时建筑物等,并按简易标准计算费用,还应考虑生活营地的水、电、道路、电话和卫生设施等费用。

⑩现场保卫设施和安装费用。按施工方案中规定的围墙、警卫和夜间照明等计算。

此外,还有职工交通费及其他杂项,职工交通费是指根据生活营地远近和职工人数,计算交通车辆和职工由住地到工地往返费用。其他杂项如恶劣气候条件下施工设施、职工劳动保护和施工安全措施(如防护网)等,可按施工方案估算。

(4)单价分析与标价汇总

单价分析就是对工程量清单中所列分项单价进行分析和计算,确定出每一分项的单价和合价。单价分析之前,应首先计算出工程中拟使用的劳务、材料、施工机械的基础单价,还要选择好适用的工程定额,然后对工程量清单中每一个分项进行分析与计算。单价分析通常列表进行。下面说明单价分析的方法与步骤:

①计算分项工程的单位工程量直接费 a

a 的计算公式如下:

$$a = a_1 + a_2 + a_3$$

式中,a_1 为单位工程量劳务费,a_2 为单位工程量的材料费,a_3 为单位工程量施工机械使用费。

各种材料、劳务、施工机械的单位工程量计价,均由基价乘以定额消耗量之积算出。材料费应根据市场行情预测考虑物价上涨系数,人工费可事先在工人工资计算中考虑工资上涨系数。

本分项工程直接费 A = 本分项工程的单位工程量直接费 a × 本分项工程量 Q

求整个工程项目的直接费,整个工程项目的直接费等于所有分项工程直接费之和,以 $\sum A$ 表示。

②整个工程项目总间接费 $\sum B$

$\sum B$ 应包含一个工程项目所有间接费,即将上一节中所列举的各项间接费分别计算,然后求出总和。

③计算分摊系数 β 和本分项工程分摊费 B

分摊系数等于整个工程项目的待摊费用之和除以所有分项的直接费之和。

$$\beta = \frac{\sum B}{\sum A} \times 100\%$$

式中,本分项工程分摊费 B = 本分项工程直接费用 A × 分摊系数 β。

本分项工程的单位工程量分摊费 b = 本分项工程的单位工程量直接费 a × 分摊系数 β

④计算本分项工程的单价 U 和合价 S

本分项工程单价 $U = a \times (1 + \beta)$ 即:

U = 本分项工程的单位工程量直接费 a + 本分项工程的单位工程量分摊费 b

  = 本分项工程的单位工程量直接费 $a \times (1 + $ 分摊系数 $\beta)$

本分项工程合价:

S = 本分项工程单价 U × 本分项工程量 Q

  = 本分项工程直接费 A + 本分项工程分摊费 B

(5) 标价汇总

将工程量清单中所有分项工程的合价汇总,即可算出工程的计算标价。其计算公式如下:

总标价 = $\sum$ 分项工程合价 + 备用金额

关于单价分析还应特别加以说明:有的招标文件要求投标人对部分项目要递交单价分析表,而一般招标文件不要求递交单价分析表。但是对于投标人自己来说,除了非常有经验和有把握的分项之外,都应进行单价分析,使投标报价建立在有充分依据、计算较为准确的基础上。

5. 投标的技巧

国际工程承包市场是一个竞争日趋激烈的市场,一方面许多有经验的、发达国家的大公司,他们既有自己传统的市场,又有开拓和占领新市场的能力;另一方面有大批发展中国家的公司进入这个市场。在这种激烈竞争的形势下,除了组织一个强有力的投标团队,加强市场调研,做好各项准备工作之外,对于如何进行投标、投标中应注意哪些事项、投标的技巧和辅助中标手段等问题都应该进行认真分析和研究。

1) 工程项目投标中应该注意的事项

(1) 企业的基本条件

从投标企业本身条件、能力、近期和长远的目标出发来决定是否参与投标的决策非常重要。一个企业的领导,要具有战略眼光,投标过程中既要看到近期利益,更要看到长远目标,承揽当前工程要为以后的市场开拓创造机会和条件。企业也可先进行分包或联合承包,为今后打入某一市场创造条件。

对企业自身而言,要注意扬长避短才能提高利润,创造效益。要考虑企业本身完成任务的能力,要对风险和问题有充分的估计。盈利是投标的目的。在绝大多数情况下,不能投"亏本标",即不能在投标计算时为打入市场而不考虑成本,因为一个公司如果拿到较多的"亏本标"项目,意味着企业将承受巨大的,甚至可能导致企业破产的风险。

(2) 业主的条件和心理分析

首先要了解业主的资金来源是本国自筹,外国或国际组织贷款,还是兼而有之,或是要求投标人垫资。因为资金来源涉及支付条件——现金支付(其中外币与本地币比例)、延期付款还是实物支付等。对于业主资金来源可靠、支付条件好的项目可投低标。

还要进行业主心理分析,了解业主的主要着眼点:业主资金紧缺者一般考虑最低投标价中标;业主资金富裕者则多半要求技术先进,如机电产品要求名牌厂家,虽然投标价高一些也不在乎;工程急需者,则投标时可以投标价稍高,但要在工期上尽量提前。总之要对业主情况进行全面细致的调查分析。

(3)质询问题时的策略

①在投标有效期内,投标人找业主澄清问题时要注意质询的策略和技巧,要十分注意礼貌,不要让业主为难,也不要让对手摸底。

②对于招标文件中对投标人有利之处,不要轻易提请澄清。

③不要让竞争对手从己方提出的问题中窥探出我方的各种设想和项目实施方案。

④对合同重要条款含糊不清、工程范围不清楚、招标文件和图纸相互矛盾、技术规范中明显不合理等,均可要求业主澄清解释,但不要提出修改合同条件或修改技术标准的要求,以防引起业主方的不满和误会。

⑤请业主或咨询工程师对答复的问题发出书面文件,并宣布这些文件与招标文件具有同样效力。或是由投标人整理一份谈话记录送交业主,由业主确认签字盖章后送回。

⑥不应以口头答复为依据来修改投标报价。

(4)采用宏观审核投标报价指标的方法进行分析判断

投标价编好后,是否合理,有无可能中标,要根据本公司的经验,或聘请专家。如果发现相差较远,则需重新全面检查,看是否有漏投或重投的部分,并及时纠正。

(5)编制工程进度表时的注意事项

投标文件的工程进度表,实质上是向业主明确竣工时间。在安排进度表时,要特别注意的是以下几点:

①工程准备工作。一般人员进场时间较易掌握,但对机械进场时间的安排要看具体情况,如果由邻近工地调入机械,则比较容易;如果由国外订购机械,则要充分估算机械进场时间可能产生的风险,签订合同时要留一些余地,因为机械不能按时进场将会影响开工和施工进度。

②要有一个合理的作业顺序。如对水利工程要特别注意施工导流和基础处理,要分考虑雨季和洪水对施工的影响。

③要估计到收尾工作的复杂性。工程进入尾期,场地窄、多工种交叉作业,有时不易机械化施工,机电设备的安装调试或房屋的装修需较多时间,所以在工期上要留有充分的余地。

④工期中应包括竣工验收时间。

⑤工期问题是一个敏感的问题,缩短工期有利于中标。但工期过短,不能按时完工,要向业主缴纳误期损害赔偿费。所以要认真研究,留有余地。如无特殊要求,一般按招标文件要求的竣工时间完工即可。

(6)对施工总承包项目要注意工程量表与工程量表前言中的说明

投标时,要弄清楚招标文件工程量表中的各个分项工程和工程量表前言中有关说明的含义,以避免在工程开始后每月结账时遇到麻烦。特别在国外承包工程时,更要注意工程量表中的外文含义,如有含糊不清处,应尽早找业主澄清。

(7)分包商的选择

总承包商选择分包商一般有两个原因:一是将一部分不是本公司业务专长的工程部位分包出去,或是利用外国或当地专业分包商的专长,以达到既能保证工程质量和工期,又能降低造价的目的;二是转移风险,即将某些风险比较大的、施工困难的工程部位分包出去,以减少自己可能承担的风险。

在投标过程中选择分包商有两种做法:

一是要求分包商就某一工程部位进行报价,双方就价格、实施要求等达成一致意见后,签订一个意同性协议书。总承包商承诺在中标后不找其他分包商承担这部分工程,分包商承诺如投标有效期不延长时不再抬价等。有时总承包商还要求分包商向总承包商提交一份投标保函,而分包商则要求总承包商在投标文件中向业主写明该分包商的名称,并许诺在与业主就该分包部位讨论价格变动时,应征得分包商的同意,这种方式对双方均有约束性,也符合"双赢"的理念;

二是总承包商找几个分包商询价后,投标时自己确定这部分工程的价格,中标后再确定由哪一家公司分包,签订分包协议。这样双方均不受约束,但也都承担着风险,如分包商很少时,或投标有效期延长时,总承包商可能要遇到分包商提高报价的风险;反之,如分包商很多,分包商可能面临总承包商进一步压低价格的风险。所以一般对于大型的、技术复杂的工程,总承包商都愿意事先确定分包商。

2) 标价的分析和决策

由算标人员拟算出初步标价之后,应当对这个标价进行多方面的分析和评估,其目的是探讨标价的经济合理性,从而做出最终报价决策。标价分析评估应从以下几个方面进行:

(1) 标价的对比分析

标价的对比分析是依据长期的工程实践中积累的大量的经验数据,用类比的方法,从宏观上判断初步计算标价的合理性,可采用下列宏观指标和评审方法。以下以一般房屋建筑工程为例介绍汇总数据的统计内容。

①先统计计算书中的汇总数据,并计算其比例指标。

统计建筑总面积与各单项建筑物面积。

统计材料费总价及各主要材料数量和分类总价;计算单位面积的总材料费用指标、主要材料消耗指标和费用指标;计算材料费占标价的比重。

统计总劳务费及主要生产工人、辅助工人和管理人员的数量;算出单位建筑面积工数和劳务费;算出按规定工期完成工程时,生产工人和全员的平均人月产值和人年产值;计算劳务费占总标价的比重。

统计临时工程费用、机械设备使用费及模板脚手架和工具等费用,计算它们占的比重。

统计各类管理费用,计算它们占总标价的比重;特别是计划利润、贷款利息的总数和所占比例。

②通过对上述各类指标及其比例关系的分析,从宏观上分析标价结构的合理性。例如,分析总直接费和总的管理费的比例关系,劳务费和材料费的比例关系,临时设施和机具设备费与总的直接费用的比例关系,利润、流动资金及其利息与总标价的比例关系等。承包过类似工程的有经验的承包商不难从这些比例关系判断标价的构成是否基本合理。如果发现有不合理的部分,应当初步探讨其原因。首先研究本工程与其他类似工程是否存在某些不可比因素,如果考虑了不可比因素的影响后,仍存在不合理的情况,就应当深入探讨其原因,并考虑调整某些基价、定额或分摊系数。

③探讨上述平均人月产值和人年产值的合理性和实现的可能性。如果从本公司的实践经验角度判断这些指标过高或过低,就应当考虑所采用定额的合理性。

④参照同类工程的经验,扣除不可比因素后,分析单位工程价格及用工、用料量的合理性。

⑤从上述宏观分析得出初步印象后,对明显不合理的标价构成部分进行微观方面的分析检查。重点是在提高工效、改变施工方案、降低材料设备价格和节约管理费用等方面提出可行措施,并修正初步计算标价;

(2)标价的动态分析

标价的动态分析是假定某些因素发生变化,测算标价的变化幅度,特别是这些变化对计划利润的影响。

①工期延误的影响

由于承包商自身的原因,如材料设备交货拖延、管理不善造成工程延误、质量问题造成返工等,承包商可能会增加管理费、劳务费、机械使用费以及占用的资金及利息,这些费用的增加不可能通过索赔得到补偿,而且还会导致误期罚款。一般情况下,可以测算工期延长某一段时间,上述各种费用增大的数额及其占总标价的比率。这种增加的开支部分只能用风险费和计划利润来弥补。因此,可以通过多次测算得知工期拖延多久导致利润将全部丧失。

②物价和工资上涨的影响

通过调整标价计算中材料设备和工资上涨系数,测算其对工程计划利润的影响。同时切实调查工程物资和工资的升降趋势和幅度,以便做出恰当判断。通过这一分析,可以得知投标计划利润对物价和工资上涨因素的承受能力。

③其他可变因素的影响

影响标价的可变因素很多,有些是投标人无法控制的,如贷款利率的变化、政策法规的变化等。通过分析这些可变因素,可以了解投标项目计划利润的受影响程度。

(3)标价的盈亏分析

初步计算标价经过宏观审核与进一步分析检查,可能对某些分项的单价作必要的调整,然后形成基础标价,再经盈亏分析,提出可能的低标价和高标价,供投标报标决策时选择。盈亏分析包括盈余分析和亏损分析两个方面。

盈余分析是从标价组成的各个方面挖掘潜力、节约开支,计算出基础标价可能降低的数额,即所谓"挖潜盈余",进而算出低标价。盈余分析主要从下列几个方面进行:

①定额和效率,即工料、机械台班消耗定额以及人工、机械效率分析;

②价格分析,即对劳务、材料设备、施工机械台班(时)价格三方面进行分析;

③费用分析,即对管理费、临时设施费等方面逐项分析;

④其他方面,如流动资金与贷款利息、保险费、维修费等方面逐项复核,找出有潜可挖处。

考虑到挖潜不可能百分之百实现,尚需乘以一个修正系数(一般取 0.5~0.7),据此求出可能的低标价,公式如下:

$$低标价 = 基础标价 - (挖潜盈余 \times 修正系数)$$

亏损分析是分析在算标时由于对未来施工过程中可能出现的不利因素考虑不周和估计不足,可能产生的费用增加和损失。主要从以下几个方面分析:

①人工、材料、机械设备价格;
②自然条件;
③管理不善造成质量、工作效率等问题;
④建设单位、监理工程师方面问题;
⑤管理费失控。

以上分析估计出的亏损额,同样乘以修正系数(0.5~0.7),并据此求出可能的高标价,公式如下:

$$高标价 = 基础标价 + (估计亏损 \times 修正系数)$$

(4) 报价决策

报价决策是投标人招集算标人员和本公司有关领导或高级咨询人员共同研究,就上述几步计算标价结果、标价宏观审核、动态分析及盈亏分析进行讨论,做出有关投标报价的最后决定。

为了在竞争中取胜,决策者应当对报价计算的准确度、期望利润是否合适、报价风险及本公司的承受能力、当地的报价水平,以及对竞争对手优势的分析评估等进行综合考虑,这样才能决定最后的报价金额在报价决策中应注意以下几个问题。

作为决策的主要资料依据应当是本公司算标人员的计算书和分析指标。报价决策不干预算标人员的具体计算;是由决策人员同算标人员一起,对各种影响报价的因素进行析,并做出果断和正确的决策。

各公司算标人员获得的基础价格资料是相近的,因此从理论上分析,各投标人报价底价都应当相差不远。之所以出现差异,主要是由于以下原因:各公司期望盈余(计划利润与风险费)不同;各自拥有不同的优势;选择的施工方案不同;管理费用有差别等。鉴于以上情况,在进行标价决策分析时,应当正确分析本公司和竞争对手情况,并进行实事求是的对比评估。

报价决策也应考虑招标项目的特点,一般对于下列情况报价可高些:施工条件差、工程量小的工程;专业水平要求高的技术密集型工程,而本公司在这方面有专长、声望高;支付条件不理想的工程等。如果与上述情况相反且投标对手众多的工程,报价应低一些。

第三节 国际工程材料与设备采购

一、国际工程材料与设备采购概述

1. 国际工程设备材料采购的含义

从有关国家和国际组织的法律、法规、条约和协议等的规定看,将国际工程项目采购的标的分为工程、货物(物资)和服务,已成为一种通常做法。一般来说,货物对于建设工程而言是指工程建设所需要的设备和材料,其中工程设备包括将要安装在工程上的机械、仪表和其他类似设备等。

国际工程设备材料采购一般是指国际工程项目业主一方(买方)通过招标、询价等形式选择合格的供货商(卖方),购买国际工程项目建设所需要的设备和材料的过程。设备材料采购不仅包括单纯的采购工程设备、材料等货物,还包括按照工程项目的要求进行设备、材料的综合采购(包括购买、运输、安装、调试等)以及交钥匙工程(即工程设计、土建施工、设备采购、安装调试等实施阶段全过程的工作)。总之,国际工程项目中的设备材料采购是一项复杂的系统工程,它不但应遵守一定的采购程序,还要求采购人员或机构了解和掌握市场价格情况和供求关系、贸易支付方式、保险、运输等贸易惯例与商务知识,以及与采购有关的法律、法规与规定等。

2. 国际工程设备材料采购的重要性

国际工程设备材料采购在国际工程项目实施中具有举足轻重的地位,是国际工程项目建设成败的关键因素之一。从某种意义上讲,设备材料采购工作是工程项目的物质基础,其重要性可概括为以下几个方面:

(1)能否经济有效地进行采购,直接关系到能否降低项目成本,也关系到项目建成后的经济效益。这是因为在一个项目中,设备、材料等费用通常占整个项目费用的主要部分。健全的设备材料采购工作,要求在采购前对市场情况进行认真调查分析,制定切合实际的预算并留有一定余地,方可有效避免费用超支。同时避免留下隐患,因为低质的材料设备必然给项目建成后的运行和维护带来沉重的经济负担。

(2)整个项目的计划和规划必须体现工程物资供应的内容。周密、严谨的采购计划不但可以保证供货商按时交货,而且为工程项目其他部分的顺利实施提供了有力保障。反之,可能由于关键路径上某一项物资供应的延迟而导致整个工程项目的延误。

(3)设备材料采购工作的优劣直接影响到工程建设的质量。如果采购到的设备、材料不符合项目设计或规范要求,必然降低项目的质量,甚至导致整个项目的失败。

(4)良好的采购工作可以有效避免在设备材料制造、运输、移交、检验等过程中各种纠纷的发生,也可为业主和供货商树立良好的信誉和形象。

(5)由于国际工程项目的设备材料采购往往涉及巨额资金和复杂的横向关系,如果没有一套严密而周全的程序和制度,可能会出现浪费,甚至贪污、受贿等腐败现象,而严格周密的采购程序与管理可以从制度上最大限度地抑制此类不良现象的发生。

3. 国际工程设备材料采购的方式

设备材料采购的方式应依据标的物的性质、特点及供货商的供货能力等方面来选择,一般采用下列三种方式:

(1)招标采购

采用公开招标或邀请招标方式选择供货商一般适用于购买大宗建筑材料或订购大型设备,且标的金额较大、市场竞争激烈的情况。

(2)询价采购

询价采购是向几个国外或国内的供货商(通常至少3家)就采购设备材料的标的物进行询价,将他们的报价加以比较后,选择其中一家签订供货合同。询价单上应注明设备材料的说明、数量以及要求的交货时间、地点及交货方式等。报价可以采用电传或传真的形式进行。这种方式类似于议标,其优点是无须经过复杂的招标程序,大大节省了选择供货商的时间。但由于报价的竞争性差,不便于公众监督,容易导致非法交易,一般仅适用于采购价值较小的建筑材料、设备和标准规格产品。

（3）直接订购

直接订购方式由于不进行产品的质量和价格比较,属于非竞争性采购方式。一般适用于如下几种情况：

①为保证设备或零配件标准化,以便和现有设备相配套,向原供货商增加供货品种或数量；

②所需设备或材料具有专卖性,只能从某一家供货商获得；

③负责工艺设计的单位要求从指定供货商处采购关键性部件,并以此作为保证工程质量的条件；

④在特殊情况下(如应对自然灾害),急需采购某些材料、小型工具或设备。

4. 国际工程设备材料招标

1）招标方式

（1）公开招标

公开招标也称竞争性招标,即由招标人在公共媒体上刊登招标广告,吸引众多供货商参加投标,招标人从中择优选择中标人的招标方式。它极大地提高了竞争的公平性和透明度,并有利于降低报价,因此成为国际上最为提倡的工程设备材料采购形式。但下列情况的设备材料采购可不进行公开招标：

①只有个别专门公司才能生产的高度专业化设备；

②如公开招标将会危害买方国国家机密和安全；

③采购数量低于要求公开招标的下限额(若有规定)；

④由未预料到的事件(诸如大规模人为灾害或自然灾害)所造成的极端紧急情况；

⑤在反复尝试公开招标之后仍未收到回应时；

⑥其他适于用公开招标以外的方式采购的情况；

⑦即使在非公开招标的情况下,设备材料采购仍然应尽量争取实现资金的充分利用和有效竞争。

（2）邀请招标

邀请招标也称有限竞争性招标,即由招标人选择一定数目的供货商并向他们发出投标邀请函邀请其参加投标的方式。邀请招标选择的供货商以 5~10 家为宜,但不应少于 3 家。这种方式不利于充分竞争,但在下述情况下可以使用这种方式招标：

①低于公开招标限额的设备材料采购(若有规定)；

②仅有某些投标人具有投标资格；

③涉及少数专业化公司所制造的高度专门化设备；

④不适宜公开招标的项目经有关部门批准,可以进行邀请招标。

2）招标投标须遵循的原则

招标投标活动应当遵循公开、公平、公正和诚实信用的原则。

①公开是指以刊登招标广告或发投标邀请函的方式使公众或事先选定的潜在投标人都能获得招标信息,这样一来所有感兴趣的投标人都可以了解招标的条件和要求以及开标和

公开宣布的结果,从而使每一个参加投标的投标人都将得到同样的信息。

②公平是指招标人将给所有的供货投标人以平等的待遇,以使他们享受平等的权利并要求他们履行同样的义务。招标人不应以不合理的条件限制或排斥潜在投标人,不得对潜在投标人实行歧视待遇。

③公正是指在评标时将招标文件中规定的标准公平地施用于所有的供货投标人,客观考虑所有相关因素,准确地评价每一份投标文件,选择最佳的投标人并授予合同。

④诚实信用是指招标人和供货投标人之间应相互信任,以法律为基础参与招投标活动,并在中标后严格履行协议和合同条款。

3) 国际工程设备材料采购招标分标

国际工程设备材料采购招标分标的宗旨是有利于吸引更多的投标人参加投标,以发挥各个供货商的专长,降低设备材料价格,保证供货时间和质量,从而保证工程项目的进度和质量,同时要考虑到便于招标工作的管理。

国际工程设备材料采购招标分标和工程施工招标分标不同,一般是将一个工程有关的设备、材料等分为若干个标,即将国际工程设备材料采购招标内容按工程性质或设备材料性质划分为若干部分,并编制若干个独立的招标文件。

设备材料采购分标时考虑的主要因素如下:

(1) 招标项目的规模

根据工程项目中各设备、材料之间的关系,预算金额的大小等来分标。每一个标如果分的太大,则只有技术力量强大的供货商才能投标或由他来组织投标,一般中小供货商则无力问津,因此投标人数量会减少,从而可能引起投标报价增加。反之,如果标分的比较小,虽然可以吸引众多的中小供货商,但如分的太小则很难引起大供货商的兴趣,同时招标评标工作量要加大。因而分标要大小恰当,以吸引更多优质的供货商,有利于降低价格,便于买方挑选。

(2) 设备材料性质和质量要求

如果分标时考虑性质和种类相同或类似的设备材料由同一制造厂商供货,或按行业划分(例如大型起重机械可划分为一个标),则可减少招标工作量,吸引更多竞争者。有时考虑到某些技术国内完全可以达到,则可单列一个标的向国内招标,而将国内制造有困难的设备单列一个标的向国外招标。

(3) 工程进度与供货时间

如一个工程所需供货时间较长,而在项目实施过程中对各类设备、材料的需求时间不同,则应从资金、运输和仓储等条件综合考虑进行分标,以降低成本。

(4) 供货地点

如果一个工程地点分散,则所需设备材料的供货地点也势必分散,因而应考虑到国外供货商、当地供货商的供货能力、运输和仓储等条件来进行分标,以利于保证供应和降低成本。

(5) 市场供应情况

买方应考虑国际市场供应和价格波动情况并结合设备材料需求计划合理地分标,有时(如价格有上涨趋势时)应采用一次性大规模采购,有时(如价格有下降趋势时)则需要分期分批采购,以便节约开支,降低工程造价。

(6) 贷款来源

如果买方是由一个以上单位贷款(如国际、国内金融机构共同为一个项目贷款),各贷款单位对采购的限制条件有不同的要求,则应考虑各项采购要求进行合理分标,以满足采购工作的要求,便于更多的供货商参加投标。

二、国际工程设备材料招标程序

1. 招标流程图

招标是工程项目业主(买方或招标人)选择供货商(卖方或投标人)的过程,而投标则是投标人力争获得设备材料采购合同的竞争过程。为了规范国际工程市场的行为,招标人和投标人均须遵循国际上通行的有关法律、法规进行招标投标活动。如图4-4所示为招标流程图。

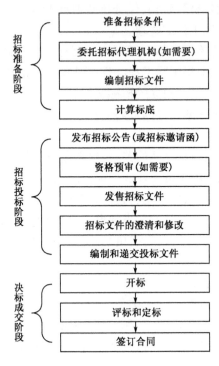

图4-4 国际工程设备材料招标流程图

2. 招标工作的主要内容

招标过程按照工作特点的不同,可粗略地划分为招标准备阶段、招标投标阶段和决标成交阶段依次进行的三个阶段。

1)招标准备阶段

(1)准备招标条件

国际工程设备材料采购是一项复杂的工作,要把采购工作做好,购货方首先应清楚地了解所需采购货物的种类、性能规格、质量、数量、要求及投入使用的时间,要了解国内外市场价格、供求情况、货物来源、外汇市场、支付方式以及国际贸易惯例等。因此,有必要建立一个完善的市场信息机制,并制定一个完整的货物采购清单和采购计划。

世界银行贷款项目的货物采购大部分或部分是在国外市场上获得。因此,要对国外相关货物的市场进行广泛的调查和分析,掌握拟采购货物的最新国内、国际行情,了解采购货物的来源、价格、货物和设备的性能参数及可靠性等,建立记录不同供货方所能供应货物的技术指标的货物来源档案;建立同一类货物的价格目录,并提出切实可行的采购清单和计划,为采购方式的选择和分标提供比较可靠的依据。

一般来说,货物采购计划应考虑以下几方面的因素:

①采购货物的种类、数量、具体的技术规范、性能要求。尽量根据需要选用国际通用的标准和规范。

②所采购货物预计投入使用时间,考虑贷款成本、集中采购与分批采购的利弊等因素。

③根据市场结构、供货能力以及竞争性质确定采购的批量安排以及如何分标,分几个标,每个标中包含哪些内容。分标的基本原则是尽量吸收更多的投标者参加投标,以发挥各供货商的专长,降低货物价格,保证供货时间和货物质量。

④采购工作的协调。协调管理多批、多项、不同性质、不同品目的采购是一项复杂的系统工程,需要建立强有力的管理机构。

(2)委托招标代理机构(如需要)

如果业主有能力自己招标的,可以自行招标,同时向买方国有关行政监督部门备案。项目建设单位缺乏专门的招标能力或由于其他原因不能自己招标的,可以委托有相应资质的招标代理机构进行招标。承担设备材料采购招标的单位应当具备下列条件:

①在买方国已经注册;

②有组织国际工程物资供应工作的经验;

③具有编制招标文件和组织评标的相应专业力量;

④具有对投标人进行资格审查的能力。

(3)编制招标文件

招标人或招标代理机构将根据对设备材料的需求编制招标文件。招标文件应包括拟采购设备材料的技术要求、对投标人资格审查的标准、投标报价的要求、评标标准和拟签订合同的主要条款等所有实质性要求和条件,是投标和评标的主要依据。按照工程项目复杂、难易程度,招标文件的内容、篇幅也有很大区别。例如,单项机电设备的招标文件比较简单,有的为几页至十几页文件,大型工程成套设备的招标文件则可能长达几百页。招标文件的内容应当做到完整、准确,所提招标条件应当公平、合理,符合有关规定。

(4)计算标底

招标人应编制或由招标代理机构编制并由招标人确认拟采购设备材料的标底价格,它是招标人筹集资金和评标人员评价投标报价的主要依据。准确、可行的标底价格应建立在充分的市场调研的基础上,根据所需设备材料品种、性能、适用条件,同时参考最近一段时期内相似的工程设备材料的市场供应价格来确定。标底必须严格保密。

2)招标投标阶段

(1)发布招标公告(或投标邀请函)

凡是采用国际竞争性招标方式进行招标的,招标人应在出售招标文件之前通过国际公开的报刊、信息网络或其他媒介发布招标公告,以保证所有有能力参加投标的供货商都能够获得平等的竞标机会。在邀请招标的情况下,招标人应直接向预先选中的若干家供货商发出投标邀请函。招标公告和投标邀请函的内容至少应包括:

①招标人和招标代理机构的名称和地址;
②工程项目名称和地址;
③资金来源;
④招标设备材料的名称、数量及范围等的简要描述;
⑤购买招标文件的时间和地点;
⑥购买招标文件的费用;
⑦投标文件递交的地点和截止日期。

(2) 资格预审(如需要)

当招标采购的设备为大型、技术复杂设备时,通常设置资格预审程序。如果没有进行资格预审,一般在招标文件中包含资格审查的内容,在评标时进行资格后审。资格预审的内容一般包括:

①营业执照(复印件);
②银行出具的资信证明;
③制造厂家的授权书(在拟提供设备不是由投标人自己生产时提供);
④生产许可证(复印件);
⑤产品鉴定证书(复印件);
⑥产品获得过的国际认证证书(复印件);
⑦制造厂家的情况调查表,包括工厂规模、资产负债表、生产能力(包括不是自己生产的主要零部件从何处获得)、产品在国外的销售情况、近3年的年营业额、易损件供应商的名称和地址等;
⑧投标人最近3年涉及的主要诉讼案件;
⑨资格预审需要提供的其他证明材料。

资格预审文件由招标人或招标代理机构负责编制。参与编制资格预审文件及评审投标人资格的机构不得参加投标。

参加资格预审的潜在投标人应在规定的时间内提交正确填写的资格预审文件并附上所要求的全部调查材料。要求投标人提供的文件和信息应该是确定资格预审合格条件所必需的文件和信息,而不应要求过多的文件和手续,以免为公平竞争增加不必要的阻碍。招标人应邀请所有通过资格预审的潜在投标人参加投标,而不应对通过资格预审的潜在投标人数目加以限制。资格预审结束后,招标人应尽快将资审评审结果通知所有参加资格预审的厂商。

(3) 发售招标文件

招标文件的出售和发送应尽量做到公平对待每一个投标人。在招标公告(投标邀请函)中规定标书出售和发送日期和地点,由招标人或招标代理机构将招标文件发售给带有委托书或证明书的投标人代表。这样,每个投标人从接到招标文件直至投标截止日止都有相同时间编制投标文件。

对招标文件的价格不宜定得过高,以免影响潜在投标人购买招标文件的积极性。收费的目的是为了确保有诚意的潜在投标人获得招标文件,并补偿复制费用和邮资,而不是为了收回编制招标文件的费用或作为创收的手段。

(4)招标文件的澄清和修改

任何购买了招标文件的潜在投标人都可以在规定时间内请求招标人就招标文件的内容进行澄清。对招标文件的澄清采用书面通知或会议的形式进行。澄清的问题均应形成书面文件,并作为招标文件的组成部分。如需要,招标人可在招标文件售出后对其进行补充和修改。对原招标文件的任何澄清或修改,均应在投标截止日期前至少15日送达所有招标文件的购买者,以留出足够的时间使其能采取适当的行动。为了让潜在的投标人在其投标文件中考虑这样的澄清或修改,招标人可在必要时适当延长投标截止日期。

(5)编制和递交投标文件

任何符合招标文件规定的资质要求的或经资格预审合格的潜在投标人均可参加单独投标或联合投标,但与招标人或招标代理机构有经济关系(财务隶属关系或股份关系)的单位及工程设计单位不能参加投标。同样,评标委员会的成员以及任何其他参与评标的人员不得以任何方式与任何投标人有任何经济关系。

投标人拟在中标后将采购项目的部分非主体、非关键性工作进行分包的,应在投标文件中载明。采取联合投标,联营体各成员单位的责任和义务应当以联合投标协议形式加以确定,并在投标文件中予以说明。对于同一专业的不同单位组成的联营体,招标人应按资质等级较低的单位确定其资质等级。

投标人应按照投标人须知并利用招标文件提供的格式编写并提交其投标文件。投标文件的基本内容包括:

①投标书;
②填好的投标价目表和要求的其他价格信息;
③偏差一览表(如果有要求);
④投标企业法人代表授权书;
⑤投标保证金;
⑥证明投标人资质和业绩的文件;
⑦制造商的授权书(在投标人不是设备的制造供货商的情况下,需要提供主要设备制造供货商的授权书);
⑧银行信誉证明;
⑨招标文件要求的与投标文件一起提交的其他文件。

投标保证金的主要目的是确保投标文件在招标文件规定时间内的有效性。投标保证金通常为投标报价的2%并由招标人可接受的一家银行以招标文件所示的格式出具,且通常在投标有效期期满之后28天内保持有效。未按要求提交投标保证金的投标文件将被拒标。投标人不应以他人名义投标或者以其他方式弄虚作假,骗取中标。

3)决标成交阶段

(1)开标

开标应按招标文件规定的时间和地点以公开的方式进行。开标会议由招标人或招标代理机构主持,邀请评标委员会、招标人、全体投标人和其他有关部门的代表出席,并可邀请公证部门对开标全过程进行公证。开标时,首先由投标人代表检查其投标文件的密封情况,也可由公证机构检查并公证。经确认密封完好后,由工作人员当众拆封,宣读投标人名称、投标报价以及其他投标文件的主要内容。唱标内容应作记录,存档备查。

在对复杂设备进行采购的两阶段招标中,开标分两步进行:第一步开标是介绍设备规格、性能和其他特性但不包含价格的技术标;第二步开标是包含投标报价的商务标。

(2) 评标和定标

① 评标委员会

评标工作由招标人组建的评标委员会负责。评标委员会应由招标人和招标代理机构的代表以及聘请的技术、经济和法律等方面的专家组成,成员人数应为5人以上的奇数,其中技术、经济等方面的专家不应少于成员总数的三分之二。与投标人有任何联系或对评标结果有任何直接或间接利益关系的人没有资格加入评标委员会。评标委员会应对评标情况严格保密。

② 投标文件的初审

初审是对所有投标文件进行符合性审查,审查的要点为:

a. 投标文件是否有计算上的错误;

b. 是否已提供要求的各项保证金;

c. 投标文件是否按规定签名、盖章;

d. 投标文件是否完整;

e. 是否提出了招标人无法接受或违背招标文件的保留条件。

经审查,投标文件在实质上与招标文件不符时,可作为废标处理。对于基本符合招标文件要求,但在某些方面存在含糊之处的投标文件,应作记录和标记。评标委员会可要求投标人对这些含糊不清的地方进行澄清。有关澄清的要求和答复均采用书面形式,且澄清不得超出投标文件的范围或对投标文件实质性内容作任何更改。这种澄清与答复将成为投标文件的一部分。初审结束后,评标委员会将对通过初审的投标文件作进一步详细评价。

③ 详细评标

详细评标包括技术评标和商务评标两方面内容。技术评标侧重于设备材料性能、质量、技术经济指标、可靠性、使用寿命和检修条件等方面的评价;商务评标主要从设备材料报价、供货范围、付款方式和付款条件,以及运输、保险、税收、技术服务和人员培训等费用计算方面进行评价。根据技术和商务评标的结果,由评标委员会对全部投标文件进行综合评价与比较,提出中标候选人顺序。应当注意,最佳投标不一定是报价最低的标,而是实质上响应招标文件规定、能最大限度地满足招标文件中的各项综合评价标准且报价又较低的投标。

④ 评标报告

评标完成后,评标委员会应准备评标报告,其内容包括:

a. 评标情况介绍,包括项目简况、招投标过程概述、投标人名册、开标记录和评标过程概述等;

b. 评标意见,包括对每份投标文件的符合性审查,有关技术、经济资料的分析和比较,评标结果和对中标单位的推荐意见等;

c. 作为分析依据的各种计算明细表等资料。

如为国际金融组织贷款项目,评标报告还要报请有关金融组织批准。

⑤定标

通常由招标人根据评标报告和推荐的中标候选人决定中标人。招标人也可授权评标委员会直接确定中标人。如为国际金融组织贷款项目,中标决定还要报有关金融组织征询意见。在确定中标人后,招标人应尽快向其发出"中标通知书",同时将中标结果通知所有未中标的投标人,中标通知书对招标人和中标人具有法律效力。中标通知书发出后,招标人改变中标结果的,或者中标人放弃中标项目的,应依法承担法律责任。接到中标通知书后,中标人应在规定时间内向招标人递交履约保证金,其金额一般为合同价的10%,并由招标人可接受的银行以银行保函的形式出具。

⑥拒绝全部投标和重新招标

招标文件中一般规定,在出现了下述情况之一时,招标人有权拒绝全部投标:

a. 所有投标文件均不符合招标文件要求;

b. 最低投标报价大大超过标底(一般20%以上),招标人无力接收投标;

c. 投标人数量过少(不超过三家),明显缺乏竞争力。

如果决定重新招标,在此之前应仔细分析本次招标失败的原因。问题往往会出在有缺陷的技术规范或过于苛刻的商务或其他条件上。在这种情况下,必须对招标文件作相应修改,以免同样情况再次出现。

(3) 签订合同

在接到中标通知书后,中标人应在规定时间和地点与招标人签订合同。合同应以招标文件和中标人的投标文件为准,不能有实质性背离。合同签订的时间不应迟于发出中标通知书后30日。如果中标人未能按规定签订合同并交纳履约保证金,招标人有权没收其投标保证金。而后,招标人将从投标文件依然有效的投标人中顺序考虑评标结果中的下一个作为中标人。

合同在双方代表签字且招标人收到了中标人的履约保证金后生效。之后,招标人应把投标保证金退还给中标人,同时向未中标人发出"未中标通知书"并退还其投标保证金。

中标人按照合同约定或经招标人同意,可以将中标项目的部分非主体、非关键性工作分包给他人完成。接受分包的人应当具备相应的资格条件,并不得再次分包。

三、国际工程设备材料评标方法

与国际工程施工评标不同的是,设备材料采购评标在通常情况下不仅要看投标报价的高低,还要综合考虑其他多种因素。例如,买方在设备材料运抵现场过程中可能要支付的运费和保险费,设备在评审预定的寿命期内可能需要投入的运行和维护费等。国际工程设备材料采购评标通常采用两类方法,即评标价比较法和评分法。

1. 评标价比较法

评标价比较法以国际工程设备材料采购的费用为基础,对所有投标文件进行评审和比较,按照标的物性质和特点的不同,又可分为最低报价法、综合评标价法和寿命期费用评标价比较法三种。

1) 最低报价法

采购简单商品、半成品、原材料以及其他技术规范简单的货物,由于它们的性能、质量相同或容易进行比较,评标仅以投标报价作为唯一尺度,即将合同授予报价最低的投标人。

价格计算分两种情况:若拟采购的货物由买方国国内生产,则投标报价应为工厂交货价、仓库交货价、展室交货价或货架交货价;若拟采购的货物从国外进口,则报价使用包括货款、保险费、运费的 CIF 价(适用于水上运输)或 CIP 价(适用于包括多式联运在内的各种运输方式)。无论采用哪种方式,报价都包括制造和装配货物所使用的材料、部件及货物本身已支付或将需要支付的关税、产品税、销售税和其他税款。

2) 综合评标价法

综合评标价法是综合考虑投标报价以外的各种评标因素,并将这些因素用货币表示,然后在投标报价的基础上增加或减掉这些费用得到综合评标价,评标价最低者中标。采购机组、车辆等大型设备时,多采用这种方法。综合评标价的计算有一定难度,主要依靠评标成员的经验和水平。除投标报价外,尚需要考虑以下因素:

(1) 国内运费和保险费

在一般情况下,对每份投标文件而言,设备材料从国内工厂(出厂价情况下)或目的港(CIF 价情况下)到达最终目的地的距离不同,运输条件各异,因而国内运费、保险费及其他有关费用也就不尽相同。这部分费用一般由买方承担,应在每份投标文件的评审中区别对待。将它们换算为评标价格时,可按照运输部门(铁路、公路、水运)、保险公司以及其他有关部门公布的取费标,计算设备材料运抵最终目的地将要发生的费用。

(2) 交货期

招标文件规定的交货期一般都有一个幅度,因提前交货而使买方获益者,除非另有规定,一般在招标文件中规定不给予评标优惠。投标文件提出的交货期超过招标文件规定的最迟日期时,其标书一般都被拒绝。交货期在允许的幅度以内的投标文件,应相互比较,并按一定标准将各标书不同交货期的差别及其给买方带来的不同效益影响作为评标因素之一,计入标价。例如,以所允许幅度范围内最早交货期为准,每迟交货一个月,按投标价的某一百分比(一般为 2%)计算折算价,将其加到投标报价上去。

(3) 支付条件

在一般国际工程设备材料采购中,招标文件都规定在签订合同、装船或交货、验收时分别支付货款的一部分,投标人在报价时应充分考虑规定的付款条件。如果投标文件对此有较大偏离且令买方无法接受,则可视为非响应性投标而予以拒绝。反之,如果投标文件对付款条件的偏离在可接受的范围内,应将因偏离而给买方增加的费用(资金利息等),按招标文件中规定的贴现率换算成评标时的净现值,作为评标价的一部分加到报价之上。

(4) 零配件和售后服务

零配件的评价以设备运行期一定时间内各类易损配件的获取途径和价格作为评标要素;售后服务的评价内容一般包括安装监督、设备调试、提供备件、负责维修、人员培训等工作,评价提供这些服务的可能性和价格。

评标时如何对待这两笔费用,要视招标文件的规定区别对待。若这些费用已要求投标人包括在投标报价之内,则评标时不再考虑这些因素;若要求投标人在投标报价之外单报这些费用,则应将其加到报价上。如果招标文件中没有做出上述任何一种规定,则评标时应按投标文件技术规范附件中由投标人填报的备件名称、数量计算可能需购置的总价格,以及由招标人自行安排的售后服务价格,然后将其加到投标报价内。

(5) 性能、质量及生产能力

投标设备应具有招标文件技术规范中规定的性能和生产效率。如所提供设备的性能、生产能力等某些技术指标没有达到技术规范要求的基准参数,则每种参数同基准参数相比每降低1%,或相差一个计量单位,应在投标报价上增加若干金额。为了减少制定技术标准和评标时的工作量,实际操作中往往只将若干主要性能参数作为评标时应考虑的因素。

将以上各项评审价格加到投标报价上去后,累计金额即为该投标文件的综合评标价。

3) 寿命期费用评标价法

这种方法是在综合评标价的基础上,在进一步加上一定运行年限内的费用作为评标价格。采购生产线、成套设备、车辆等运行期内各种后续费用(零配件、油料、燃料和维修等)较高的货物时,可采用寿命期费用评标价法。评标时应首先确定一个统一的设备评审寿命期,然后再根据各投标文件的实际情况,在投标报价上加上该寿命期内所发生的各项运行和维护费用,再减去寿命期末设备的残值。计算各项运行和维护费用及残值时,都应按招标文件中规定的贴现率折算成净现值。这些以贴现值计算的费用包括以下三方面。

① 估算寿命期内所需的燃料、油料、电力和热能等消耗费;

② 估算寿命期内所需零配件及维修费用。所需零配件及维修费用可按投标人在技术规范附件中提供的担保数字,或过去已用过、可作参考的类似设备实际消耗数据为基础,以运行时间来计算;

③ 估算寿命期末的残值。

以上在综合评标价法和寿命期费用评标价法中得出的评标价,仅在评标时作为投标比较、排名之用,以便选择中标人,而在签订合同时仍以原投标报价为准。

2. 评分法

评分法是将各评分因素按其重要性确定权重(所占百分比),再按此权重分别对各投标文件的报价和各种服务进行评分,累计得分最高者中标。

设备材料采购评价投标文件优劣的因素包括:

(1) 投标价格;

(2) 在买方将设备材料由买方国国内工厂或目的港运至最终目的地过程中发生的运费、保险费和其他费用;

(3) 投标文件中所报的交货期;

(4) 偏离招标文件规定的付款条件;

(5) 备件价格;

(6) 技术服务和培训费;

(7) 设备的性能、质量、生产能力;

(8) 买方国国内提供所报设备备件及售后服务情况。

评分因素确定后,应依据采购标的物的性质、特点以及各因素对买方总投资的影响程度具体划分权重和评分标准,应分清主次,不能一概而论。最后,由评标人对各因素进行评分,累计得分最高的投标人即为中标人。下表是世界银行贷款采购项目通常采用的权重分配比例,以供参考。

设备材料投标报价	60~70 分
标准备件价格	0~20 分
技术性能、维修及运行费	0~20 分
服务和备件的提供	0~20 分
设计标准化等	0~20 分
总计	100 分

评分法的优点是简便易行,评标考虑因素更为全面,可以将难以用金额表示的各项要素量化后进行比较,从中选出最好的投标文件。缺点是各评标人独立给分,受评标人主观随意性的影响可能比较大。为了保证评标的准确性,要求评标人具有较高的专业水平和广博的知识面。另外,加工订购设备材料招标时,投标人提供的设备材料型号、规格各异,难以合理确定不同技术性能的有关权重和每一性能应得的分数,有时甚至会忽视某一投标人设备材料的一些重要指标。若采用评分法评标,评分因素和各因素的权重分配均应在招标文件中加以说明。

第五章 国际工程实施阶段管理

学习目的与要求

本章首先对 FIDIC 进行了简单的介绍，然后较为详细地介绍了 FIDIC 中有关国际工程进度管理、费用管理、质量管理和沟通管理等内容。通过本章的学习，应了解 FIDIC 的重要合同条件，掌握 FIDIC 合同的重要条款，了解国际工程实施阶段管理的各个部分，能运用条款分析简单的国际工程案例。

第一节 FIDIC 概述

一、FIDIC 简介

FIDIC(Fédération Internationale Des Ingénieurs Conseils)是国际咨询工程师联合会(International Federation of Consulting Engineers)的法文名称的缩写，是指各国咨询工程师联合会这一独立的国际组织。FIDIC 创建于 1913 年，最初是由欧洲几个国家的独立咨询工程师协会创建的，其目标是共同促进成员协会的专业影响，并向各成员协会传播他们感兴趣的信息。第二次世界大战后，成员数目迅速增加，现在已成为拥有遍布全球 67 个国家和地区的成员协会，是世界上最具权威性的国际咨询工程师组织。

二、FIDIC 系列合同条件

1. FIDIC 系列合同条件的组成

FIDIC 于 1999 年出版的四种新版的合同条件，在继承了以往合同条件的优点的基础上，在内容、结构和措辞等方面作了较大修改，进行了重大调整。称为第一版可为今后改进留有余地。2002 年，中国工程咨询协会经 FIDIC 授权将新版合同条件译成中文本。

(1)《施工合同条件》

《施工合同条件》(Conditions of Contract for Construction)，简称"新红皮书"。该文件推荐用于有雇主或其代表——工程师设计的建筑或工程项目，主要用于单价合同。在这种合同形式下，通常由工程师负责监理，由承包商按照雇主提供的设计施工，但也可以包含由承包商设计的土木、机械、电气和构筑物的某些部分。

(2)《生产设备和设计——施工合同条件》

《生产设备和设计——施工合同条件》(Conditions of Contract for Plant and Design - Build)，简称"新黄皮书"。该文件推荐用于电气和(或)机械设备供货和建筑或工程的设计与施工，通常采用总价合同。由承包商按照雇主的要求，设计和提供生产设备和(或)其他工程，可以包括土木、机械、电气和建筑物的任何组合，进行工程总承包。但也可以对部分工程采用单价合同。

(3)《设计采购施工(EPC)/交钥匙工程合同条件》

《设计采购施工(EPC)/交钥匙工程合同条件》(Conditions of Contract for EPC/Turnkey Projects)，简称"银皮书"。该文件可适用于以交钥匙方式提供工厂或类似设施的加工或动力设备、基础设施项目或其他类型的开发项目，采用总价合同。这种合同条件下，项目的最终价格和要求的工期具有更大程度的确定性；由承包商承担项目实施的全部责任，雇主很少介入。即由承包商进行所有的设计、采购和施工，最后提供一个设施配备完整、可以投产运行的项目。

(4)《简明合同格式》

《简明合同格式》(Short Form of Contract)，简称"绿皮书"。该文件适用于投资金额较小的建筑或工程项目。根据工程的类型和具体情况，这种合同格式也可用于投资金额较大的工程，特别是较简单的、重复性的或工期短的工程。在此合同格式下，一般都由承包商按照雇主或其代表——工程师提供的设计实施工程，但对于部分或完全由承包商设计的土木、机械、电气和(或)构筑物的工程，此合同也同样适用。

另外，FIDIC还陆陆续续地发布了一系列适应于不同类别工程的合同条件，每种合同条件都以某种颜色作为简称，因此，FIDIC把所有合同条件统称为"彩虹套装"(the Rainbow Suite)。其他合同条件还包括：

(1)"白皮书"(the White Book)，即《业主/咨询工程师合同条件》目前已出版第四版，适用于项目前期、调研、设计和工程监督等咨询工程师的服务内容。

(2)"蓝皮书"(the Blue Book)，特别针对挖泥及填海工程(dredging and reclamation projects)，也可称为"乌龟合同条件"，特点是简单、篇幅短，仅有16页，使用灵活。

(3)"粉皮书"(the Pink Book)，是根据某些银行和金融机构(如世界银行)的要求修改的粉皮书，与"粉皮书"相比，强调了银行的作用(如审批)和角色。

(4)"金皮书"(the Gold Book)，适用于公私合营(如PPP、BOT等方式)的项目，由于这种项目的合同期包括了项目运营期，一般长达数十年，因此在双方的权利义务分配、风险分担和争议解决方面有其自身的特点，需要专门的合同条件来予以规范。

2. FIDIC系列合同条件的特点

(1)国际性、广泛的适用性、权威性

FIDIC编制的合同条件是在总结国际工程合同管理各方面的经验教训的基础上制定的，是在总结各个国家和地区的业主、咨询工程师和承包商各方的经验的基础上编制出来的，并且不断地修改完善，是国际上最具权威性的合同文件，也是世界上国际招标的工程项目中使用最多的合同条件。我国有关部委编制的合同条件或协议书范本也都把FIDIC合同条件作为重要的参考文本。世界银行、亚洲开发银行、非洲开发银行等国际金融组织的贷款项目，也都采用FIDIC编制的合同条件。

（2）公正合理

合同条件的各项规定具体体现了业主和承包商的权利、义务和职责,以及工程师的职责和权限。由于FIDIC广泛听取了各方的意见和建议,因而其合同条件中的各项规定也体现了在业主和承包商之间风险合理分担的精神,并且在合同条件中倡导合同各方以坦诚合作的精神去完成工程。FIDIC合同条件较为公正地考虑了合同双方的利益,包括合理地分配工程责任,合理地分担工。

（3）程序严谨,易于操作

合同条件中对处理各种问题的程序都有严谨的规定,特别强调要及时处理和解决问题,以避免由于拖延而产生不良后果,另外还特别强调各种书面文件及证据的重要性,这些规定使各方均有章可循,易于操作和实施。

（4）强化了工程师的作用

FIDIC合同条件明确规定了工程师的权力和职责,赋予工程师在工程管理方面的充分权力,工程师是独立的、公正的第三方,工程师是受业主聘用,负责合同管理和工程监督。要求承包商应严格遵守和执行工程师的指令,简化了工程项目管理中一些不必要的环节,为工程项目的顺利实施创造了条件。

3. 合同条件对比

FIDIC合同条件是根据工程实践中的不同需求而分类设定的,各类合同在业主参与度、合同管理方式、质量管理、风险分担及支付方式等方面均有各自的特点,如表5-1所示。

FIDIC合同条件对比　　　　表5-1

合同种类	施工合同条件(红皮书)	设备和设计——建造合同条件(黄皮书)	EPC合同条件(银皮书)	简明合同条件(绿皮书)
业主的参与度	雇主方的管理工作较多,控制较细致	业主工作较少,但要严把检验关	总的趋势是雇主只进行总体控制	比较灵活
合同管理方式	工程师负责合同管理工作		雇主代表管理合同	
质量管理	施工期间的检验和竣工检验,可能有竣工后检验	非常注重竣工检验	施工期间的检验和竣工检验,可能有竣工后检验	施工期间的检验
风险分担	雇主承担政治、社会、经济、法律、外界风险和不可抗力的直接损失		承包商承担绝大部分风险	与红皮书类似
支付方式	单价合同	总价合同,可调	总价合同,调整很少	无规定

第二节　国际工程项目参与方的相关规定

一、业主的权利

（1）业主要求承包商按照合同规定的工期提交质量合格的工程。

（2）批准合同转让。未经业主同意,承包商不得将合同或合同的任何部分,或合同中、合同名下的任何权益进行转让。

(3) 指定分包商。业主有权对暂定金额中列出的任何工程的施工,或任何货物、材料、工程设备或服务的提供分项指定承担人。该分包商仍与承包商签订分包合同,应向承包商负责,承包商负责管理和协调。承包商如果有理由,可以不采用雇佣业主指定的分包商。对指定分包商的付款,仍由承包商按分包合同进行,然后,承包商提出已向该分包商付款的证明,由工程师批准在暂定金额中向承包商支付。如果指定分包商失误造成承包商损失,承包商可以向业主索赔。

(4) 在承包商无力或不愿意执行工程师指令时,有权雇佣他人完成任务。如果承包商未执行工程师的指令,未在规定时间内更换不符合合同规定的材料和工程设备、拆除不符合合同规定的任何工程并重新施工,业主有权雇佣他人完成上述指令,其全部费用由承包商支付。同时,无论在工程施工期间或在保修期间,如果发生工程事故、故障或其他事件,而承包商没有(无能力或不愿意)执行工程师指令立即执行修补工作,则业主有权雇佣其他人去完成该项工作并支付费用。如果上述问题由承包商责任引起,则应由承包商承担相应的费用。

(5) 除业主风险和特殊风险外,业主对承包商的设备、材料和临时工程的损失或损坏不承担责任。

(6) 在一定条件下,业主可以终止合同。

(7) 业主有权提请仲裁。

二、业主的义务

(1) 委派工程师管理工程施工。在工程实施中,业主通过工程师管理工程,下达指令,行使权力。通常,业主已赋予工程师在 FIDIC 合同中明确规定的,或者该合同必然隐含的权力。如果业主要限定工程师的权力,或要求工程师在行使某些权力之前需得到业主的批准,则可在 FIDIC 第二部分予以指明。但 FIDIC 合同是业主和承包商之间的合同,业主必须为工程师的行为承担责任。如果工程师在工程管理中失误,例如,未及时地履行职责,发出错误的指令、决定、处理意见等,造成工期拖延和承包商的费用损失的,业主必须承担赔偿责任。

(2) 编制双方实施的合同协议书。

(3) 承担拟订和签订合同的费用和多于合同规定的设计文件的费用。

(4) 批准承包商的履约担保、担保机构及保险条件。在承包商没有足够的保险证明文件的情况下,业主应代为保险(随后可从承包商处扣回该项费用)。

(5) 配合承包商做好协助工作。在承包商提交投标文件前,向承包商提供有关该工程的勘察所取得的水文地质资料。在向承包商授标后,业主应尽力帮助承包商获得人员出入境及设备和材料等工程所需物品进口的许可,协助承包商办理有关的海关结关手续,同时负责获得工程施工所需要的任何规划、区域划分或其他类似的各类批准。

(6) 按时提供施工现场。业主可以在施工开始前一次性移交全部施工现场,也允许随着施工进展的实际需要,在合理的时间内分阶段陆续移交。所谓合理的时间,由承包商按工程师批准的施工进度计划,以能开展该部分的准备工作为判定原则确定。如果业主未能依据合同约定履行义务,不仅要对承包商因此而受到的损失给予费用补偿和顺延合同工期,而且要接受承包商提出的新的合理开工时间。为了明确合同责任,应在专用条件内具体规定移交施工现场和通行道路的范围,陆续移交的时间,现场和通行道路所应达到的标准等详细条件。明确合同责任,应在专用条件内具体规定移交施工现场和通行道路的范围、陆续移交的时间、现场和通行道路所应达到的标准等详细条件。

(7)按合同约定时间及时提供施工图纸。虽然通用条件中规定"工程师应在合理的时间内向承包商提供施工图纸",但图纸大多由业主准备或委托设计单位完成,经工程师审核后发放给承包商。为了缩短大型工程建设周期,初步设计完成后就可以开始施工招标,施工图纸在施工阶段陆续发送给承包商。如果施工图纸不能在合理时间内提供,就会打乱承包商的施工计划,尤其是施工过程中出现了重大设计变更,在相当长时间内不能提供图纸会导致施工中断,因此,业主应妥善处理好提供图纸的组织工作。

(8)按时支付工程款。通用条件规定,业主收到工程师签发的中期支付工程进度款的临时支付证书后,应在28天内给承包商付款;收到最终支付证书后,应在56天内支付。如果业主拖欠工程款,会导致承包商用于施工的资金周转困难。当不能按时支付时,应从付款期满之日起按投标书附件中规定的利率计算延期付款的利息。

(9)移交工程的照管责任。业主根据工程师颁发的工程移交证书接收按合同规定已基本竣工的任何部分工程或全部工程,并从此承担这些工程的照管责任。

(10)承担风险。业主对因业主的风险因素造成的承包商的损失负有补偿义务,对其他不能合理预见到的风险导致承包商的实际投入成本增加给予相应补偿。

(11)对自己授权在现场的工作人员的安全负全部责任。

三、承包商的权利

(1)对已完工的工程有按时得到工程款的权利。

(2)有提出工期索赔和费用索赔的权利。对于非可归责于承包商的原因造成的工程费用增加或工期延长,承包商有提出工期索赔和费用索赔的权利。

(3)有终止受雇或者暂停工作的权利。在业主违约的情况下,承包商有权终止受雇或者暂停工作。

(4)有提请仲裁的权利。

四、承包商的义务

(1)遵纪守法。承包商的一切行为都必须遵守工程所在地的法律和法规,不应因自己的任何违反法规的行为而使业主承担责任或罚款。承包商的守法行为包括:按规定交纳除了专用条件中写明可以免交以外的所有税金;承担施工料场的使用费或赔偿费;交纳公共交通设施的使用费及损坏赔偿费;不得因自己的行为侵犯专利权;采取一切合理必要的措施,遵守环境保护法的相关规定等。

(2)承认合同的完备性和正确性。承包商经过现场考察后编制投标书,并与业主就合同文件的内容进行协商达成一致后签署合同协议书,因此,必须承认合同的完备性和正确性。也就是说,除了合同中另有规定的情况以外,合同价格已包括了完成承包任务的全部施工、竣工和修补任何缺陷工作的费用。为忠实地履行合同,以便业主在其严重违约而受到损害时能够得到某种形式的赔偿，承包商应在接到中标通知书后 28 天内，按合同条件的规定向业主提交履约保证书。履约保证书可以是银行出具的履约保函，也可以是业主同意接受的任何第三方企业法人的担保书。履约担保的有效期，直至工程师颁发"解除缺陷责任证书"之日止。业主应在该证书颁发后的 14 天内，将履约保证书退还承包商。通用条款强调，在任何情况下业主凭履约担保向保证单位提出索赔要求的，都应预先通知承包商，说明导致索赔的违约的性质，即给承包商一个补救违约行为的机会。

(3) 对工程图纸和设计文件应承担的责任。通用条件规定，设计文件和图纸由工程师单独保管，免费提供给承包商两套复制件。承包商必须将其中的一套保存在施工现场，随时供工程师和他授权的其他监理人员进行施工检查之用。未取得工程师同意，承包商不能将本工程的图纸、技术规范和其他文件用于其他工程或传播给第三方。对合同明文规定由承包商设计的部分永久性工程，承包商应将设计文件(图纸、规范等)按质、按量、按期完成，报经工程师批准后用于施工。工程师以任何形式对承包商设计图纸的批准，都不能解除承包商应负的设计责任。工程施工达到竣工条件时，只有当承包商将他负责设计的那部分永久工程竣工图及使用和维修手册提交，经工程师批准后，才能认为达到竣工要求。如果承包商负责的设计使用了他人的专利技术，则应与业主和工程师就设计资料的保密和专利权等问题达成协议。

(4) 提交进度计划和现金流量估算。承包商接到工程师的开工通知后应尽快开工。同时，承包商应按照合同及工程师的要求，在专用条件规定的时间内，向工程师提交一份施工进度计划，并取得工程师的同意，同时提交对其工程施工拟采用的安排和方法的总说明。在任何时候，如果工程师认为工程的实际进度不符合已同意的进度计划，只要工程师要求，承包商应提交一份经过修改的进度计划。此外，承包商应按进度向工程师提交其根据合同规定有权得到的全部将由业主支付的详细现金流量估算，如果工程师提出要求，承包商还应提交经过修正的现金流量估算。

(5) 任命项目经理。承包商应任命一名合格的授权代表，即项目经理，全面负责工程的施工。该代表须经工程师批准，代表承包商接受工程师的各项指示。如果该代表不能胜任、渎职等，工程师有权要求承包商将其撤回(并且以后不能再参与此项目)，而另外再派一名经工程师批准的代表。

(6) 放线。承包商根据工程师给定的原始基准点、基准线、参考标高等，对工程进行准确的放线。尽管工程师要检查承包商的放线工作，但承包商仍然要对放线的正确性负责。除非是由于工程师提供了错误的原始数据，否则，承包商应对放线错误导致的一切差错自费纠正(即使工程师进行过检查)。

(7) 对工程质量负责。承包商应该按照合同的各项规定，以应有的精力和努力对承包范围的工程进行设计和施工。合同中规定的由承包商提供的一切材料、工程设备和工艺都应符合合同规定。对不符合合同而被工程师拒收的材料和工程设备，承包商应立即纠正缺陷，并保证使它们符合合同规定。如果工程师要求，应对它们进行复检，其费用由承包商负责。承包商应执行工程师的指令，更换不符合合同的任何材料和工程设备，拆除不符合合同的工程，并适当地重新施工。缺陷责任期满之前，承包商负有施工、竣工以及修补任何所发现缺陷的全部责任。施工过程中，工程师对施工质量的认可、"工程移交证书"的颁发，都不能解除承包商对施工质量应承担的责任。只有工程完满地通过了试运行的考验,工程师颁发了"解除缺陷责任证书",施工质量才得到最终确认。

(8) 必须执行工程师发布的各项指令并为工程师的各种检验提供条件。工程师有权就涉及合同工程的任何事项发布有关指令,包括合同未予明确说明的内容。工程师发布的无论是书面指令或是口头指令,承包商都必须遵照执行。不过,对于口头指令,承包商应在发布后的7天内以书面形式要求予以确认。如果工程师在接到请求确认函后的7天内未做出书面答复,则可以认为这一口头指示是工程师的一项指令,承包商的请求确认函将作为变更工程的结算依据,成为合同文件的一个组成部分。若工程师的书面答复指出,口头指示的原因属于承包商应承担的责任,则他不可能获得额外支付。

对承包商提供的一切材料、工程设备和工艺,承包商必须为工程师指令的各种检查、测量和检验提供通常需要的协助、劳务、燃料和仪器等条件,并在将其用于工程前按工程师要求提交有关材料样品,以供检验。同时,承包商应为工程师及任何授权人进入现场和为工程制造、装配和准备材料或工程设备的车间和场所提供便利。

(9) 承担其责任范围内的相关费用。承包商负责工程所用的或与工程有关的任何承包商的设备、材料或工程设备侵犯专利或其他权利而引起的一切索赔和诉讼;承担工程用建筑材料和其他各种材料的一切吨位费、矿区使用费、租金以及其他费用。承包商负担取得进出现场所需专用或临时道路通行权的一切费用和开支,自费提供他所需的供工程施工使用的位于现场以外的附加设施。除合同另有规定外,承包商应负责他的所有职员和劳务人员的雇佣、报酬、住房、膳食、交通等,承包商对他的分包商、分包商的代理人、雇员和工人的违约、疏忽等行为负完全责任。

(10) 按期完成施工任务。承包商必须按照合同约定的工期完成施工任务,如果竣工时间迟于合同工期,将依据合同约定的日延期赔偿额乘以延误天数后承担违约赔偿责任。但当延误天数较多时,以合同约定的最高赔偿限额为赔偿业主延迟发挥工程效益的最高款额。提前竣工时,承包商是否得到奖励,要看合同对此是否有约定。因承包商的原因延误竣工日期,违约赔偿责任是合同的必备条款;提前竣工的奖励办法,则是双方协议决定是否订立的条款。

(11) 负责对材料、设备等的管理工作。从工程开始到颁发工程的移交证书为止,承包商对工程以及材料和待安装的工程设备的照管负完全责任。在此期间,如果发生任何损失或损坏,除属于业主的风险情况外,应由承包商承担责任。

(12) 对施工现场的安全、卫生负责。承包商应当高度重视施工安全,做到文明施工。不仅要使施工的现场井然有序,保障已完成的工程不受损害,还应自费采取一切合理的安全措施,保证施工人员和所有有权进入现场人员的生命安全,如按工程师或有关当局要求,自费提供并保持照明、防护、围栏、警告信号和警卫人员。同时,承包商应对工程和设备进行保险,应办理第三方保险、人员事故保险,并应在开工前提供保险证据。此外,在施工期间,承包商还应保持现场整洁。在颁发任何移交证书时,承包商应对该移交证书所涉及的那部分现场进行清理,达到工程师满意的使用状态。

(13) 为其他承包商提供方便。一个综合性大型工程,经常会有几个独立承包商同时在现场施工。为了保证工程项目整体计划的实现,通用条件规定每个承包商都应给其他承包商提供合理的方便条件。为了使各承包商在编制标书时就能够恰当地计划自己的工作,每个独立合同的招标文件中均应给出同时在现场进行施工活动的相关信息。通常的做法是,在某一合同的招标文件中规定为其他承包商提供必要施工方便的条件和服务责任,让他将这些费用考虑在报价之内。服务内容可能包括:提供住房、供水、排污、供电,使用工地的临时设施、脚手架、大型专用机械设备,通信和机械维修服务等。在其他合同的招标文件中,则分别说明现场可提供的服务内容以及接受这些服务时的计价标准,也令他们在投标报价中予以考虑。如果各招标文件均未对此做出规定,而施工过程中需要某一承包商为另一承包商提供服务时,工程师可向提供服务方发出书面指示,待他执行后批准一笔追加费用,计入该合同的承包价格。但两个承包商之间通过私下协商而提供的方便服务,则不属于该条款所约定的承包商应尽的义务。

(14) 及时通知工程师在工程现场发生的意外事件并做出响应。在工程现场挖掘出来的所有化石、硬币、有价值的物品或文物,属于业主的绝对财产,承包商应采取措施防止其工人或者其他任何人员移动或损坏这些物品,必须立即通知工程师,并按工程师的指示进行保护。由于执行此类指令造成承包商工期延长和费用增加的,承包商有权提出索赔要求。

五、指定分包商

指定的分包商,是指合同中指明作为指定分包商的一个分包商,或工程师依据变更和调整条款指示承包商将其作为一名分包商雇用的人员。承包商向工程师提交证明资料和理由之后,可以反对指定分包商,除非雇主同意保障承包商免于承担后果。承包商应按暂定金额的相关规定向指定分包商支付款额,否则雇主可以自行决定直接向指定分包商支付。

六、工程师的权力和职责

工程师是指受业主委托负责合同履约的协调管理和监督施工的独立的第三方。FIDIC编制的《土木工程施工合同条件》的一个突出特点,就是在众多的条款中赋予了不属于合同签约当事人的工程师在合同管理方面的充分权力。他可以行使合同内规定的权力,以及必然引申的权力。不仅承包商要严格遵守并执行工程师的指令,工程师的决定对业主也同样具有约束力。

1. 工程师的3个层次

通用条件中将施工阶段参与监理工作的人员分为工程师、工程师代表和助理3个层次。

(1) 工程师。工程师是业主所聘请的监理单位委派的,直接对业主负责的委员会或小组,行使合同授予的和必然引申的权力。虽然通用条件内工程师行使权力的范围很广,但业主决定某一项权力不授予工程师(如对分包商资质的审查权)的,也可以在专用条件的相应条款内修改通用条件中的规定,将该权力收回。另外,工程师对影响工期和投资的较大事项做出独立决定的权限范围,也应由业主明确授权。业主授予工程师的权限,可根据工程施工的实际进展情况,随时扩大或缩小,但每次均应同时通知承包商。

工程师应独立、公正地处理合同履行过程中的有关事宜,既要维护业主的利益,也应维护承包商的权益。工程师在做出可能影响业主或承包商的权利和义务的决定前,应仔细听取双方的意见,进行认真调查研究,然后根据合同条款和事实做出公正的决定。工程师应予以注意的是：在做出超过授权范围的决定前，必须首先征得业主的同意；除非业主另有授权，他无权改变合同或合同规定承包商应承担的任何义务。而且工程师的决定不具有最终的约束力，业主和承包商任何一方对工程师的决定不满意时，都有权提请仲裁解决。

（2）工程师代表。由少数级别较高、经验丰富的人员组成。工程师这一层成员通常不常驻工地，只是不定期到现场检查并处理重大问题。为了保证现场的监理工作不间断地进行，工程师委派工程师代表常驻工地，并授予他一定的权力负责现场施工的日常监督、管理和协调工作。工程师代表的任命和授权应书面告知业主和承包商。在授权范围内，工程师代表向承包商发布的任何指示，与工程师的指示具有同等效力。

授予工程师代表的权力，应以保证施工现场的监理工作不间断地顺利进行为限，包括在紧急情况下采取必要措施的权力。但不能将工程师的全部权力都委托给工程师代表，因为工程师承担着监理合同的最终法律责任，财务、工期和法律等重大问题必须由工程师亲自处理。这些问题大致包括：对设计图纸及变更图纸的批准；发布重要指令，如开工令、暂停施工令和复工令等，以及对工期、合同价格有较大变动的重大变更指令；签发重要证书，如工程移交证书、解除缺陷责任证书、竣工结算支付证书和最终决算支付证书等；处理重大索赔事件，处理承包商严重违约问题，处理业主违约或其他应由业主承担风险事件发生后、给承包商补偿或赔偿的有关事宜；调解业主与承包商之间的合同争议等。

工程师代表仅对工程师负责，而不直接对业主负责，从这个角度来看，工程师要对工程师代表的行为负责。因此，在通用条件中规定，如果因工程师代表的疏忽，未能指出工程材料或设备的质量不合格，不妨碍工程师对承包商发出要求改正的指示；当承包商对工程师代表发出的任何指示或决定有不同意见及疑问时，可以越过工程师代表直接请工程师给予确认、修改或变更其内容。

（3）助理。工程师和工程师代表可以任命任意数量的助理协助工程师代表工作。助理人员的职责和权力仅限于依据合同规定，确保材料、工程设备和施工质量达到要求的标准，无权发布质量管理以外的任何指示。工程师或工程师代表应将助理人员的姓名、职责和权力范围书面通知承包商。助理在授权范围内发布的指示，均被视为工程师代表发出的指示。

2. 工程师的权力

FIDIC 合同条件基于合同履行过程中以工程师为核心的管理模式，因此，合同条款内明示的工程师对合同管理的权限范围比较大，可以概括为以下几个方面：

（1）质量管理方面。主要表现在：对运抵施工现场的材料、设备质量的检查和检验；对承包商施工过程中的工艺操作进行监督；对已完成工程部位质量的确认或拒收；发布指令要求对不合格工程部位采取补救措施。

（2）进度管理方面。主要表现在：审查批准承包商的施工进度计划；指示承包商修改施工进度计划；发布开工令、暂停施工令、复工令和赶工令。

（3）支付管理方面。主要表现在：确定变更工程的估价；批准使用暂定金额和计日工；签发给承包商的各种付款证书。

（4）合同管理方面。主要表现在：解释合同文件中的矛盾和歧义；批准分包工程（除劳务分包、采购分包及合同中指定的分包商对工程的分包）；发布工程变更指令；签发"工程移交证书"和"解除缺陷责任证书"；审核承包商的索赔；行使合同赋予的权力。

3. 工程师的职责

工程师最根本的职责是认真地按照业主和承包商签订的合同工作,另一项职责是协调施工的相关事宜,包括合同方面的管理、工程质量及技术问题的处理、工程支付的管理等。同时,凡合同中要求工程师需应用自己的判断表明决定、意见或同意,表示满意或批准,确定价值或采取任何其他行动时,他都应公正行事,严格遵守合同规定,在充分考虑业主和承包商双方的观点后,基于事实做出决定。

第三节 国际工程项目进度管理

在FIDIC《施工合同条件》中,第8部分开工、延误和暂停、第15和16部分关于双方暂停和停止工程的内容与进度管理有关。以下对这些部分进行介绍。

一、开工、延误和暂停

1. 工程的开工和竣工时间

工程师应至少提前7天通知承包商开工日期。除非专用条件中另有说明,开工日期应在承包商接到中标函后的42天内。承包商应在开工日期后合理可行的情况下尽快开始实施工程,随后应迅速且毫不拖延地进行施工。

承包商应在工程或区段(如有时)的竣工时间内完成整个工程以及每一区段(视情况而定),完成合同中规定的所有移交之前应完成的工程和区段所必需的工作,并通过竣工检验。

2. 进度计划的提交与修改

在接到开工的通知后28天内承包商应向工程师提交详细的进度计划。当原进度计划与实际进度或承包商的义务不符时,承包商还应提交一份修改的进度计划。每份进度计划应包括的内容包括:

(1)承包商计划实施工程的次序,包括设计(如有时)、承包商的文件、采购、永久设备的制造、运达现场、施工、安装和检验的各个阶段的预期时间;

(2)每个指定分包商的工程的各个阶段;

(3)合同中规定的检查和检验的次序和时间;

(4)一份证明文件,内容为:

①对实施工程中承包商准备采用的方法和主要阶段的总体描述;

②各主要阶段现场所需的各等级的承包商的人员和各类承包商的设备的数量的合理估算的详细说明。

除非工程师在接到进度计划后21天内通知承包商该计划不符合合同规定,否则承包商应按照此进度计划履行义务,但不应影响到合同中规定的其他义务。雇主的人员应有权在计划他们的活动时依据该进度计划。

如果有可能发生对工程造成不利影响、使合同价格增加或延误工程施工的事件或情况,承包商应及时通知工程师并做具体说明。工程师可能要求承包商提交一份对将来事件或情况的预期影响的估计,和(或)按变更程序提交一份建议书。

如果在任何时候工程师通知承包商进度计划(规定范围内)不符合合同规定,或与实际进度及承包商说明的计划不一致,承包商应按本款规定向工程师提交一份修改的进度计划。

3. 竣工时间的延长的原因及处理方式

如果由于下述任何原因致使承包商的竣工在一定程度上遭到或将要遭到延误,承包商可提出承包商的索赔要求,延长竣工时间:

(1)一项变更(除非已根据变更程序商定对竣工时间做出调整)或其他合同中包括的任何一项工程数量上的实质性变化;

(2)导致承包商根据本合同条件的某条款有权获得延长工期的延误原因;其中包括公共当局造成的延误,具体来说,这种延误应该满足这几个条件:

①承包商已努力遵守了工程所在国有关合法公共当局制定的程序;
②这些公共当局延误或干扰了承包商的工作;
③此延误或干扰是无法预见的。

(3)异常不利的气候条件;

(4)由于传染病或其他政府行为导致人员或货物出现不可预见的短缺;

(5)由雇主、雇主人员或现场中雇主的其他承包商直接造成的或认为属于其责任的任何延误、干扰或阻碍。

如果承包商认为他有权获得竣工时间的延长,承包商应按承包商的索赔相关的规定,向工程师发出通知;确定每一次延长时间时,工程师应复查以前的决定并可增加(但不应减少)整个延期时间。

4. 进展和延误

如果实际进度过于缓慢以致无法按竣工时间完工,和(/或)进度已经(或将要)落后于前述进度计划中规定的现行进度计划,若承包商无法获得竣工时间的延长,工程师可以指示承包商提交一份修改的进度计划以及证明文件,详细说明承包商为加快施工并在竣工时间内完工拟采取的修正方法。

除非工程师另有通知,承包商应自担风险和自付费用采取这些修正方法,这些方法可能需要增加工作时间和(/或)增加承包商人员和(/或)货物。如果这些修正方法导致雇主产生了附加费用,则除误期损害赔偿费(如有时)外,承包商还应承担雇主的索赔,向雇主支付附加费用。

误期损害赔偿费是指投标函附录中注明的金额,即自相应的竣工时间起至接收证书注明的日期止的每日支付,但全部应付款额不应超过投标函附录中规定的误期损失的最高限额(如有时)。此误期损害赔偿费是由于承包商违约所应支付的唯一损失费。此损失费并不解除承包商完成工程的义务或合同规定的其他职责、义务或责任。另外,若工程竣工之前发生业主可以提出终止事件的情况,则承包商可能需要承担其他费用。

5. 工程暂停与复工

工程师可随时指示承包商暂停进行部分或全部工程,并通知停工原因。暂停期间,承包商应保护、保管以及保障该部分或全部工程免遭任何损蚀、损失或损害。如果工程暂停且

(在一定程度上)已通知了原因并认为是因为承包商的责任所导致,则承包商无法获得索赔。

如果承包商在遵守工程师所发出的暂停指令以及(/或)在复工时遭受了延误和(/或)导致了费用,则承包商应通知工程师并有权依据承包商的索赔的规定,要求:

(1)获得任何延长的工期,如果竣工已经或将被延误;

(2)支付任何有关费用,并将之加入合同价格。

在接到此通知后,工程师应对此事做出商定或决定。

如果以上后果是由承包商错误的设计、工艺或材料引起的,或由于承包商未能按工程暂停的规定采取保护、保管及保障措施引起的,则承包商无权获得为修复上述后果所需的延期和产生的费用。

在以下两种情况下,承包商有权获得未被运至现场的永久设备以及(/或)材料的支付,付款应为该永久设备以及/或材料在停工开始日期时的价值:

(1)有关永久设备的工作或永久设备以及(/或)材料的运送被暂停超过28天;

(2)承包商根据工程师的指示已将这些永久设备和(/或)材料标记为雇主的财产。

如果工程暂停已持续84天以上,承包商可要求工程师同意继续施工。若在接到上述请求后28天内工程师未给予许可,则承包商可以通知工程师将把暂停影响到的工程视为删减的工程。如果此类暂停影响到整个工程,承包商可根据承包商提出终止的相关条款发出通知,提出终止合同。

在接到继续工作的许可或指令后,承包商应和工程师一起检查受到暂停影响的工程以及永久设备和材料。承包商应修复在暂停期间发生在工程、永久设备或材料中的任何损蚀、缺陷或损失。

二、雇主提出终止

1. 通知改正

如果承包商未能根据合同履行任何义务,工程师可通知承包商,要求他在一规定的合理时间内改正此类过失。

2. 雇主提出终止

雇主选择终止合同不应影响他根据合同或其他规定享有的雇主的任何其他权利。如果承包商发生以下情况,雇主有权终止合同:

(1)未能遵守履约保证或通知改正;

(2)放弃工程或证明他不愿继续按照合同履行义务;

(3)无正当理由而未能按时开工、暂停或复工,或在接到通知后28天内,遵守拒收或补救工作的通知;

(4)未按要求经过许可便擅自将整个工程分包出去或转让合同;

(5)破产或无力偿还债务,或停业清理,或已由法院委派其破产案财产管理人或遗产管理人,或为其债权人的利益与债权人达成有关协议,或在财产管理人、财产委托人或财务管理人的监督下营业,或承包商所采取的任何行动或发生的任何事件(根据有关适用的法律)具有与前述行动或事件相似的效果;

(6)给予或提出给予(直接或间接)任何人以任何贿赂、礼品、小费、佣金或其他有价值的物品,作为引诱或报酬,使该人员采取或不采取与该合同有关的任何行动,或使该人员对与该合同有关的任何人员表示赞同或不赞同。

如果任何承包商的人员、代理商或分包商给予或提出给予(直接或间接)任何人以任何此类引诱或报酬。但是,给予承包商的人员的合法奖励和报酬不会导致合同终止。

如果发生上述事件或情况,则雇主可在向承包商发出通知14天后,终止本合同,并将承包商逐出现场。

承包商随后应离开现场,并将任何要求的货物,所有他自己编制的或他人为其编制的承包商的文件以及其他设计文件转交给工程师。此外,承包商还应尽其最大努力为任何分包合同的转让以及为保护生命或财产或工程的安全立即做出合理安排。

在此类终止之后,雇主可以安排由任何其他实体完成工程,或安排由任何其他实体和自己一起完成工程。雇主和此类实体可使用任何货物、承包商编制的或以其名义编制的承包商的文件以及其他设计文件。

雇主随后发出通知,说明承包商的设备和临时工程将在现场或现场附近退还给承包商。承包商应以自己的费用及自担风险安排上述设备和临时工程的撤离,不得拖延。此外,如果此时承包商还有应支付给雇主的款额未支付,为了获取这笔款额,雇主可以出售上述设备和临时工程。此类收益的所有余额应归还承包商。

在雇主认为适宜时,雇主有权向承包商发出终止通知,终止合同。此类终止应在下述日期较晚者之后28天内生效:收到该终止通知的日期,或雇主退还履约保证的日期。如果雇主只是为了自己实施工程或为了安排由其他承包商实施工程,他将无权根据本款终止合同。

在此类终止之后,承包商应通知业主及相关方,撤离承包商的设备,并应按照"可选择的终止、支付和返回"的要求从雇主处得到支付。

3. 终止日期时的估价和支付

在雇主发出的终止通知生效后,工程师应尽快商定或决定工程、货物和承包商的文件的价值,以及就其根据合同实施的工作承包商应得到的所有款项。并且,雇主可以:

(1)向承包商索赔雇主的权利;

(2)扣留向承包商支付的进一步款项,直至雇主确定了施工、竣工和修补任何工程缺陷的费用、误期损害赔偿费(如有时),以及雇主花费的所有其他费用;

(3)在考虑终止日期时的估价并支付承包商的任何金额后,自承包商处收回雇主由此导致的任何损失以及为完成工程所导致的超支费用。在收回此类损失和超支费用后,雇主应向承包商支付任何结存金额。

三、承包商提出暂停和终止

1. 承包商有权暂停工作

如果工程师未能开具支付证书,或者雇主未能提供资金安排或进行支付,则承包商可在提前21天以上通知雇主,暂停工作(或降低工作速度),除非并且直到承包商收到了支付证书、合理的证明或支付(视情况而定并且遵守通知的指示)。

此行为不应影响承包商得到延误支付的融资费和终止合同的权利。

如果在发出终止通知之前,承包商随即收到了此类支付证书、证明或支付(如相关条款和上述通知中所述),则承包商应尽快恢复正常工作。

如果承包商根据本款规定暂停工作或降低工作速度而造成拖期和(或)导致发生费用,则承包商应通知工程师,有权进行索赔:

(1)就任何此类延误获得延长的工期,如果竣工时间已经(或将要)被延误;

(2)获得任何此类费用加上合理的利润,并将之加入到合同价格。

在收到此类通知后,工程师应对上述事宜表示同意或做出决定。

2. 承包商有权提出终止

如果发生下述情况,承包商应有权终止合同:

(1)如果雇主未能提供资金安排或进行支付,承包商发出通知后42天内,承包商没有收到合理的资金证明;

(2)在收到报表和证明文件后56天内,工程师未能颁发相应的支付证书;

(3)在支付时间期满后42天内,承包商没有收到按开具的期中支付证书应向其支付的应付款额(根据"雇主的索赔"进行扣除的金额除外);

(4)雇主基本上没有执行合同规定的义务;

(5)雇主未能按照"合同协议书"或"转让"的规定执行;

(6)持续的暂时停工影响到整个工程;

(7)雇主破产或无力偿还债务,或停业清理,或已由法院委派其破产案财产管理人或遗产管理人,或为其债权人的利益与债权人达成有关协议,或在财产管理人,财产委托人或财务管理人的监督下营业,或承包商所采取的任何行动或发生的任何事件(根据有关适用的法律)具有与前述行动或事件相似的效果。

如果发生上述事件或情况,则承包商可在向雇主发出通知14天后,终止本合同。此外,如果发生第5或第6种情况,承包商可通知雇主立即终止合同。

承包商选择终止合同不应影响他根据合同或其他规定享有的承包商的任何其他权利。

3. 停止工作之后

在雇主或承包商发出的终止通知生效后,承包商应尽快:

(1)停止一切进一步的工作,但应负责工程师为保护生命或财产或为了工程的安全可能指示进行的此类工作;

(2)移交承包商已得到付款的承包商的文件、永久设备、材料及其他工作;

(3)撤离现场上所有其他的货物(为了安全所需的货物除外),而后离开现场。

在承包商发出的终止通知生效后,雇主应尽快:

(1)将履约保证退还承包商;

(2)向承包商进行最终支付;

(3)向承包商支付因终止合同承包商遭受的任何利润的损失或其他损失或损害的款额。

第四节 国际工程项目费用管理

在 FIDIC《施工合同条件》中,第 12 部分测量与估价、第 13 部分变更和调整与第 14 部分合同价格与支付与费用管理有关。以下对这些部分进行介绍。

一、测量和估价

1. 需测量的工程

在合同进行的过程中,应对工程进行测量并确定其支付价值。当工程师要求对工程的任何部分进行测量时,应合理地通知承包商的代表,承包商的代表应:

(1) 立即参加或派一名合格的代表协助工程师进行测量;以及

(2) 提供工程师所要求的全部详细资料。

如果承包商未能参加或派出一名代表,则由工程师(或工程师授权的他人)进行的测量应被视为准确地测量而接受。

除非合同中另有规定,在需要记录对任何永久工程进行计量时,工程师应对此做好准备。当承包商被要求时,他应参加审查并就此类记录与工程师达成一致,并在双方一致时,在上述文件上签名。如果承包商没有参加审查,则应认为此类记录是准确的并被接受。

如果承包商在审查之后不同意上述记录,并且(或)不签字表示同意,承包商应通知工程师并说明上述记录中被认为不准确的各个方面。在接到此类通知后,工程师应复查此类记录,或予以确认或予以修改。如果承包商在被要求对记录进行审查后 14 天内未向工程师发出此类通知,则认为它们是准确的并被接受。

2. 测量方法和估价

除非合同中另有规定,无论当地惯例如何:

(1) 测量应该是测量每部分永久工程的实际净值;

(2) 测量方法应符合工程量表或其他适用报表。

除非合同中另有规定,工程师应通过对每一项工作的估价,并商定或决定合同价格。每项工作的估价是依据测量时商定或决定的测量数据乘以此项工作的相应价格费率或价格得到的。

对每一项工作,该项合适的费率或价格应该是合同中对此项工作规定的费率或价格,或者如果没有该项,则为对其类似工作所规定的费率或价格。但是在下列情况下,对这一项工作规定新的费率或价格将是合适的:

(1) 如果此项工作实际测量的工程量比工程量表或其他报表中规定的工程量的变动大于 10%;

(2) 工程量的变更与对该项工作规定的具体费率的乘积超过了接受的合同款额的 0.01%;

(3) 由此工程量的变更直接造成该项工作每单位工程量费用的变动超过 1%;

(4)这项工作不是合同中规定的"固定费率项目";

(5)此工作是根据"变更与调整"的指示进行的;

(6)合同中对此项工作未规定费率或价格;

(7)由于该项工作与合同中的任何工作没有类似的性质或不在类似的条件下进行,故没有一个规定的费率或价格适用。

每种新的费率或价格是对合同中相关费率或价格在考虑到上述第5和第6种情况所描述的适用的事件以后做出的合理调整。如果没有相关的费率或价格,则新的费率或价格应是在考虑任何相关事件以后,从实施工作的合理费用加上合理利润中得到。

在商定或决定了一合适的费率或价格之前,工程师还应为期中支付证书决定一临时费率或价格。

3. 省略

当对任何工作的省略构成部分(或全部)变更且对其价值未达成一致时,如果存在以下情况:

(1)承包商将招致(或已经招致)一笔费用,这笔费用应被视为是如果工作未被省略时,在构成部分接受的合同款额的一笔金额中所包含的;

(2)该工作的省略将导致(或已经导致)这笔金额不构成部分合同价格;

(3)这笔费用并不被认为包含在任何替代工作的估价之中,承包商应随即向工程师发出通知,并附具体的证明资料。在接到通知后,工程师应对此费用做出商定或决定,并将之加入合同价格。

二、变更和调整

1. 工程师进行变更的权利

在颁发工程接收证书前的任何时间,工程师可通过发布指示或以要求承包商递交建议书的方式,提出变更。承包商应执行每项变更并受每项变更的约束,除非承包商马上通知工程师(并附具体的证明资料)并说明承包商无法得到变更所需的货物。在接到此通知后,工程师应取消、确认或修改指示。

每项变更可包括:

(1)对合同中任何工作的工程量的改变(此类改变并不一定必然构成变更);

(2)任何工作质量或其他特性上的变更;

(3)工程任何部分标高、位置和(或)尺寸上的改变;

(4)省略任何工作,除非它已被他人完成;

(5)永久工程所必需的任何附加工作、永久设备、材料或服务,包括任何联合竣工检验、钻孔和其他检验以及勘察工作;

(6)工程的实施顺序或时间安排的改变。

承包商不应对永久工程作任何更改或修改,除非工程师发出指示或同意变更。

2. 承包商提出变更的权利

承包商可以根据价值工程随时向工程师提交一份书面建议,如果该建议被采用,它(在承包商看来)将加速完工,降低雇主实施、维护或运行工程的费用,对雇主而言能提高竣工工程的效率或价值,或为雇主带来其他利益。

承包商应自费编制此类建议书,并将其包括在变更建议书所列的条目中。

如果由工程师批准的建议包括一项对部分永久工程的设计的改变,除非双方另有协议,否则:

(1)承包商应设计该部分工程;

(2)承担承包商的一般义务;

(3)如果此改变造成该部分工程的合同的价值减少,工程师应商定或决定一笔费用,并将之加入合同价格。这笔费用应是以下金额的差额的一半(50%):

①由此改变造成的合同价值的减少,不包括法规变化做出的调整和费用变化引起的调整所做的调整;

②考虑到质量、预期寿命或运行效率的降低,对雇主而言,已变更工作价值上的减少(如有时)。

但是,如果①的金额少于②,则没有该笔费用。

3. 变更的程序

如果工程师在发布任何变更指示之前要求承包商提交一份建议书,则承包商应尽快做出书面反应,要么说明理由为何不能遵守指示(如果未遵守时),要么提交:

(1)将要实施的工作的说明书以及该工作实施的进度计划;

(2)承包商依据FIDIC中对进度计划的规定,对进度计划和竣工时间做出任何必要修改的建议书;

(3)承包商对变更估价的建议书。

工程师在接到上述建议后,应尽快予以答复,说明批准与否或提出意见。在等待答复期间,承包商不应延误任何工作。

工程师应向承包商发出每一项实施变更的指示,并要求其记录费用,承包商应确认收到该指示。

每一项变更应依据"测量与估价"中提出的方法进行估价,除非工程师依据本款另外做出指示或批准。

4. 以适用的货币支付

如果合同规定合同价格以一种以上的货币支付,则在按上述规定已商定、批准或决定调整的同时,应规定以每种适用的货币支付的金额。在规定每种货币的金额时,应参照变更工作费用的实际或预期的货币比例以及为支付合同价格所规定的各种货币比例。

5. 暂定金额和计日工

每一笔暂定金额仅按照工程师的指示全部或部分地使用,并相应地调整合同价格。支付给承包商的此类总金额仅应包括工程师指示的且与暂定金额有关的工作、供货或服务的款项。对于每一笔暂定金额,工程师可指示:

(1)由承包商实施工作(包括提供永久设备、材料或服务),并按照变更程序进行估价;

(2)由承包商从指定分包商处或其他人处购买永久设备、材料或服务,并应加入合同价格:

①承包商已支付(或将支付)的实际款额;

②采用适用的报表中规定的相关百分比(如有时),以此实际款额的一个百分比来计算一笔金额包括上级管理费和利润。如果没有这一相关百分比,则可采用投标函附录中规定

的百分比。

当工程师要求时,承包商应出示报价单、发票、凭证以及账单或收据,以示证明。

对于数量少或偶然进行的零散工作,工程师可以指示规定在计日工的基础上实施任何变更。对于此类工作应按合同中包括的计日工报表中的规定进行估价,并采用下述程序。如果合同中没有计日工报表,则本款不适用。

在订购工程所需货物时,承包商应向工程师提交报价。当申请支付时,承包商应提交此货物的发票、凭证以及账单或收据。

除了计日工报表中规定的不进行支付的任何项目以外,承包商应每日向工程师提交包括下列在实施前一日工作时使用资源的详细情况在内的准确报表,一式两份:

(1)承包商的人员的姓名、工种和工时;
(2)承包商的设备和临时工程的种类、型号以及工时;
(3)使用的永久设备和材料的数量和型号。

如内容正确或经同意时,工程师将在每种报表的一份上签字并退还给承包商。在将它们纳入承包商为申请期中支付证书提交的报表中之前,承包商应向工程师提交一份包含以上各资源的价格报表。

6. 调整

(1)法规变化引起的调整

如果在基准日期以后,能够影响承包商履行其合同义务的工程所在国的法律(包括新法律的实施以及现有法律的废止或修改)或对此法律的司法的或官方政府的解释的变更导致费用的增减,则合同价格应做出相应调整。

如果承包商由于此类在基准日期后所做的法律或解释上的变更而遭受了延误(或将遭受延误)和(或)承担(或将承担)额外费用,承包商应通知工程师并有权进行索赔,要求:

①获得任何延长的工期,如果竣工已经或将被延误;
②支付任何有关费用,并将之加入合同价格。

在接到此通知后,工程师应对此事做出商定或决定。

(2)费用变化引起的调整

在本款中,"数据调整表"是指投标函附录中包括的调整数据的一份完整的报表。如果没有此类数据调整表,则本款不适用。

如果本条款适用,应支付给承包商的款额应根据劳务、货物以及其他投入工程的费用的涨落进行调整,此调整根据所列公式确定款额的增减。如果本款或其他条款的规定不包括对费用的任何涨落进行充分补偿,接受的合同款额应被视为已包括了其他费用涨落的不可预见费的款额。

对于其他应支付给承包商的款额,其价值依据合适的报表以及已证实的支付证书决定,所做的调整应按支付合同价格的每一种货币的公式加以确定。此调整不适用于基于费用或现行价格计算价值的工作。公式常用的形式如下:

修改其中:

$$P_n = a + b \cdot L_n/L_o + c \cdot M_n/M_o + d \cdot E_n/E_o + \cdots\cdots$$

"P_n"是对第"n"期间内所完成工作以相应货币所估算的合同价值所采用的调整倍数,这个期间通常是一个月,除非投标函附录中另有规定;

"a"是在相关数据调整表中规定的一个系数,代表合同支付中不调整的部分;

"b""c""d"是相关数据调整表中规定的一个系数,代表与实施工程有关的每项费用因素的估算比例,此表中显示的费用因素可能是指资源,如劳务、设备和材料;

"L_n""E_n""M_n"……是第 n 期间时使用的现行费用指数或参照价格,以相关的支付货币表示,而且按照该期间(具体的支付证书的相关期限)最后一日之前第49天当天对于相关表中的费用因素适用的费用指数或参照价格确定;

"L_o""E_o""M_o"……是基本费用指数或参照价格,以相应的支付货币表示,按照在基准日期时相关表中的费用因素的费用指数或参照价格确定。

应使用数据调整表中规定的费用指数或参照价格。如果对其来源持怀疑态度,则由工程师确定该指数或价格。为此,为澄清其来源之目的应参照指定日期的指数值,尽管这些日期(以及这些指数值)可能与基本费用指数不符。

当"货币指数"(表中规定的)不是相应的支付货币时,此指数应依照工程所在国的中央银行规定的在以上所要求的指数适用的日期,该相应货币的售出价转换成相应的支付货币。

在获得所有现行费用指数之前,工程师应确定一个期中支付证书的临时指数。当得到现行费用指数之后,相应地重新计算并做出调整。

如果承包商未能在竣工时间内完成工程,则应利用下列指数或价格对价格做出调整:工程竣工时间期满前第49天当天适用的每项指数或价格;现行指数或价格取其中对雇主有利者。

如果由于变更使得数据调整表中规定的每项费用系数的权重(系数)变得不合理、失衡或不适用时,则应对其进行调整。

三、合同价格和支付

1. 合同价格

除非专用条件中另有规定,否则:

(1)合同价格应根据估价结果来商定或决定,并应根据本合同对其进行调整;

(2)承包商应支付根据合同他应支付的所有税费、关税和费用,而合同价格不应因此类费用进行调整(法规变化引起的调整除外)。

工程量清单或其他报表中可能列出的任何工程量仅为估算的工程量,不得将其视为:

(1)要求承包商实施的工程的实际或正确的工程量;

(2)用于测量和估价的实际或正确的工程量。

在开工日期开始后28天之内,承包商应该向工程师提交对资料表中每一项总价款项的价格分解建议表。在编写支付证书时,工程师可以将该价格分解表考虑在内,但不应受其制约。

2. 预付款

当承包商根据本款提交了银行预付款保函时,雇主应向承包商支付一笔预付款,作为对承包商动员工作的无息贷款。预付款总额、分期预付的次数与时间(一次以上时)和适用的货币与比例应符合投标函附录中的规定。

如果雇主没有收到该保函,或者投标函附录中没有规定预付款总额,则本款不再适用。

在工程师收到报表,并且雇主收到了由承包商提交的履约保证和一份金额和货币与预付款相同的银行预付款保函后,工程师应为第一笔分期付款颁发一份期中支付证书。该保函应由雇主认可的机构和国家(或其他司法管辖区)签发,并且其格式应使用专用条件中所附的格式或业主认可的其他格式。

在预付款完全偿还之前,承包商应保证该银行预付款保函一直有效,但该银行预付款保函的总额应随承包商在期中支付证书中所偿还的数额逐步冲销而降低。如果该银行保函的条款中规定了截止日期,并且在此截止日期前的28天预付款还未完全偿还,则承包商应该相应地延长银行保函的期限,直到预付款完全偿还。

该预付款应在支付证书中按百分比扣减的方式偿还。除非在投标函附录中另外注明了其他百分比,否则:

(1)此种扣减应开始于支付证书中所有被证明了的期中付款的总额(不包括预付款及保留金的扣减与偿还)超过接受的合同款额(减去暂定金额)的10%时;

(2)按照预付款的货币的种类及其比例,分期从每份支付证书中的数额(不包括预付款及保留金的扣减与偿还)中扣除25%,直至还清全部预付款。

如果在颁发工程的接收证书前或因雇主、承包商或不可抗力的原因按规定终止合同前,尚未偿清预付款,承包商应将届时未付债务的全部余额立即支付给雇主。

3. 期中支付

1)证书的申请

承包商应按工程师批准的格式在每个月末之后向工程师提交一式六份的报表,详细说明承包商认为自己有权得到的款额,同时提交各项证明文件,包括当月进度情况的详细报告。

该报表应包括下列项目(如适用),这些项目应以应付合同价格的各种货币表示,并按下列顺序排列:

(1)截至当月末已实施的工程及承包商的文件的估算合同价值(包括变更,但不包括以下(2)段至(7)段中所列项目);

(2)由于立法和费用变化应增加和减扣的任何款额;

(3)作为保留金减扣的任何款额,保留金按投标函附录中标明的保留金百分率乘以上述款额的总额计算得出,减扣直至雇主保留的款额达到投标函附录中规定的保留金限额(如有时)为止;

(4)为预付款的支付和偿还应增加和减扣的任何款额;

(5)为永久设备和材料应增加和减扣的款额;

(6)根据合同或索赔、争端和仲裁及其他规定,应付的任何其他的增加和减扣的款额;

(7)对所有以前的支付证书中证明的款额的扣除。

2)支付表

若合同包括支付表,其中规定了合同价格的分期付款数额。一般情况下,在此支付表中所报的分期支付额即为期中支付证书的合同价值;如果分期支付额不是参照工程实施所达到的实际进度制定的,且如果实际进度落后于支付表中分期支付所依据的进度状况,则工程师可通过考虑所达到的实际进度落后于分期支付所依据的进度的情况,商定或决定修正分期支付额。

如果在合同中没有支付表,则每个季度承包商应就其到期应得的款额向雇主提交一份不具约束力的估价单。第一份估价单应在开工日期后42天之内提交,修正的估价单应按季度提交,直到工程的接收证书已经颁发。

3) 用于永久工程的永久设备和材料

若可能,则期中支付证书应包括:已运至现场为永久工程配套的永久设备与材料的预支款额,以及当此类永久设备与材料的合同价值已构成永久工程的一部分时的扣除款额。

如果在投标函附录中没有下述(1)②段或(3)②段提到的报表,本款将不适用。

如果工程师认为下列条件之一已经得到满足,他应该决定并证明每一项预支款额:

(1) 承包商可以提供以下证明:

① 完整保存了各种记录(包括有关永久设备和材料的订单、收据、费用及使用),且此类记录可供随时检查。

② 提交了购买永久设备和材料并将其运至现场的费用报表,同时提交了有关的证明文件。

(2) 属于投标函附录中所列的在装运时应支付款额的相关的永久设备和材料:

① 按照合同的要求已经运至工程所在国,并正在运往现场的途中;并且

② 是清洁装船提单或其他装运证明中声明的。该提单或证明,与运输费和保险费的支付证明、其他可能合理要求的文件以及由雇主接受的银行按雇主接受的格式开具的无条件银行保函(保函开具的各笔用不同货币表示的金额应等同于根据本款规定应付的总额)应该已一同提交给了工程师。该保函的格式可以同预付款保函中所提到的格式相类似,且其有效期应一直持续到此类永久设备和材料已适当地存放在现场并得到防失、防损、防腐之保护为止;

(3) 属投标函附录中所列在运至现场时应支付款额的相关的永久设备和材料已经运至现场,适当地存放在现场,得到防失、防损、防腐之保护,并完全符合合同的要求。

对于每笔预支款额,其货币种类应为事先规定的合同价值最终支付时所应采用的货币种类。支付证书应该包括适当的扣除款额,该扣除款额应与相关的永久设备和材料的预支款额相等,并采用相同的货币种类。

4) 期中支付

在雇主收到并批准了履约保证之后,工程师才能为任何付款开具支付证书。此后,在收到承包商的报表和证明文件后28天内,工程师应向雇主签发期中支付证书,列出他认为应支付承包商的金额,并提交详细证明资料。

但是,在颁发工程的接收证书之前,若被开具证书的净金额(在扣除保留金及其他应扣款额之后)少于投标函附录中规定的期中支付证书的最低限额(如有此规定时),则工程师没有义务为任何付款开具支付证书。在这种情况下,工程师应相应地通知承

包商。

除以下情况外，期中支付证书不得由于任何原因而被扣发：

（1）如果承包商所提供的物品或已完成的工作不符合合同要求，则可扣发修正或重置的费用，直至修正或重置工作完成；

（2）如果承包商未能按照合同规定进行工作或履行义务，并且工程师已经通知承包商，则可扣留该工作或义务的价值，直至该工作或义务被履行为止。

工程师可在任何支付证书中对任何以前的证书给予恰当的改正或修正。支付证书不应被视为是工程师的接受、批准、同意或满意的意思表示。

5）支付

雇主应向承包商支付：

（1）首次分期预付款额，时间是在中标函颁发之日起42天内，或在"履约保证"以及"预付款"的规定，收到相关的文件之日起21天内，二者中取较晚者；

（2）期中支付证书中开具的款额，时间是在工程师收到报表及证明文件之日起56天内；

（3）最终支付证书中开具的款额，时间是在雇主收到该支付证书之日起56天内。

每种货币支付的款项应被转入承包商在合同中指定的对该种货币的付款国的指定银行账户。

（4）延误的支付

如果承包商没有收到应获得的任何款额，承包商应有权就未付款额按月所计复利收取延误期的融资费。延误期应认为是从"支付"规定的支付日期开始计算的，而不考虑期中支付证书颁发的日期。

除非在专用条件中另有规定，此融资费应以年利率为支付货币所在国中央银行的贴现率加上三个百分点进行计算，并用这种货币进行支付。

承包商有权得到此类付款而无须正式通知或证明，并且不损害他的任何其他权利或补偿。

（5）保留金的支付

当工程师已经颁发了整个工程的接收证书时，工程师应开具证书将保留金的前一半支付给承包商。如果颁发的接收证书只是限于一个区段或工程的一部分，则应就相应百分比的保留金开具证书并给予支付。这个百分数应该是将估算的区段或部分的合同价值除以最终合同价格的估算值计算得出的比例的40%。

在缺陷通知期期满时，工程师应立即开具证书将保留金尚未支付的部分支付给承包商。如果颁发的接收证书只限于一个区段，则在这个区段的缺陷通知期期满后，应立即就保留金的后一半的相应百分比开具证书并给予支付。这个百分数应该是将估算的区段或部分的合同价值除以最终合同价格的估算值计算得出的比例的40%。

但如果在此时尚有任何工作仍需完成，工程师有权在此类工作完成之前扣发与完成工作所需费用相应的保留金余额的支付证书。

在计算上述的各项百分比时，不考虑法规变化引起的调整和费用变化引起的调整。

(6)竣工和最终支付

在收到工程的接收证书后 84 天内,承包商应向工程师提交按其批准的格式编制的竣工报表一式六份,并附证明文件,详细说明:

①到工程的接收证书注明的日期为止,根据合同所完成的所有工作的价值;

②承包商认为应进一步支付给他的任何款项;

③承包商认为根据合同将应支付给他的任何其他估算款额。估算款额应在此竣工报表中单独列出。

工程师应开具支付证书。

①申请最终支付证书

在颁发履约证书 56 天内,承包商应向工程师提交按其批准的格式编制的最终报表草案一式六份,并附证明文件,详细说明以下内容:

a. 根据合同所完成的所有工作的价值;

b. 承包商认为根据合同或其他规定应进一步支付给他的任何款项。

如果工程师不同意或不能证实该最终报表草案中的某一部分,承包商应根据工程师的合理要求提交进一步的资料,并就双方所达成的一致意见对草案进行修改。随后,承包商应编制并向工程师提交双方同意的最终报表。在本条件中,该双方同意的报表被称为"最终报表"。

但是如果工程师和承包商讨论并对最终报表草案进行了双方同意的修改后,仍明显存在争议,工程师应向雇主送交一份最终报表中双方协商一致的期中支付证书,同时将一副本送交承包商。此后,如果存在的争议最终获得争端裁决委员会的决定或友好解决,承包商随后应根据争议解决的结果编制一份最终报表提交给雇主(同时将一副本送交工程师)。

②结清单

在提交最终报表时,承包商应提交一份书面结清单,确认最终报表的总额为根据或参照合同应支付给他的所有款项的全部和最终的结算额。该结清单可注明,只有在全部未支付的余额得到支付且履约保证退还给承包商当日起,该结清单才能生效。

③最终支付证书的颁发

在收到最终报表及书面结清单后 28 天内,工程师应向雇主发出一份最终支付证书,说明:

a. 最终应支付的款额;

b. 在对雇主以前支付过的款额与雇主有权得到的全部金额加以核算后,雇主还应支付给承包商,或承包商还应支付给雇主(视情况而定)的余额(如有时)。

如果承包商未申请最终支付证书,工程师应要求承包商提出申请。如果承包商未能在 28 天期限内提交此类申请,工程师应对其公正决定的应支付的此类款额颁发最终支付证书。

④雇主责任的终止

对于由合同或工程实施引起的(或与之相关的)任何问题和事件,雇主不对承包商负有责任,除非承包商在下述文件中明确地包括了有关金额:

a. 最终报表;

b. 竣工报表(工程的接收证书颁发后发生的问题或事件除外)。

但是,由于雇主的损害赔偿义务引起的责任,或者雇主的欺诈、故意违约或管理不善而造成的雇主的责任不能形成业主责任的终止。

(7) 支付的货币

合同价格应以投标函附录中指定的一种或几种货币支付,除非在专用条件中另有规定。如果指定的货币不限于一种,则应按下述规定进行支付:

①如果接受的合同款额仅以当地货币表示:

a. 则支付当地货币与外币的比例或数额,以及计算该款额所用的固定汇率应按投标函附录中的规定执行,双方另有协议的情况除外;

b. 根据"暂定金额"和"法规变化引起的调整",应付款项和减扣款项应以适用的货币种类和比例进行支付和减扣;

c. 在期中支付证书的申请中提到的其他应付款项和减扣款项,应规定的货币种类和比例进行支付和减扣;

②投标函附录中规定的损害赔偿费应按投标函附录中规定的货币种类和比例进行支付;

③承包商应该支付给雇主的其他款项应以雇主支付时使用的货币种类支付,或以双方协议使用的货币支付;

④如果承包商以某种特殊货币向雇主支付时的金额,超过了雇主以同种货币向承包商支付时的金额,雇主可从以其他货币进行支付的金额中弥补上述金额的余额;

⑤如果在投标函附录中未注明汇率,所采用的汇率应为工程所在国中央银行规定的在基准日期通行的汇率。

第五节 国际工程项目质量管理

在 FIDIC《施工合同条件》中,第 9 部分竣工检验、第 10 部分雇主的接收与第 11 部分缺陷责任与质量管理有关。以下对这些部分进行介绍。

一、竣工检验

1. 承包商的义务

承包商在提交竣工检验的文件后,应进行竣工检验。承包商应提前 21 天将某一确定日期通知工程师,说明在该日期后他将准备好进行竣工检验。除非另有商定,此类检验应在该日期后 14 天内于工程师指示的某日或数日内进行。

在考虑竣工检验结果时,工程师应考虑到因雇主对工程的任何使用而对工程的性能或其他特性所产生的影响。一旦工程或某一区段通过了竣工检验,承包商应向工程师提交一份有关此类检验结果并经证明的报告。

2. 延误的检验

如果雇主无故延误竣工检验时,工程师可通知承包商要求他在收到该通知后 21 天内进行此类检验。承包商应在该期限内他可能确定的某日或数日内进行检验,并将此日期通知工程师。

若承包商未能在21天的期限内进行竣工检验,雇主的人员可着手进行此类检验,其风险和费用均由承包商承担。此类竣工检验应被视为是在承包商在场的情况下进行的且检验结果应被认为是有效的。

3. 重新检验

如果工程或某区段未能通过竣工检验,雇主将拒收该工程或区段,且工程师或承包商可要求按相同条款或条件,重复进行此类未通过的检验以及对任何相关工作的竣工检验。

当整个工程或某区段未能通过重复竣工检验时,工程师应有权:

(1)指示再进行一次重复的竣工检验;

(2)如果由于该过失致使雇主基本上无法享用该工程或区段所带来的全部利益,拒收整个工程或区段(视情况而定),在此情况下,雇主应获得"未能修补缺陷"相同的补偿;

(3)颁发一份接收证书(如果雇主有此要求的话)。

在第3种情况下,承包商应根据合同中规定的所有其他义务继续工作,并且合同价格应按照可以适当弥补由于此类失误而给雇主造成的减少的价值数额予以扣除。除非合同中已规定了此类失误的有关扣除(或定义了计算方法),雇主可以要求此扣除以双方商定的数额(仅限于用来弥补此类失误),并在颁发接收证书前获得支付,或者做出决定及支付。

二、雇主的接收

1. 对工程和区段的接收

除未能通过竣工检验的情况外,当(1)工程根据合同已竣工,且(2)根据本款已颁发或认为已颁发工程接收证书时,雇主应接收工程。

承包商可在他认为工程将完工并准备移交前14天内,向工程师发出申请接收证书的通知。如果工程分为区段,则承包商应同样为每一区段申请接收证书。

工程师在收到承包商的申请后28天内,应做以下工作:

(1)向承包商颁发接收证书,说明根据合同工程或区段完工的日期,但某些不会实质影响工程或区段按其预定目的使用的扫尾工作以及缺陷除外(直到或当该工程已完成且已修补缺陷时);

(2)驳回申请,提出理由并说明为使接收证书得以颁发承包商尚需完成的工作。随后承包商应在根据本款再一次发出申请通知前,完成此类工作。

若在28天期限内工程师既未颁发接收证书也未驳回承包商的申请,而当工程或区段(视情况而定)基本符合合同要求时,应视为在上述期限内的最后一天已经颁发了接收证书。

在雇主的决定下,工程师可以为部分永久工程颁发接收证书。

雇主不得使用工程的任何部分(合同规定或双方协议的临时措施除外)除非且直至工程师已颁发了该部分的接收证书。但是,如果在接收证书颁发前雇主确实使用了工程的任何部分:

(1)该被使用的部分自被使用之日,应视为已被雇主接收;

(2)承包商应从使用之日起停止对该部分的照管责任,此时,责任应转给雇主;

(3)当承包商要求时,工程师应为此部分颁发接收证书。

工程师为此部分工程颁发接收证书后,应尽早给予承包商机会以使其采取可能必要的步骤完成任何尚未完成的竣工检验,承包商应在缺陷通知期期满前尽快进行此类竣工检验。

如果由于雇主接收和(或)使用该部分工程(合同中规定的及承包商同意的使用除外)而使承包商招致了费用,承包商应立即通知工程师并有权索赔,获得有关费用以及合理利润的支付,并将之加入合同价格。在接到此通知后,工程师应对此费用及利润做出商定或决定。

若对工程的任何部分(而不是区段)颁发了接收证书,对于完成该工程的剩余部分的延误损失应减少。同样,包含该部分的区段(如有时)的剩余部分的延误损失也应减少。在接收证书注明的日期之后的任何拖延期间,延误损失减少的比例应按已签发部分的价值相对于整个工程或区段(视情况而定)的总价值的比例计算。工程师应对此比例做出商定或决定。本段规定仅适用于延误损失的日费率,但并不对其最大限额构成影响。

2. 对竣工检验的干扰

如果由于雇主负责的原因妨碍承包商进行竣工检验已达14天以上,则应认为雇主已在本应完成竣工检验之日接收了工程或区段(视情况而定)。

工程师随后应相应地颁发一份接收证书,并且承包商应在缺陷通知期期满前尽快进行竣工检验。工程师应提前14天发出通知,要求根据合同的有关规定进行竣工检验。

若延误进行竣工检验致使承包商遭受了延误和(或)导致了费用,则承包商应通知工程师并有权索赔,要求:

(1)获得任何延长的工期,如果竣工已经或将被延误;

(2)支付任何有关费用加上合理的利润,并将之加入合同价格。

在接到此通知后,工程师应对此事做出商定或决定。

3. 地表需要恢复原状

除非接收证书中另有规定,区段或部分工程的证书并不认为可以证明任何需要恢复原状的场地或其他地表表面的工作已经完成。

三、缺陷责任

1. 完成扫尾工作和修补缺陷

为在相关缺陷通知期期满前或之后尽快使工作和承包商的文件以及每一区段符合合同要求的条件(合理的磨损除外),承包商应:

(1)在工程师指定的一段合理时间内完成至接收证书注明的日期时尚未完成的任何工作;

(2)按照雇主(或雇主授权的他人)指示,在工程或区段的缺陷通知期期满之日或之前(视情况而定)实施补救缺陷或损害所必需的所有工作。

若出现任何此类缺陷或发生损坏的情况,雇主(或雇主授权他人)应立即通知承包商。

2. 修补缺陷的费用

如果按照雇主(或雇主授权的他人)指示,在工程或区段的缺陷通知期期满之日或之前(视情况而定)实施补救缺陷或损害所必需的所有工作是由下列原因引起的,则所有此类工作应由承包商自担风险和费用进行：

(1)承包商负责的任何设计；

(2)永久设备、材料或工艺不符合合同要求；

(3)承包商未履行其任何其他义务。

如果且在一定程度上，上述工作的必要性是由于任何其他原因引起的，雇主(或雇主授权的他人)应立即通知承包商，此时应进行工程变更。

3. 缺陷通知期的延长

如果且在一定程度上工程、区段或主要永久设备(视情况而定，并且在接收以后)由于缺陷或损害而不能按照预定的目的进行使用，则雇主有权提出雇主的索赔，要求延长工程或区段的缺陷通知期。但缺陷通知期的延长不得超过 2 年。

如果永久设备和(或)材料的运送以及(或)安装发生了暂停，则承包商的义务不适用于永久设备和(或)材料的缺陷通知期期满 2 年后发生的任何缺陷或损害的情况。

4. 未能补救缺陷

如果承包商未能在某一合理时间内修补任何缺陷或损害，雇主(或雇主授权的他人)可确定一日期，规定在该日或该日之前修补缺陷或损害，并且应向承包商发出一合理的通知。

如果承包商到该日期尚未修补好缺陷或损害，并且这些修补工作应由承包商自费进行，雇主可(自行)：

(1)以合理的方式由自己或他人进行此项工作，并由承包商承担费用，但承包商对此项工作不负责任，并且承包商向雇主支付其因修补缺陷或损害导致的合理费用；

(2)要求工程师对合同价格的合理减少额做出商定或决定；

(3)在该缺陷或损害致使雇主基本上无法享用全部工程或部分工程所带来的全部利益时，对整个工程或不能按期投入使用的那部分主要工程终止合同。但不影响任何其他权利，依据合同或其他规定，雇主还应有权收回为整个工程或该部分工程(视情况而定)所支付的全部费用以及融资费用、拆除工程、清理现场和将永久设备和材料退还给承包商所支付的费用。

5. 清除有缺陷的部分工程

若此类缺陷或损害不能在现场迅速修复时，在雇主的同意下，承包商可将任何有缺陷或损害的永久设备移出现场进行修理。此类同意可要求承包商以该部分的重置费用增加履约保证的款额或提供其他适当的保证。

6. 进一步的检验

如果任何缺陷或损害的修补工作可能影响到工程进行时，工程师可要求重新进行合同中列明的任何检验。该要求应在修补缺陷或损害后 28 天内通知承包商。

此类检验应按照以前的检验适用的条件进行，但是此类检验的风险和费用由责任方承担，并承担修补工作的费用。

7. 进入权

在履约证书颁发之前，承包商应有为遵守本款合理所需的进入工程的权力，但不符合雇主限定的任何合理安全措施的情况除外。

8. 承包商的检查

如果工程师要求的话，承包商应在其指导下调查产生任何缺陷的原因。除非此类缺陷已因为是承包商的责任,由承包商支付费用进行了修补,否则调查费用及其合理的利润应由工程师做出商定或决定,并加入合同价格。

9. 履约证书

只有在工程师向承包商颁发了履约证书,说明承包商已依据合同履行其义务的日期之后,承包商义务的履行才被认为已完成。

工程师应在最后一个缺陷通知期期满后28天内颁发履约证书,或在承包商已提供了全部承包商的文件并完成和检验了所有工程,包括修补了所有缺陷的日期之后尽快颁发。还应向雇主提交一份履约证书的副本。

只有履约证书才应被视为构成对工程的接受。

在履约证书颁发之后,每一方仍应负责完成届时尚未履行的任何义务。就确定未履行的义务的性质和范围而言,合同应被认为仍然有效。

10. 现场的清理

在接到履约证书以后,承包商应从现场运走任何剩余的承包商的设备、剩余材料、残物、垃圾或临时工程。

若在雇主接到履约证书副本后28天内上述物品还未被运走,则雇主可对此留下的任何物品予以出售或另做处理。雇主应有权获得为此类出售或处理及整理现场所发生的或有关的费用的支付。

此类出售的所有余额应归还承包商。若出售所得少于雇主的费用支出,则承包商应向雇主支付不足部分的款项。

第六节 国际工程项目组织间的沟通管理

一、国际工程项目组织间沟通管理的要点

1. 沟通方式

国际工程管理过程中采用的沟通方式主要是书面沟通和口头沟通两种。其中,书面沟通是一种正式的沟通方式,对沟通双方都具有约束效力,项目的书面沟通文件均应编码、存档,书面沟通的缺点是沟通速度较慢、即时效性差。口头沟通是一种非正式的沟通方式,便于项目各参与方在施工现场进行即时沟通,利于问题的即时解决,其缺点是容易失真、对双方没有较强的约束力。一般地,口头沟通达成一致意见后应形成正式的书面文件予以确认,这也是项目管理中最常用的一种沟通方式。

2. 通信地址

为保证参与沟通各方在项目实施过程中文件的准确、即时传送,应在合同中明确双方的通信地址,若变更通信地址,应按合同要求提前一定时间将新的通信地址告知各相关方。

3. 术语定义

术语定义是项目各方顺利沟通的基础,更是解释合同的主要依据。在国际工程中,存在大量的专业名词和术语,合同参与方应在合同中对这些术语定义进行详细说明,为各方建立

统一的术语解释,这样可防止误解的产生,提高沟通效率。EPC 项目因涉及大量工业型生产设备和专业性技术工作,对术语进行正确的定义显得尤为重要。

4. 文件格式

和术语定义一样,文件格式也是项目语言的一种。统一的文件格式,有助于沟通双方发送和接收大量的文件和信息,简化沟通程序并对其进行正确的理解和回应。

5. 冲突管理

国际工程项目实施过程中会产生各种冲突,虽然并非每个冲突最终都会得到公平的解决,但必须对冲突进行即时处理,避免冲突升级,否则会对国际工程项目产生致命的影响。

二、国际工程项目组织间沟通的内容

国际工程项目的实施过程主要涉及业主、分包商、供应商和当地居民及政府等,其中业主(包括业主雇用的咨询方)及分包商是承包商进行项目沟通的主要对象。为保证工程实施过程中项目参与各方的顺利沟通,在相应的合同中应对沟通涉及的各项内容做出详细规定,项目沟通过程本身就是项目合同执行的具体体现。

合同是项目实施过程中各项管理的依据,因此,在合同中应对容易产生不同理解的名词和术语进行定义。在 FIDIC 1999 版"新黄皮书"中,将名词和术语定义分为合同,各方和人员,日期、试验、期限和竣工,款项和付款,工程和货物及其他六组定义。国际工程项目常需定义的术语如下:

(1)与合同相关的定义,包括合同、合同协议书、中标函、投标函、业主要求、资料表、承包商建议书、投标书、投标书附录、保证表和付款计划表等。

(2)与各方和人员相关的定义,包括当事方、业主、承包商、工程师、承包商代表、业主人员、承包商人员、分包商和争端裁决委员会等。

(3)与日期、试验、期限和竣工相关的定义,包括日(天)、年、基准日期、开工日期、竣工日期、竣工试验、接收证书、质量保修期和履约证书等。

(4)与款项和付款相关的定义,包括中标价、合同价格、成本(费用)、最终支付证书、最终报表、外币、当地币、期中支付证书、暂定金额、保留金和付款申请表等。

(5)与工程和货物相关的定义,包括承包商设备、货物、材料、工程、永久工程、临时工程、分项工程和生产设备等。

(6)其他定义,包括承包商文件、工程所在国、业主设备、不可抗力、法律、履约担保、现场、不可预见和变更等。

1. 与业主之间的沟通

1)合同文件的优先次序

FIDIC1999 版"新黄皮书"对构成合同的各个文件优先次序约定如下:合同协议书(如果有)、中标函、投标函、专用合同条件、通用合同条件、业主要求、资料表、承包商建议书以及组成合同的其他文件。

2)与业主沟通管理的主要内容

(1)招投标过程中与业主的沟通及涉及的文件

潜在投标人在对工程项目有投标意向的前提下,首先需在业主指定的时间和地点向业主购买资格预审文件,对于资格预审文件中存在的问题需以书面形式向业主提出质询,并由业主针对质询进行回答。另外,潜在投标人应在业主规定的截止时间前报送资格预审文件。业主在依据资格预审文件对潜在投标人进行资格预审后,应将结果以书面形式通知所有潜在投标人,并向通过资格预审的投标人宣布出售招标文件的具体时间和地点。

收到招标文件后,投标人应仔细研究招标文件,就招标文件中存在的任何错误和疑问等及时向业主质询,并及时接收业主关于全部质询的答复;同时应及时与业主沟通确认标前会议和现场考察的时间。投标人应在仔细研究招标文件的基础上确定工程的范围、图纸和补充资料,仔细填写投标文件(如投标函、投标书附录、工程量表、技术建议书)和投标保证格式的各项内容,并制定备选方案(如果有),在投标截止日前进行投标并在业主规定的时间和地点参加开标会议。在此期间,投标人应及时与业主沟通了解投标保证的各项相关要求和投标有效期的延期问题,确保投标工作顺利进行。

在业主评标过程中,针对业主的澄清要求,投标人需及时澄清投标文件的各项事宜,确保投标文件的有效性。投标有效期满前,投标人应及时关注指定的网站或媒体查询投标结果,并注意接收业主的中标函(即授予合同通知)。在业主规定时限内与业主签订合同并按要求递交履约保证后,投标人即确立了工程项目的承包商资格。

(2)施工过程中与业主的沟通及涉及的文件

在确定了承包商资格后,承包商应在向业主递交履约保函的同时取回投标保证。根据FIDIC合同,承包商应在合同协议书规定的合同生效日期后42天内接收业主下达的开工令,并在工程正式开工后的28天内向业主和工程师提交施工进度计划,并针对业主和工程师的要求做合理修改。同时,承包商应核实业主向其提交的关于其资金状况的说明,及时到业主同意的银行开具预付款保函并递交业主,随后在首次提交期中付款申请表后接收业主支付的预付款。正常条件下,在工程施工过程中,支付、变更、索赔和争端解决是承包商与业主进行沟通的主要内容。承包商在合同约定的支付期要按照工程师规定的格式向其提交一式六份的报表,列出自己认为有权获得的款项并附上进度报告及相关证明文件,如工程设备和材料的预付款和扣还款的发票、收据等。期中支付证明应注意预付款、保留金的支付与扣还,以及因变更、索赔等原因引起的追加款或扣减款。工程师应在接到承包商递交的月报表和证明文件后28天内向业主签发期中支付证书。业主应在工程师收到承包商递交的报表和证明文件后56天内,及时将期中支付证书中证明无误的款额支付给承包商。

工程变更在工程实施过程中难以避免,是承包商与业主沟通的重要内容。业主可以在项目施工中的任何时间,通过向承包商发布指示或要求的方式提出变更要求。承包商应遵守并执行每项变更,除非承包商及时以通知的形式向业主说明不能实施变更的理由。如果业主在提出变更之前要求承包商提出建议书,承包商应尽快做出书面回应,包括因变更引起的进度计划的修改方案、调整合同价格的建议书和完成变更工作的说明或不能照办的理由。业主应对承包商提出的回应给予回复,在此期间,承包商不应延误任何工作。此外,在基准日期后,因工程所在国法律及相关司法程序发生改变,对承包商正常履行合同造成了影响,承包商应及时向业主发出通知,提出因上述原因造成的施工期的延长以及合同价格的调整。另外,承包商也应及时通知业主因成本改变造成的合同价格的调整。同时,承包商也可随时将能够加快施工进度、降低业主施工、维护和运行费用以及提高业主效率的建议提交工程师和业主。承包商应在索赔事件发生后28天内依据索赔条款及其他合同有关文件,向工程师发出索赔通知,并在索赔事件发生42天内,向业主递交一份详细的索赔报告,在报告中说明索赔的依据,提出延长施工期或追加款额等要求。若索赔事件是连续性的,承包商应每月递交一份索赔报告。在索赔期间,承包商应确保索赔证据的真实性和完整性。业主或工程师在接到索赔报告42天内,应做出回应,并根据合同条款对承包商的索赔要求予以修改并确定。

项目实施过程中,争议发生后,承包商和业主应在投标书附录中规定的时间内成立争议评判委员会,争议评判委员会可由一人或三人组成,由三人组成时,承包商和业主应各推荐一人,由这两人推荐另外一人,并由推荐的第三人担任争议评判委员会主席,承包商和业主各承担争议评判委员会成员薪酬的一半。承包商和业主应向争议评判委员会提交己方的证明材料并向工程师和另一方呈送副本。争议评判委员会将参考各方提交的材料,在84天内召开听证会,并就争议做出决定,将其决定呈送各方。承包商和和业主需在28天内对争议评判委员会做出的决定做出回应,若双方均满意且均执行决定,争议就此解决;若双方均满意争议评判委员会做出的决定,但有一方拒不执行,则另一方可直接提交仲裁。若有一方不满意争议评判委员会做出的决定,不满意一方应在28天内将其不满及仲裁意向通知对方,在此日期后、提交仲裁之前的56天内,双方应秉承通过协商合理解决争端的诚意进行沟通,尝试解决争端,若在56天内双方就争端解决方案达成一致则争端解决,否则56天后将开始仲裁。无论在何种情况下,仲裁结果即是争端事件的最终解决方案。

(3)竣工试验和接收阶段与业主的沟通及涉及的文件

①竣工试验的申请及须提交的文件。根据FIDIC合同,承包商应在竣工试验开始某几日内进行竣工试验。

承包商还应在竣工试验开始前将记录工程准确位置、尺寸和实施的详细竣工记录保存于现场,并提交规定份数的副本给业主和工程师。此外,承包商应向业主提供工程的竣工图并取得业主对其尺寸、基准系统和其他细节的同意。试运行期间,承包商应将工程运行的情况通知业主,并进行其他试验。

一旦工程按照合同约定通过了竣工试验,承包商应向业主递交一份经证实的试验结果报告。

②延误竣工试验的处理。根据FIDIC合同,若因业主原因妨碍竣工试验超过14天以上时,承包商应尽快完成竣工试验并向业主索赔因此造成的延期、费用和利润。若因承包商原因造成竣工试验的延误,承包商应在接到业主通知的具体日期进行竣工试验,否则业主有权自行安排人员对工程进行试验并由承包商承担相关费用。如承包商接到业主的通知,被告知因工程设备、材料缺陷等原因拒收工程,承包商应立即修复缺陷并按照相关条款重新进行试验。

③申请颁发接收证书和需提交的资料。根据FIDIC合同,通过竣工试验后,承包商应在工程竣工并做好接收准备的前14天通知业主接收工程和申请颁发接收证书,同时应附上一份尾项工作表和完成这些尾项工作的时间承诺。业主接到通知28天内,应向承包商颁发接收证书并注明合同要求的竣工日期及相关收尾工作。若业主在28天内既未颁发接收证书,也未拒绝承包商申请,则接收证书应视为在28天期满的最后一天颁发。承包商应在收到接

收证书后84天内,按合同要求一式六份向业主递交竣工报表。工程师应按规定颁发支付证书并由业主支付承包商。

④缺陷修复和申请颁发履约证书。根据FIDIC合同,业主颁发接收证书后,承包商应在指定时间内完成扫尾工作,并在缺陷通知期到期前完成缺陷或损害的修补工作。若承包商未能在合理时间内修补缺陷及损害,且在接到业主通知确定的日期内仍未完成修补工作,在这种情况下,业主可选择在由承包商承担费用的情况下,雇用他人完成修补工作,但这种情况下承包商不再对修补工作负责,相应地减少合同金额。业主应在承包商提供了所有承包商文件、完成了所有施工和试验、修补了所有缺陷后,或最后一个缺陷通知期到期后28天内向承包商颁发履约证书。履约证书的颁发并不意味着合同的结束,各方仍对未履行的义务负责。承包商在收到履约证书后28天内,应从现场撤出所有剩余的承包商设备、垃圾和临时工程等,否则业主有权对这些物资进行处置。

业主应在颁发接收证书且与工程有关的所有试验已完成时,向承包商支付一半保留金,在最后缺陷通知期满后,将另一半保留金支付给承包商。承包商也可在接收一半保留金,并向业主递交保留金保函后,得到另一部分保留金。如工程在缺陷通知期内出现任何问题,承包商须负责对其进行维修使其满足合同的各项要求,如承包商未在业主通知的时间内修复缺陷,业主有权自行组织他人修复工程,费用自工程保留金中扣付。业主应在承包商提供了所有承包商文件、完成所有试验并修补缺陷或最后一个缺陷通知期满后28天内向承包商颁发履约证书,并在承包商有权获得履约证书后21天内退还履约担保。承包商应在收到履约证书后54天内向工程师和业主提交最终报表草案及相关证明,列出完成的所有工作的价值和认为应得到的支付款额。业主应审核最终报表草案,提出修改意见并与承包商对草案进行修改,然后承包商应按照最终修改意见编制最终报表并提交业主。承包商在提交最终报表的同时应提交一份书面结清证明。业主应在收到最终付款申请、结清证明和最终报表后的42天内,支付最终款项。至此,除最终报表和竣工报表的要求外,承包商不再对工程实施引发的任何问题承担责任。

2. 与分包商之间的沟通

1) 分包商沟通管理概述

分包商是与承包商签订合同,在工程实施过程中承担主合同中一部分施工的组织。承包商在投标过程中,可能使用分包商关于某部分分包合同的报价作为主合同工程报价的一部分,但这并不意味着分包商与承包商合同关系的成立。相应的,业主和承包商签署施工合同的行为,对分包商也没有约束力。分包商对承包商的报价仅仅是一种要约,要等承包商针对要约做出承诺时,合同才生效。

一般情况下,分包商仅与承包商存在合同关系,与业主和工程师没有合同关系,双方之间沟通的主要方法与业主和承包商间的沟通方法类似。分包商在施工过程中的所有事项均需依据承包商的指示进行,在某种程度上,分包商与承包商的关系类似于承包商与业主的关系。业主向分包商发出指令,或分包商对业主提出索赔诉求等,均需通过承包商进行。此外,分包合同的成立是以承包商与业主之间承包合同(主合同)的成立为前提的(此条件应写入分包合同),分包合同是随着主合同的灭失而灭失的。也就是说,即便承包商对分包商提出的要约做出了承诺,而业主在工程实际履行前终止了合同,则分包合同自然失效;如业主在工程进行当中因自身支付能力不足或承包商违约等原因终止合同,则分包合同随着主合同的灭失而灭失,此时,分包商应对已经从事的工程的价值和已购买材料等向承包商提出支付要求。分包不涉及债权债务的转移,承包商应对业主承担的责任和义务并没有因分包合同的成立发生任何程度上的减免。分包商在工程实施中应承担承包商应对业主承担的责任和义务,分包商的任何行为或违约,承包商亦须视同自身行为一样对业主承担责任。

分包商按类型被分为自雇式分包商和指定分包商。自雇式分包商即承包商自己选择并经业主批准同意后雇用的分包商。指定分包商是业主在招标文件中规定或在工程进行中承包商依据业主和工程师的指示雇用的分包商。指定分包商是业主为保障工程质量和功能而拥有的选择分包商的合理权利。指定分包商应与承包商签订分包合同,在签订分包合同后,指定分包商即与自雇式分包商处于同等地位。只有当业主直接与分包商商谈或二者间形成了直接合同关系时,分包商才能直接与业主进行接触,直接从业主处得到付款,但分包商和业主的任何沟通文件均应告知承包商并向其提供附件。

2) 分包商沟通管理的主要内容

承包商与分包商之间沟通的主要方法与业主和承包商间的沟通方法类似,各阶段的主要区别包括:

(1) 分包工程投标。分包工程投标中,承包商可能采用电话、传真和邮件或公开招标、议标方式要求分包商投标报价,这些分包工程招标文件应包括分包工作的具体范围和要求,以及业主发布的招标文件副本和承包商自身编制的投标材料的具体内容(涉及承包商报价机密的部分除外),以便于分包商在报价过程中充分考虑可能面临的各种问题,结合自身优势提出有竞争力的报价。承包商将分包商报价作为投标报价的一部分进行投标,若承包商和分包商就分包报价达成协议,则分包商的报价具有约束力,分包商中标后双方自然确定分包合同,此时任何一方违约均需承担相应责任。若双方之间未就承包商报价达成协议,承包商中标后与其他分包商签署分包合同,分包商不能就承包商行为要求赔偿,分包商在承包商中标后拒绝签署分包合同时,承包商也不能就分包商行为要求赔偿。

(2) 分包工程支付。一般而言,与主合同支付程序相比,分包合同包含附条件支付条款。所谓附条件支付条款,是指分包商得到承包商的支付是以承包商得到业主支付为前提的。分包合同的附条件支付条款是承包商向分包商转移风险的方法。不同国家法律对待附条件支付条款的态度是不同的,承包商在与分包商签署分包合同时应充分了解工程所在国法律对附条件支付条款的态度,以免在工程支付中引起不必要的争端。

(3) 分包工程索赔。业主和承包商、承包商和分包商之间均可依照索赔程序,就工程事项向对方提出索赔,包括工期、费用索赔或工期及费用索赔。分包商不可直接向业主索赔,业主也不能直接向分包商索赔,必须通过承包商。承包商有责任在接到分包商向业主索赔的文件后依照索赔程序,帮助分包商争取索赔利益,但承包商不承担一定帮助分包商索赔成功的责任和义务。

第六章 国际工程项目管理的几个重要问题

学习目的与要求

本章介绍了国际工程管理中的几个重要问题,包括宏观风险管理、合同管理和工程担保与保险。通过对这几个重要问题的介绍和讨论,启发学生思考中国建筑企业在国际工程市场上的应对措施和方法。

第一节 重要问题之宏观风险管理

经济全球化体化的日益发展以及我国"走出去"战略的支持,为我国承包商对外承包国际工程项目创造了良好的条件和机会,但也带来巨大的挑战。从国家或地区的宏观经济和政治角度考虑国际工程风险尤其重要,主要是由于这些风险相较于国内项目有很大的不同,而且它们非常重要,尤其是对大型工程而言。例如,大型项目的资金或成本增加通常都与所在国的宏观经济因素有关,诸如通货膨胀、利率和汇率的波动等。而且,这些宏观层次的风险程度随着国际工程项目的规模增加而增加。此外,这些风险因素不是承包商所能控制的,如果发生此类风险当地的所有业务都会受到影响。

一、主要宏观风险

国际工程项目在国家或地区层次的主要宏观风险因素是指那些与经济、政治和社会变化有关的因素。

1. 政治风险

从 2011 年年初,中国企业的利比亚大撤退,到中电投公司缅甸水电项目被搁置等事件的发生,以及近年来东南亚、拉丁美洲、非洲和中东等地区爆发的政治危机,这些都给我国对外承包工程项目敲响了警钟,政治风险已经成为跨国经营无法回避的重要风险。

国际工程承包的一个显著特点是深受工程所在国政治形势的影响,在政局不稳定的国家和地区,政治风险使承包商可能遭到严重损失。而政治风险通常是承包商难以预测的。有的是由于国内激烈的政权争夺,有的是工程所在国或地区突然发生国际性的事件或外部的入侵,打乱了工程原有的秩序,甚至造成财产损失和人员伤亡。

政治风险主要包括战争、内乱、政权更迭、拒付债务和政府干预竞争等。政治风险突发性强,造成的损失常常具有全局性、系统性。

(1) 战争、内乱和政权更迭

战争和内乱对国际承包商来讲是最大的风险。一旦项目所在国发生动乱或者战争,就很容易发生政权更迭,进一步会导致工程项目终止或毁约,或者施工现场直接遭到损失。即便战争以后没有导致政权更迭,但是由于战争或者骚乱难免会使工程现场遭到破坏或者工人的解散,因而战争必然会使施工期限被迫拖延,成本提高。在停工期间,导致工程费用大大增加,使承包商支付许多额外开支。

(2) 国有化没收资产

在国际工程承包过程中,有些国家会由于某种原因,根据本国经济和政治的需要,突然宣布没收或者无条件占用国外资产,国际承包商会因此而受到严重的影响。即使当地政府可能给被没收资产的外国企业一定经济补偿,但这种补偿远远小于国际承包商的前期的资金投入,而且这种补偿又难以真正实现。因此,国际承包商一旦在工程承包过程中遇到这种情况,将会遭受严重的经济损失。

(3) 政府干预竞争

在国际承包市场上经常会发生政府干预国际工程项目的招投标的情况,特别是一些西方国家,经常利用政府间的合作、援助等外交方式干预国际工程的招投标。政府干预竞争,通常会从根本上改变局面,大大增加了国际承包工程的政治风险。

(4) 拒付债务

在国际承包市场上还会遇到项目所在国政府拒付债务情况。国际承包商通常又很难采取法律行动来维护自己的利益,特别是没有任何工程付款保证、当地政局比较混乱的国际工程项目,其风险就更大。

(5) 国际恐怖主义威胁

自"9·11"事件以来,恐怖主义活动更加频繁,涉及的国家更多,范围更广。在伊拉克、巴基斯坦和阿富汗等不稳定区域承包工程,工程技术人员难免会受到恐怖主义的威胁,如何保证外派人员的安全,成为每一个国际承包企业的重要问题。会直接影响对外施工队伍的建设,影响承包企业的健康发展。

2. 经济风险

国际工程项目受到工程所在国经济形势的影响,与政治风险一样,经济风险也是国际工程单位必须考虑的因素。国际工程项目经济风险主要包括通货膨胀、汇率变动、利率变动及换汇控制等。

(1) 通货膨胀

通货膨胀能够影响整个世界的经济形势,如果出现通货膨胀,劳务、材料、设备等支出就需要大幅度增加,如果采用固定总价合同,通货膨胀的产生会给国际工程承包单位带来巨大的损失。因此,需要对国际工程所在国家的经济形势进行全面、长远的分析。

(2) 汇率变动

国际工程项目工程款的支付一般是以项目所在国的货币形式,而国际工程单位在购买原材料、设备、发放工人工资时大都以美元或者承担单位所在国家的货币形式。国际金融市场不是稳定的,汇率的变动会给工程的结算带来很大的风险。一般而言,进行工程所在国家汇率风险分析时,需要综合考虑国家的外贸出口和外汇储备两方面因素。

(3)利率变动

利率风险是指由于利率波动导致项目实际收支的变动。国际金融市场的动荡使得利率也会经常波动。统计数据显示,过去十年间,美元利率曾高达10%,长期利率的变化也徘徊在5%~14%之间。这对于我国国际工程企业来讲,在项目融资和项目实施中无疑会遇到巨大的风险。

(4)换汇控制

换汇控制,又称外汇管制,是指有些国家对国际工程承包商兑换硬通货汇往国外实行严格的限制措施。如有些国家不允许将正当的利润换成硬通货汇出,有些国家虽然允许换汇或汇出,但往往设定一个很长的时间,这给国际工程承包商带来了一定的风险。

3. 社会文化风险

(1)文化差异

国际工程项目跨越国界,工程项目的管理人员、技术人员等在文化上的差异会导致不同的价值判断和行为取向,甚至会产生内部冲突,因此国际工程承包单位必须要考虑项目所在国的文化差异给项目带来的不确定性。

(2)风俗习惯和宗教信仰

不同国家、地区,不同的民族风俗习惯和宗教信仰千差万别,项目所在地的风俗习惯和宗教信仰可能会给国际工程项目的实施带来意想不到的困难。如在西非的马里共和国,必须要考虑当地对伊斯兰教的信仰。国际工程项目只有顺应当地的风俗习惯和宗教信仰,才能事半功倍。

(3)沟通障碍

国际工程项目往往采用多种语言、文字进行交流。文化的差异导致同样的话在不同文化背景的人有不同的理解,而沟通是否有效直接关系项目的实施过程,跨文化的沟通会给项目带来很高的风险。

二、风险识别

1. 风险识别原理

风险识别是用感知、判断或归类的方式对现实的和潜在的风险进行鉴别的过程。风险识别是风险管理的第一步,也是风险管理的基础,只有在正确识别出自身所面临的风险的基础上,才能采取有效的方法对风险进行处理。国际工程项目的风险识别是指国际承包商对所承包的项目可能遇到的各种风险的种类、形式、产生的后果进行分析,寻找项目的主要和次要风险,以便对风险进行分析、评价以及采取相应的风险对策。

承包商在对工程项目所要面临的风险及其产生原因进行分析时,首先要清楚了解项目自身情况,如项目所在国的政治经济等情况、项目资金来源、项目技术水平、应遵守的技术规范、工期进度、承包企业的合同范围、业主承担风险的范围等。同时还应了解项目的背景资料、业主的资信情况等。

2. 风险识别方法

1)专家调查法

专家调查法包括专家个人判断法、智暴法(Brain Storming)和德尔菲法等。该类方法主要利用各领域专家的专业理论和丰富的实践经验,找出各种潜在的风险并对后果做出分析和估计。

智暴法是一种刺激创造性、产生新思想的技术。由美国人奥斯本于1939年首创。智暴法常在一小组内以会议的方式进行。智暴专家组有下列人员组成:

(1)方法论学者:风险分析或预测学领域的专家,一般担任会议的组织者;

(2)思想产生者:专业领域的专家,人数占小组的50%~60%;

(3)分析者:专业领域内知识比较渊博的高级专家;

(4)演绎者:具有较高逻辑思维能力的专家。

专家组的人数一般在5~10人的范围内,会议不要开得时间太长;组织者要给发表意见者创造一个宽松的环境,以便使人们畅所欲言,便于产生新思想,新观点。将这种方法用于风险辨识上,就要提出这样的问题,供大家发表意见。如果进行某项活动会遇到哪些风险?引起这些风险的因素有哪些?其危害程度如何?(也可根据实际情况不问此问题)。为了避免重复,提高效率,应当将已有的结果向会议说明,使会议不必再花费很多时间去分析问题本身,或在表面存在的风险上滞留时间太久,而使与会者迅速打开思路去寻找那些新的、潜在的风险因素。可以看出,这种比较适合探讨的问题比较单纯、目标明确的情况,如果涉及面太广,包含的因素太多,就需要首先对问题进行分解,然后采用此方法。

德尔菲法起源于20世纪40年代末,最初由美国兰德公司首先使用,用于美国空军委托该公司研究一个典型的风险辨识课题。后来该方法被推广用于决策过程。使用该方法的一般程序是:

(1)选定与该项目有关的专家;

(2)以一种具有特殊形式的、非常明确的、用笔和纸可以回答的一些问题,用通讯的方式寄给被调查者(或在会议上发给被调查者,但他们彼此不能交流意见);

(3)问题的条目由问题的研究者拟定;

(4)问询分两轮或多轮进行;

(5)每一次反复都带有对每一条目的统计反馈,包括中位值以及一些离散度的量测数值(如上下四分点的数值),有时要提供全部回答的概率分布;

(6)回答在四分点之外的回答者可以被要求更正其回答,并陈述其理由,对每一次反复可提供必要的信息反馈;

(7)随着每次反复,所获得的信息越来越少,达到一定程度后,调查者视情况可以停止调查的反复。达到所追求的意见的收敛,但也不可以强求。

德尔菲法实际上是集中许多专家意见的一种方法,这比一个人的意见接近客观实际的概率要大。虽然从理论上尚不能证明这一意见能收集信息符合客观实际,但对于使用德尔菲法调查结果的可靠性,或者称作信度或者效度的问题,从美国加利福尼亚大学采用的试验方法对其进行检验的结果来看,其采用此方法得出的结果是比较可信的。

德尔菲法既适用于风险辨识,但同时也适用于风险的估计与决策,在本章中,主要将其用于工程项目的风险辨识中。

2)故障树分析法(分解法)

该方法利用图解的形式,将大的故障分解成各种小的故障,或对引起故障的各种原因进行分析。譬如,将工程项目风险分为市场风险、政策调整风险、资源风险和技术风险等。该方法经常用于直接经验较少的风险辨识,通过对项目风险层层分解,可使项目管理者对项目风险因素有全面的认识,在此基础上,对风险大的因素进行针对性的管理。不足之处是应用于大系统时容易产生遗漏和错误。

3)情景分析法

一种能够分析引起风险的关键因素及其影响程度的方法。它可以采用图表或曲线等形式来描述当影响项目的某种因素作各种变化时,整个项目情况的变化及其后果,供人们进行比较研究。

4)核对表法

核对表就是根据以往的经验(自己的和别人的)把可能构成项目风险的来源排列成一览表。将本项目的具体情况与之对照可以直接识别出风险或从中得到启发。核对表可以包含多种内容,例如以前项目成功或失败的原因、项目其他方面规划的结果(范围、成本、质量、进度、采购与合同、人力资源与沟通等计划成果)、项目产品或服务的说明书、项目团队成员的技能和项目可用的资源等。

5)项目工作分解结构法(WBS)

风险识别要减少项目的结构不确定性,就要弄清项目的组成、各个组成部分的性质及相互关系、项目同环境之间的关系等。项目工作分解结构是完成这项任务的有力工具,项目管理的其他方面,例如范围、进度和成本管理,也要使用项目工作分解结构。因此,在风险识别中利用这个已有的现成工具并不会给项目团队增加额外的工作量。

3. 风险识别程序

国际工程项目风险识别的步骤基本大体可以分为以下几个步骤:确定目标、明确重要的参与者、搜集资料、估计项目风险形势并根据直接或间接的症状将潜在的项目风险识别出来。由于项目是随着建设活动在不断发展变化着的,所以风险识别也要随着项目的发展而识别出那些新出现的风险,不断地完善工程项目风险的各种因素,并对风险应对措施和策略的修改和补充提供必要的信息和资料支持。

1)明确目标

风险识别的最终目标就是在国际工程承包当中减小风险带来的意外损失,保障企业的利益。风险识别的直接目标是为管理者的风险管理工作的下一步做好基础。风险识别的直接目标就是认识项目存在的各种风险,为下一步的风险的估计和评价做好前期准备工作。

2)明确重要的参与者

项目整个周期内的所有参与人员都是风险管理的范围,当然根据每个人在工程项目中扮演的角色不同,风险管理的侧重点也是不同的。各参与人员之间要团队合作,共同为项目建设出力。但是不同的项目岗位人员对于项目的风险控制是不一样的,要明确各种人员的建设活动中潜在存在的风险因素大小,灵活多变的识别各种风险。

3）估计项目风险形势

风险的发生是由于事件的不确定性,通过对工程项目风险形势的估计,可以大体上判断出项目是否具有实际建设意义,是否能在高风险中盈利等。利益与风险总是相互存在的,不可能只有利益,没有风险的事情;也不可能只有风险,却没有利益存在其中。所以当我们把握好风险,做好风险应对措施,才能在风险中获得利益。

三、风险估计

1. 风险估计概述

项目的风险估计是建立在对项目风险识别的基础上的,它是以项目各单个风险为对象,运用相关方法计算各风险因素发生的概率以及对整个项目造成的损失。估计和比较项目各种方案或行动路线的风险大小,从中选择出风险相对较小的方案,以减少项目实施过程中的不确定性。风险估计的对象是项目的各个单个风险,非项目整体风险。风险估计应考虑两个方面:风险事件发生的概率和可能造成的损失。风险事件发生可能性的大小一般用概率来表示,可能的损失一般用费用损失来表示。

2. 风险估计技术

1）损失期望值法

这种方法首先要分析和估计项目风险概率以及项目风险可能带来的损失大小,然后将二者相乘求出项目风险的损失期望值,并使用项目损失期望值去度量项目风险。对项目的各个风险进行排序。

2）模拟仿真法

模拟仿真法是用数学模拟或者系统法模型去分析和度量项目风险的方法。大多数这种项目风险估计的方法使用蒙特卡罗方法（Monte Carlo Method）或三角模拟分析法。这种方法可用来度量各种能量化的项目风险,通过改变参数并多次模拟项目风险以后就能得到模拟仿真计算的统计分布结果,并以此作为项目风险度量的结果。

3）专家决策法

在项目风险度量中最为经常使用的方法还有专家决策法,它一般可以代替或者辅助上面所讲过的数学计算和仿真的方法。例如,许多项目管理专家运用他们自己的专家经验做出的项目工期风险、项目成本风险、项目质量风险等的度量通常是很准确可靠的,甚至有时比数学计算与模拟仿真确定的项目风险度量还要准确和可靠,因为这些专家的经验通常是一种比较可靠的依据。另外,在很多项目风险度量中之要求给出高、中、低三种项目风险概率和几种项目风险损失不同严重程度的数据,而且精确程度一般要求并不高,所以使用专家决策法做出的项目风险度量结果一般是足够准确和可靠的。

四、风险应对

风险应对是在对工程项目进行风险识别、分析、估计以及评价的基础上针对项目具体情况对项目风险提出处置意见和办法。从而决定应采取什么样的风险控制措施以及控制措施应该采取到什么程度。国际工程项目具有风险多发性的特点，要完成项目预定的目标，必须要有一整套的项目风险应对措施。根据前述的风险识别、分析与预测，对风险主要采取规避、转移、投保、减轻和承受等风险应对措施。

1. 风险规避

风险规避是一种简单却比较消极的风险应对方法，承包商在通过前期的对项目的深入调查研究并对项目的风险进行风险评价之后，如果认定项目的整体风险水平远大于自身所承受的能力并且难以采取有效措施来避免或降低风险带来的损失，那么承包商便可以考虑风险规避，即放弃该项目。例如，国际承包商在前期的市场考察时，发现项目所在国政局动荡，极有可能发生战争或内乱，那么承包商这时就应考虑放弃该项目，否则将面临极大的政治风险，造成严重的经济损失。因此，风险规避在某种程度上也不失为是一种有效的风险应对措施。

2. 风险转移

(1) 向保险公司投保

国际承包过程中常见的第三方责任、施工过程中造成的人身伤亡、机械设备的损坏等可以通过购买保险的办法向保险公司转移风险。这也是国际承包合同中所规定的，一旦这些风险发生时由保险公司承担损失或部分损失。因此，在进行国际工程承包过程中，承包商一般都要支付一定的保险金，通过保险公司来降低某些风险造成的损失。

(2) 向分包商和转包商转移风险

除了向保险公司转移风险，国际承包商通常也会将某些风险转移给分包商。总承包商在和分包商在签订分包合同时，要严格要求分包商的资信和承包资质等条件，并要求他们提供履约保函、预付款保函、维修保函等保函，以使他们分担一部分相应的风险。这在国际通用的分包和转包合同的范本中也有明确规定，因此，熟悉国际惯例的分包也都能接受这样的要求。

3. 风险减轻

风险减轻，是指在风险损失发生之前，就采取措施降低损失的严重性和损失发生的机会。风险减轻是一种积极主动的风险应对措施。国际承包商为防止业主违约一定要在合同中明确自己的索赔权利。在日常的风险管理中，对相关人员进行的风险管理教育，让各层管理者都树立风险意识，加强风险控制，尽量在风险造成损失之前就采取有效的措施降低其损失严重性。另外，承包商在投标时要认真研究招标文件和合同条款，争取公平合理的合同条款，以减轻承包商在工程实施阶段面临的风险。

4. 风险分散

风险分散是指增加承受风险的单位以减轻总体风险的压力，从而使项目管理者减少风险损失。有实力的国际承包商可以通过多样化的投资经营来分散风险，承包商可以在不同的国家、不同的领域投资不同的项目以分散风险。当多个项目的风险之间互不相关时，它的总风险最小，所以抗风险能力最强。目前许多国际投资公司已经通过入股、合资和合作等方式扩大投资面和经营范围，同时又能与许多企业共同承担风险，进而降低了总经营风险。但采取这种方法的同时，也可能将利润分散。随着经济全球化和竞争自由化的发展，多元化发展也是国际承包商的一个发展趋势。

5. 风险自留

风险自留也称为风险承担,是指企业自己非理性或理性地主动承担风险,即指一个企业以其内部的资源来弥补损失。风险自留是指项目风险保留在风险管理主体内部,通过采取内部控制措施等来化解风险或者对这些保留下来的项目风险不采取任何措施。风险自留与其他风险对策的根本区别在于:它不改变项目风险的客观性质,即既不改变项目风险的发生概率,也不改变项目风险潜在损失的严重性。一般来说,承包商的风险承受能力大于项目某些风险而这些风险又暂时找不到更好的方法来降低,可以考虑风险自留。比如:项目费用超支了,就可以用项目投入运营后的盈利来抵消,相当于认可降低利润。对于承包商无力承担的项目风险,则不要考虑风险自留,而应当采取一系列措施回避、减轻、分担和转移风险。

 拓展阅读:墨西哥高铁项目

2014年11月3日,墨西哥通信和交通部宣布中国铁建联合体递交的从墨西哥城至克雷塔罗市的高铁项目投标书符合墨西哥招标法条例,确定该联合体中标。这条高铁是整个西半球唯一一条真正意义上的高铁,也是我国高铁建设、装备和标准整体输出的第一单,将是中国高铁真正意义上走出去的里程碑,其重要性不言而喻。然而,四天后,墨西哥总统恩里克培尼亚涅托决定撤销高铁项目招标结果,并择日重新招标。

援用墨西哥通信与交通部部长埃斯帕扎的说法,墨西哥方面取消招标结果的原因是"为了避免出现对投标程序合法性和透明度的质疑"。可是就在4天前的招标结果新闻发布会上,墨西哥方面还强调,项目招标过程完全公开透明,符合法律要求。墨西哥反对党参议员开始质疑政府可能存在问题。在在野党的压力下,培尼亚政府只能取消高铁项目的投标结果。

高速铁路系统不论从哪个方面来看都是非常复杂的系统。从组成结构来看,它包括机务、车务、工务、电务、动车组检修和供电六个子系统;从建设、运营、维护的角度来看,又涉及征地拆迁、人员培训、物资设备供应、品牌维护等数十个方面;从国家宏观调控的角度来看,它又涉及政治稳定、经济繁荣、社会民生等一系列敏感问题;从项目管理的角度来看,它涉及成本控制、质量控制、进度控制等问题。高铁系统的复杂性决定了它总体成本高、前期投资大、项目生命周期长、影响范围广、技术含量高等特点。

正是因为高铁系统所具有的这些特点,才让中国走出去的高铁项目与其他项目相比面临更为巨大的政治风险和社会风险。

(一)政治风险

由于高铁项目前期投资大、总成本高、收益低的特点,世界上几乎没有哪家独立的公司能够独自承担这样的项目。所以当一个国家或地区提出修建高铁的时候往往是政府出面,通过某种行政手段促成这样的项目。从更为宏观的角度来看,大国之间的博弈使得高铁项目具有较高的政治风险。泛亚铁路作为中国"一带一路"国家战略的重要组成部分,一方面能够打开中国西南地区对外开放的门户,另一方面也能够改善中国与南亚十国的多边关系。

(二)社会风险

高铁,作为一种新型的运输工具,在给人们带来高速、安全和便捷的旅途感受的同时,还给货运腾出了大量的运能,可以说带来的社会效益闪耀夺目,无法轻视。的确,高铁带来的社会繁荣似乎毫不费力。然而,"毫不费力源于自身的不断努力",高铁建设过程中的线路选取、站点设置背后的区域协调、征地拆迁、用工、宗教等问题都面临着巨大的社会风险。

外在的社会风险更难以预测。高铁是一个生命周期很长的项目。几年的建设加上几十年甚至上百年的运营维护需要一个稳定的社会治安环境。然而现实的情况是，很多国家和地区并不具有这样的社会环境，恐怖袭击以及黑社会组织活动往往让高铁项目处在一个很难预测的社会环境里。高铁项目特性决定了它注定会面临巨大的政治风险和社会风险。在技术方面，中国高铁企业是自信的，然而技术是内生的、中性的，它本身不具有对外协调、对外沟通的能力，而高铁走出去是整个高铁系统的对外输出。如果这个系统与周围的政治、社会环境不能和谐相处，即使技术再一流，也不一定能在国外站稳脚跟。

高铁国际合作项目的风险管理建议如下：

（一）政治风险管理建议

政治本身具有很大的不确定性，作为政治活动的副产品，政治风险显得更加变幻莫测。处理好政治风险是国际合作项目管理的必修课，中国高铁企业需要从四个方面防范政治风险。

首先，要了解项目所在国的政治生态环境及其演变进程。摸清该国是一党执政还是多党执政、民众支持率如何、政治状况是否稳定、腐败问题是否严重。一个国家政局在发生变化之前不可能没有半点迹象，参与国际合作项目的中国高铁企业可以通过查看商务部发布的投资环境报告、购买国际咨询服务、积极与当地政府沟通、自行开展情报收集分析工作等来了解和预测项目所在国的政治环境。

其次，深入考察合作伙伴。国际项目合作往往会涉及不同的组织机构，拿高铁项目来说，合作伙伴就包括咨询伙伴、设计伙伴、物资供应伙伴、工程合作伙伴和劳务伙伴等。中国高铁企业在与这些合作伙伴确定合作关系之前一定要对他们的背景进行考察，以降低政治风险发生的可能性。

最后，注重保险，转移风险。百密总有一疏，就算做好自己所有该做的工作，对于风险防范而言也并非意味着高枕无忧，因为风险本身就充满了不确定性。这时商业保险就可以发挥巨大的价值。为项目购买保险，当项目遭遇到政治风险时，就可以把损失尽可能地降到最低。

（二）社会风险管理建议

墨西哥高铁项目着实给中国高铁企业在社会风险管理方面上了一堂大课。为预防社会风险，中国高铁企业需要做好四个方面的工作。

首先，知己知彼，百战不殆。中国高铁企业要了解项目所在国的社会治安环境是否良好，有哪些与中国不一样的风俗文化，民众有哪些需求，民众对企业的初期印象如何，当地工作制度是否允许一天24小时三班倒，当地人的办事效率高不高，是否重视承诺，有哪些宗教限制等。如果不了解这些关键的因素，势必会对中国高铁企业造成巨大的损失。事实上，中国高铁行业应该形成行业智库，专门研究不同国家的风俗文化对项目建设的影响。这样不仅可以降低社会风险，还能提高企业在竞争海外项目时的竞争力。

其次，重视形象，承担责任。中国高铁企业应该注重企业形象的培养，积极参与社会公益活动，主动承担社会责任。很多管理者认为，参与社会公益活动，承担社会责任会增加企业的成本。这其实是对企业软实力管理的一个误解。美国管理学家罗宾斯在他的畅销书《管理学》里明确提到，没有充分的证据证明，企业承担社会责任降低了企业的效益。而对于走出国门的中国高铁企业，如果不主动承担当地社会责任，不能给当地人留下良好的印象，对长期运营维护的高铁系统而言无疑是很大的隐患。

再次，培育文化，一主多元。企业文化是企业软实力的重要方面。很多中国高铁企业都具有自己独特的企业文化。然而，当企业文化与项目所在国的风俗文化有差异的时候该怎么办呢？要真正成为跨国企业，企业员工也需要本地化，因而应当提倡在公司文化的基础上培育一种具有当地风俗文化特点的亚文化。因为对于本地化的企业员工，这种亚文化可以提高他们的工作满意度，从而提高企业在当地的形象。

最后，掌握舆情，因势利导。这要求中国高铁企业做好民众针对项目的信息收集分析工作，充分了解百姓关于高铁项目的诉求，分析出哪些问题是细枝末节，哪些问题亟待解决。这还要求高铁企业与社会媒体进行良好互动，通过大众媒体去改变民众对企业的态度。

第二节 重要问题之合同管理

一、合同文本

如何才能有效地做好合同管理呢？要想有效管理合同，最为重要的是正确认识合同，解读合同。

1. 合同的构成

想管理好合同，首要的是要知道什么是合同，合同是由哪些文件和内容构成。在这一问题上，有很多人错误地把工程招标文件和投标文件当成合同，这显然是一种错误的认识。诚然，招标文件和投标文件是合同的基础，但两者绝非是等同的关系。首先，并非所有的招标文件和投标文件都转化成合同。通常，招标文件中的通用条款和特殊条款及施工规范/标准和图纸会转化成合同的一部分。但须注意，这些内容并非原封不动的转化成合同，往往合同双方会对某些内容进行修改，修改的部分作为变更协议加入到合同中。投标文件的费率表也会转化成合同的一部分。其次，合同也并非仅局限于上述文件，除上述文件外，主协议（正式协议）及授标函等也是合同的一部分。由于每一个项目的主合同构成并非一成不变，所以当解读合同时首先要弄清合同的构成。

2. 合同各部分的优先级别

在研读合同的具体内容时，有时合同中的某些条款是相互矛盾的。在实际操作过程中，合同双方在引用这些条款时，往往都引用有利于自己一方的条款来维护自身利益。如果对方对合同理解不深或对合同内容不慎了解，就会被蒙骗。在这种情况下，对合同组成部分的优先顺序的认识就显得至关重要了。通常在主协议中都会告知这些构成部分的优先级别，通常原则为，主协议是最高级，授标函次之，特殊条款高于通用条款。这些优先次序应时刻牢记在心，尤其当合同双方各自引用对自己有利的合同条款驳斥对方时，这个优先次序原则就更为重要了。我们可以引用级别较高部分的条款来驳斥对方。因此，我们认为，较好的阅读合同方式为：按照优先次序从高至低的研究合同。

3. 注意合同中对术语及一些概念的解释

在对待合同中的术语及概念上，人们往往容易犯经验主义错误，凭着自己的经验想当然地理解这些术语和概念。通常在通用条款和特殊条款中，都会首先对合同中的重要术语和概念进行解释。对于这些概念和术语，我们一定要认真研读。在研读的过程中，我们要注意两方面，一是本合同中对术语和概念的解释是否与我们在国内的解释相一致，其次是在通用条款和特殊条款中，是否对同一术语和概念的解释有不一致或矛盾的地方。当然，如果有矛盾的地方，根据合同优先顺序原则，我们应以特殊条款的解释为准。在众多的术语和概念的解释中，尤其要注意对于"机械竣工"这个概念的解释。容易产生歧义的地方是，机械竣工是否包含竣工资料的提交及批复。承包商往往理解为施工实体的完工，不包括非现场工作部分,即竣工资料的整理和提交。

4. 合同条款存在的前提条件

每个事物的存在都有其存在的前提条件,当这个事物的前提条件变化或消失,这个事物可能就不存在。合同中所列的条款也有其存在的前提条件。当这些前提条件变化了,这些条款也就不适用了。例如,在合同条款中规定,"在必要的时候,承包商应增加资源,但对于增加资源所产生的相关费用,业主不予承担;承包商可以加班,但加班所引起的费用增加,业主也不予以承担。"合同中的这些条款是否就意味着承包商无权就增加的资源及加班向业主进行索赔。答案当然是否定的。要想回答这个问题,首先要看这些条款存在的前提条件,如果承包商的工作范围未变,没有任何的设计变更,业主在充分保证承包商原计划工期的前提下,承包商由于自身原因造成施工滞后,为了弥补损失的工期采取增加施工资源及加班等赶工措施,则承包商无权向业主就赶工进行索赔。但如果由于业主原因造成开工延迟,或在施工中由于业主不能按时移交作业带而影响施工进度,则承包商有权获得工期补偿,即机械竣工应相应顺延。但如果业主坚持原竣工日期不变,则承包商所享有的工期被缩短,而为了按期完工,承包商不得不采取增加资源及加班的赶工措施来加快施工进度。在这种情况下,由于工期已经改变,上述合同中有关增加资源及加班条款存在的前提条件已改变,因此,这些条款已经不适用。从而承包商有权获得索赔。

5. 合同所适用的法律法规

合同中一般都有具体条款写明本合同适用于哪个国家或地区的法律法规。通常往往是适用于工程所在国的法律法规,但也有适用于第三国家的法律法规。无论适用于哪个法律法规,我们都应去认真研究合同中所涉及的相关法律法规。作为国际工程的承包商,要特别注意研究税法,如公司营业税、印花税、公司及个人所得税、利润税、社会保险、消费税、进口税、海关进出口规定,外汇管制,劳工法和保险法等。在研究这些法律法规的时候要清楚地知道哪些条款对我们是有利的,在合同执行中要加以利用,如合理的避税;哪些是对我们不利的,我们如何能规避这些不利条款,如转移给业主或分包商等。

二、合同变更优化

在工程管理实务中,因工程合同本身的缺陷、合同履约环境的复杂性,以及人的有限理性,工程合同履行过程中存在诸多变化因素。常规的工程变更是指业主方(包括业主方的工程师)根据合同赋予的权利,对合同中原先规定的工程要求提出变动,并为此承担工期和费用的责任,承包商没有直接变更的权利,但承包商若认为原施工方案存在不妥,可以进一步优化,并根据合同条款的约定向业主提出优化建议,待业主方批准优化建议后,承包商便可以实施优化方案,这种做法也是一种特殊的工程变更。工程变更优化是国际工程合同管理中常见的业务现象,也是保护承包商自身利益的重要措施。在国际工程实务中,由于业主和承包商的多元利益诉求本身存在极大差异,特别是在具体的变更优化处理过程中,双方的博弈过程异常艰难和复杂,如何有效地完成变更谈判并且获得业主认同是承包商必须思考的重要问题。

三、合同中的索赔管理

1. 索赔管理概述

1) 索赔的定义

索赔的英文对应词为"Claim",含义非常广泛。在国际工程承包活动中,索赔是指签订合同的一方,依据合同的有关规定,向另一方提出调整合同价格,调整合同工期,或其他方面的合理要求,以弥补自己的损失,维护本身的合法权益。在国际工程承包实践中,经常使用索赔和反索赔(Counter Claim)的概念。前者是承包商向业主提出索赔,后者则是业主向承包商提出索赔。索赔包含了四层意思:

(1) 一方认为是他应获得的;
(2) 向对方申请或要求;
(3) 双方尚未达成协议;
(4) 索要的是一种权利或付款。

2) 索赔的原因

建设项目由于本身的特点,使其在实施过程中,受到多种因素的干扰,如水文地质条件、政策法规变化和人为干扰等,其中,人为的干扰因素最多。这些干扰因素导致制定的计划与实际差别较大,增加了施工的风险性。

承包商承揽工程项目,其唯一目的是为了获取利润,维持其生存和发展,但其履约行为又受到合同的制约。承包商为了达到盈利目的,就必须采取合法的途径,在费用超支时,利用合同中可以引用的条款提出索赔,以保护自己的利益。因此,在国际工程承包活动中,随时可能发生各种难以预料的索赔情况,关键是要把握住索赔时机。

导致承包商实施工程的费用增加和造成工期延误的主要原因列举如下:

(1) 施工条件变化

在工程施工中,尽管在开始施工前承包商已分析了地质勘查资料,并且也进行了现场实地考察,但对于施工现场条件,尤其是现场地质条件,很难准确无误地发现全部的问题,而这些问题一旦出现,会对合同价格和合同工期产生较大影响。经常遇到的施工条件变化包括:

① 不利的外界障碍和条件,如无法合理预见的地下水、地质断层等;
② 发现化石、古迹等;
③ 发生不可抗力事件,如洪水、地震等自然灾害。

(2) 工程师方面的原因

工程师在实施项目过程中,利用施工承包合同及咨询服务合同赋予他的权力,承担监督和服务的角色。他必须监督承包商按合同规定实施项目,同时需要在各方面协助承包商顺利完成项目。因此,工程师的言行也是承包商提出索赔的主要原因,主要表现在以下几个方面:

① 工程师未能按时向承包商提供施工所需图纸;
② 工程师提供不准确的数据;
③ 工程师的指示:如指示承包商进行合同规定之外的勘探、试验、剥露,指示暂停施工等;

④工程变更:有的变更工作必须在工程师发布变更指示后马上实施,有的则在确定变更工作的费率或价格后再实施。

(3)业主方面的原因

业主方面的原因包括以下三方面:

①业主的风险,如战争、叛乱、暴乱等;

②业主未能提供施工所需的足够大的现场;

③业主违约,如没有及时向承包商支付已完成工程的款项,或因某种原因提出中止合同等。

(4)合同本身的原因

合同本身原因包括以下几方面:

①合同论述含糊不清;

②合同规定为其他承包商提供服务;

③合同额增减超过15%;

④法律、法规的变化,货币及汇率的变化。

2. 工程索赔依据与索赔程序

FIDIC合同条件索赔程序规定了各方在索赔事件发生后,如何在限定的时间内发出索赔通知和提交有关证明资料,并保持事件的同期记录,做到有章可循。

1)索赔依据

承包商或业主提出索赔,必须出示具有一定说服力的索赔依据,这也是决定索赔是否成功的关键因素。索赔的一般依据有以下几方面:

(1)构成合同的原始文件

构成合同的文件一般包括合同协议书、中标函、投标书、合同条件第一部分、合同条件第二部分、规范、图纸以及标价的工程量清单。

合同的原始文件是承包商投标报价的基础,承包商在投标书中对合同中涉及费用的内容均进行了详细的计算分析,是施工索赔的主要依据。

承包商提出施工索赔时,必须明确说明所依据的具体合同条款。

(2)工程师的指示

工程师在施工过程中会根据具体情况随时发布一些书面或口头指示,承包商必须执行工程师的指示,同时也有权获得执行该指示而发生的额外费用。但应切记:在合同规定的时间内,承包商必须以书面形式要求工程师确认其口头指示,否则,将视为承包商自动放弃索赔权利。工程师的书面指示是索赔的有力证据。

(3)来往函件

合同实施期间,参与项目各方会有大量往来函件,涉及的内容多、范围广。但最多的还是工程技术问题,这些函件是承包商与业主进行费用结算和向业主提出索赔所依据的基础资料。

(4)会议记录

从商签施工承包合同开始,各方会定期或不定期的召开会议,商讨解决合同实施中的有关问题,工程师在每次会议后,应向各方送发会议纪要。会议纪要的内容涉及很多敏感性问题,各方均需核签。

(5) 施工现场记录

施工现场记录包括施工日志、施工质量检查验收记录、施工设备记录、现场人员记录、进料记录以及施工进度记录等。施工质量检查验收记录要有工程师或工程师授权的相应人员签字。

(6) 工程财务记录

在施工索赔中，承包商的财务记录非常重要，尤其当索赔是按发生的实际费用计算时，更是如此。因此承包商应记录工程进度款支付情况、各种进料单据以及各种工程开支收据等。

(7) 现场气象记录

在施工时，如果遇到恶劣的天气条件，除提供施工现场的气象记录外，承包商还应向业主提供政府气象部门对恶劣天气的证明文件。

(8) 市场信息资料

市场信息资料主要收集国际工程市场劳务、施工材料的价格变化资料和外汇汇率变化资料等。

(9) 政策法令文件

工程项目所在国或承包商国家的政策法令变化，可能给承包商带来益处，也可能带来损失。承包商应收集这方面的资料，及时提出索赔。

2) 索赔程序

FIDIC 条款索赔程序(Procedure For Claim)，为业主和承包商均提供了一个公平合理的处理方式，双方中，无论哪一方，如果欲向对方索取费用和工期补偿，就必须遵守该索赔程序，否则将不会得到任何补偿。该程序对索赔的通知和证明均有时间限制，并要求保持同期记录。具体的索赔程序如下：

(1) 提出索赔意向通知

凡是由于业主或工程师方面的原因，或由于其他非承包商原因，造成工程范围或工程量的变化，引起工程拖期或费用增加时，承包商均有权提出索赔，但应在合同规定的时间内，向工程师发出索赔意向通知。

当出现索赔事件时，承包商应在引起索赔的事件第一次发生之后的 28 天内，将其索赔意向通知工程师，并送业主一份副本。同时承包商应继续施工，并保持同期记录。如承包商能主动请工程师检查索赔事件发生时的同期记录，并请工程师说明是否需做其他记录，这对保证索赔成功是非常必要的。

承包商应允许工程师审查所有与索赔事件有关的同期记录，当工程师要求时，应向工程师提供同期记录的副本。

(2) 报送索赔资料

① 报送索赔资料的时间

承包商应在发生索赔事件后，尽快准备索赔资料，在向工程师发出索赔通知后的 28 天内，或在工程师同意的合理时间内，向工程师报送一份索赔报告，说明索赔款额和索赔的依据。

如果索赔事件具有连续性影响，承包商的上述报告将被认为是第一次临时详细报告，并每隔 28 天或按工程师可能合理要求的时间间隔，提交进一步的临时详细报告，说明索赔的累计总额和本期索赔款额和依据。承包商在索赔事件所产生的影响结束后 28 天内向工程师发出一份最终详细报告,说明索赔的最终总额、工期延长的天数和全部的索赔依据。

②索赔报告编写

承包商的索赔可分为工期索赔和费用索赔,一般而言,应分别编写和报送。一个完整的索赔报告应包括如下内容:

a. 总论部分,概括地叙述索赔事项,包括事件发生的具体时间、地点、原因和产生持续影响的时间;

b. 合同论述部分,主要说明是依据合同条件中的哪些条款提出该项索赔;

c. 索赔款额和(或)工期延长的计算论证;

d. 证据部分,包括收据、发票和照片等。

(3) 索赔处理

按国际工程施工索赔的处理惯例,工程师收到承包商发出的索赔通知后,在不必承认业主责任的情况下,应马上审查承包商的同期记录,并要求承包商补充必要的资料。同时,工程师应论证索赔原因、索赔依据、索赔款额和应给予的工期延长,并与业主和承包商进行适当协商,做出索赔事项的处理决定。

对于有连续性影响的索赔事件,工程师应在收到承包商提交的临时详情报告后,做出临时延期和临时支付索赔款的决定。在收到最终详情,全部情况核实后,工程师应与业主和承包商进行协商,对该索赔事件所需延长的全部工期和应支付的费用做出最终决定。但需注意,最终决定的结果不应导致减少工程师已决定给予的工期延长值和费用索赔值。

如果承包商提供的索赔报告可使工程师确定应付的全部或部分金额时,则工程师应在当月的中间支付证书中包括承包商已证明的全部或部分索赔款额。

如果承包商不满意工程师对索赔的处理决定,则须采取下列方法之一对工程师的决定做出反应。

①向工程师发出对该索赔事件保留继续进行索赔权利的意向通知,等到颁发整个工程的移交证书后,在提交的竣工报表中做出进一步的索赔;

②在合同规定的时间内进行友好协商解决或提交仲裁。

3. 索赔值的计算

1) 索赔费用的组成

索赔费用应与投标合同价的每一项费用相对应,包括直接费、间接费、利润和其他应补偿的费用。其组成项目如下:

(1) 直接费

①人工费,包括人员闲置费、加班工作费、额外工作所需人工费用、劳动效率降低和人工费的价格上涨等费用。

②材料费,包括额外材料使用费、增加的材料运杂费、增加的材料采购及保管费用和材料价格上涨费用等。

③施工机械费,包括机械闲置费、额外增加的机械使用费和机械作业效率降低费等。

(2) 间接费

①现场管理费,包括工程师食宿设施、承包商人员食宿设施、监理费、代理费、交通设施

费以及其他费用。

②上级管理费,包括办公费、通讯费、旅差费和职工福利费等。

③利润,一般包括合同变更利润、合同延期机会利润、合同解除利润和其他利润补偿。

④其他应予以补偿的费用,包括利息、分包费、保险费用和各种担保费等。

2) 工期索赔的计算

(1) 工期索赔的原因

在施工过程中,由于各种因素的影响,使承包商不能在合同规定的工期内完成工程,造成工程延期(Delay)。造成延期的一般原因如下:

①非承包商的原因

由于下列非承包商原因造成的工程拖期,承包商有权获得工期延长:

a. 合同文件含义模糊或歧义;

b. 工程师未在合同规定的时间内颁发图纸和指示;

c. 无法合理预见到的障碍或条件;

d. 处理现场发掘出的具有地质或考古价值的遗迹或物品;

e. 工程师指示进行未规定的检验;

f. 工程师指示暂时停工;

g. 业主未能按合同规定的时间提供施工所需的现场和道路;

h. 业主违约;

i. 工程变更;

j. 异常恶劣的气候条件。

上述10种原因可归结为以下三大类:

a. 业主的原因,如未按规定时间提供现场和道路占有权,增加额外工程等;

b. 工程师的原因,如设计变更、未及时提供施工图纸等;

c. 不可抗力,如地震、洪水等。

②承包商原因

承包商在施工过程中可能由于下列原因,造成工程延误:

a. 对施工条件估计不充分,制定的进度计划过于乐观;

b. 施工组织不当;

c. 承包商自身的其他原因。

(2) 工程拖期的分类及处理措施

工程拖期可分为如下两种情况:

①由于承包商的原因造成的工程拖期,定义为工程延误,承包商须向业主支付误期损害赔偿费。工程延误也称为不可原谅的工程拖期(Non-Excusable Delay)。如承包商内部施工组织不好,设备材料供应不及时等。这种情况下,承包商无权获得工期延长。

②由于非承包商原因造成的工程拖期,定义为工程延期,则承包商有权要求业主给予工期延长(Extension of Time)。工程延期也称为可原谅的工程拖期(Excusable Delay)。它是由于业主、工程师或其他客观因素造成的,承包商有权获得工期延长,但是否能获得经济补偿要视具体情况而定。因此,可原谅的工程拖期下又可分为:

a. 可原谅并给予补偿的拖期(Excusable and Compensible Delay),拖期的责任者是业主或工程师;

b. 可原谅但不给予补偿的拖期(Excusable but not Compensible Delay),这往往是由于客观因素造成的拖延。

4. 解决争端的方式

在合同各方之间出现争端时,只要各方本着求同存异的愿望,就能顺利解决争端。解决争端的方式很多,但应首选既省时又省力的友好解决方式,这也是各仲裁机构的愿望。

1)友好协商解决

FIDIC 合同条件规定:在对争端事宜进行仲裁之前,双方应首先将争端事宜提交工程师,由工程师做出处理决定,然后,如果某一方不接受工程师的决定,则应在合同规定的时间内,向对方发出提交仲裁的意向通知书,同时将一份副本送交工程师。在发出将争端事宜提交仲裁的通知后 56 天内设法友好协商解决,否则,将在该通知发出 56 天后(包括第 56 天),开始仲裁。由此可以看出,在 FIDIC 合同条件中给予争议各方两次通过友好协商方式解决争端的机会,充分强调了友好协商解决争端的重要性,即避免耗时、费力又昂贵的仲裁。

友好协商解决有以下两种方式。

(1)双方当事人直接进行谈判解决争端。这通常是解决争端的首选方法,即快捷又经济。双方在谈判中,互谅互让,达成解决争端的一致意见。

(2)邀请中间人进行调节解决争端。这里的中间人是指双方均熟悉且值得信赖的某个人或专门的组织。中间人通过与争议双方充分接触,在全面调查研究的基础上,对所争议的事项提出一个公正合理的处理建议供双方参考并接受,该建议对双方无约束力。中间人是在与双方充分协商的基础上提出此建议,故一般情况下,如果双方本着求同存异的原则,希望和谐地完成全部合同义务,就能圆满解决问题。遗憾的是,有时双方各执己见,不愿做出任何让步,最后只得进行仲裁或向法院提起诉讼。

2)争端评审委员会方式

争端评审委员会方式(Dispute Review Board,DRB)是在国际工程承包实践中,逐步发展起来的一种新的解决争端的方式。在世界银行贷款项目中,曾多次成功地采用该方式。目前,我国利用世界银行贷款正在建设的四川二滩水电站项目和河南黄河小浪底水电站项目都是采用争端评审委员会方式解决争端。

该种方式的优点是处理争端快捷省时;解决争议的地点是施工现场,对项目的干扰最小;解决争端所需费用低;争端评审委员会成员均是双方认可的技术专家,解决争端的建议便于争议双方接受和执行。

争端评审委员会方式是介于工程师处理争议和仲裁或诉讼处理争议之间的一种解决争端的方式。处理争端的程序,并不影响工程师处理争议事项的程序,当任一方对工程师的决定不满意时,可将争端事项提交争端评审委员会进行解决。如果在合同规定的时间内,任一方不满意争端评审委员会做出的决定,仍然可以提交仲裁或提起诉讼。否则,争端评审委员会的决定将是终局性的,对双方均具约束力。

通常争端评审委员会由 3 名成员组成,双方各指定一名,再由该两名成员指定第三名。在合同中应对 DRB 成员的基本要求、指定成员的方式、委员会的工作程序和工作方法做出规定。同时应规定争端评审委员会的成员应定期访问现场和召开各方参加的现场会议,了解工程实际进展状况,听取各方对工程进展状况以及存在问题的说明,及时处理工程中产生的争端,对一些可能出现的争端事项提出避免方法。

如果合同双方决定采用争端评审委员会方式,则应在合同正式开始履行之前组成争端评审委员会,并在合同签订后开始工作。

3) 仲裁

FIDIC 合同条件规定:对履行合同义务的任何争端事宜,应首先以书面形式提交工程师,并将一份副本送交对方。工程师应在收到该文件后的 84 天内将其决定通知业主和承包商,业主和承包商应立即执行工程师的决定。

如果任何一方不满意工程师的决定,应在工程师的决定变成最终决定之前向对方发出提交仲裁的意向通知。否则,双方在收到工程师有关此决定的通知 70 天后,工程师的决定将变成最终决定,对双方均有约束力。此时,如果一方拒不执行工程师的决定,则另一方可将此未履约行为提交仲裁,强制对方执行工程师的决定。

在处理争端事宜中应注意以下几点。

(1) 发出提交仲裁通知的时间

在下列情况下,争议双方的任何一方,可向对方发出将争议事项提交仲裁的意向通知,同时,将一份副本送交工程师,该通知确定了发出通知方将争端提交仲裁的权利。通知发出后,工程师的决定对双方将不再具有约束力,具体体现在以下两方面:

①对工程师的任何决定不满意,可在收到工程师的决定后 70 天内,向对方发出提交仲裁的意向通知;

②工程师未能在收到一方提交的争端文件后 84 天内发出所作决定的通知,则在此 84 天期满后的 70 天内,向对方发出提交仲裁的意向通知。

(2) 提交仲裁后的友好解决

争端事件提交仲裁后,双方应设法进行协商,友好解决争端。如果在提交仲裁的意向通知发出后 56 天内未达成一致,则开始仲裁。

(3) 仲裁

除非双方另有协议,所有争端均应按国际商会的调解与仲裁章程进行仲裁,由一名或数名仲裁人予以最终裁决。

工程师在收到任一方提交的争端事宜时,应注意,最好由工程师公司中的一位资历较深,且未参与本合同日常管理的人来处理。

在国际经济合作中,由于有联合国发布的《承认及执行外国仲裁裁决公约》的约束,不仅所有该公约的缔约国,而且世界上绝大多数的国家都承认和执行国际仲裁机构的裁决。因此,胜诉方可向对方所在国的法院提起诉讼,由法院强制对方执行仲裁裁决。

4) 诉讼

诉讼是一种通过司法途径解决双方争端的方式。如果采用此种方式解决争端,应在合同条件中列入相应的条款,明确规定在出现合同争端时,应提交给某一指定法院进行审理和做出判决。

在提起诉讼后,整个审理过程应遵守该法院的诉讼规则和程序。在做出判决后,如果败诉方拒不执行法院的判决,胜诉方可请求法院予以强制执行;如果该法院无法强制败诉方执行判决,胜诉方可直接向有管辖权的外地或外国法院申请承认和执行。

法院在受理申诉后,其审理过程一般是公开的,故不利于保守当事人的商业秘密和维护当事人的商业信誉。如果争议涉及公司的商业机密应采用其他解决争端的方式。

第三节 重要问题之工程担保与工程保险

一、国际工程担保

1. 国际工程担保的概念及起源与发展

工程担保是指担保人(银行、担保公司、保险公司、其他金融机构和商业团体或个人)应工程合同一方(即被担保人)的要求向另一方(即权利人)做出书面承诺,保证如果被担保人无法完成其与权利人签订的合同中规定应由被担保人履行的义务,则由担保人代为履约或做出其他形式的补偿。工程担保的原理在于通过信用机制来规范市场行为,加强建设市场各方主体的责任关系。

工程担保最早起源于美国。首先出现的是以个人身份为其他人的责任、义务或债务提供的个人担保,但这类个人担保存在很大的不足,往往可能因为担保人的意外亡故或担保人无力履行担保义务或其他原因而使承诺落空。为了解决个人担保的局限性,1894年,美国联邦政府正式认同了公共担保制度,以专业担保公司取代个人担保。同年,美国国会通过了"赫德法案",要求所有的公共工程必须先取得工程担保。1908年,美国担保业联合协会成立,标志着担保业开始有了自己的行业协会。1909年,托尔保费制定局成立,为美国担保业联合会会员制定费率。1935年,美国国会通过了"米勒法案",根据该法案的要求,所有参与联邦公共工程建造的总承包商必须提供履约担保和付款担保,用以保证承包商履约并按时付款给材料供应商和工人。1942年以后,许多州通过了《小米勒法案》,公共工程担保制度在美国开始推广实行。美国对工程担保有严格的法律规定,在美国境内从事工程担保业务的公司,必须经美国财政部评估、批准,并且每年都要进行复核验收,公布资质合格的担保公司的名单。

从美国100多年工程担保的历史来看,工程担保制度对于建立激励和惩罚机制,建立建筑市场的信用管理系统,规范建筑市场行为等方面都发挥了极大的作用,这对于解决我国工程风险管理问题也有很高的借鉴价值。我国目前面临的主要问题在于:一方面,业主的行为得不到有效的制约,压价、回扣、垫资、拖欠工程款等行为极大地损害了承包商的利益;另一方面,承包商存在着非法转包、资质挂靠、拖延工期、延付工人工资、拖欠供应商货款和逃避保修责任等行为。这样一来,导致了工程建设质量低劣以及建筑市场行为混乱等现象。

工程担保制度的实质在于利用利益约束机制解决利益问题,它建立在被担保人的信用等级和履约能力上,依靠的是一种信用机制。在工程担保的实践中,担保人要对被担保人的资质等级、业绩、信誉、技术、管理能力及财务状况进行调查评估。对于信誉较高者,就比较容易得到担保,且担保费率低,容易获得更多的工程;而对于信誉不好者,信用记录上出现了污点,导致没有担保机构愿意担保,或即使愿意,也会由于担保费率过高而在市场竞争中处于劣势,最终被淘汰出工程市场。

2. 国际工程主要担保形式

目前国际上通用的担保形式是保证担保,主要是以保函形式提供担保,保函分为条件担保和无条件担保。此外,还有保证金、保留金、工程抵押、工程留置和信托基金等担保形式。

投标担保:投标担保是担保人通过对承包人的以往业绩、资格、信誉和管理水平等进行严格的预审,向发包人保证承包商具有合格的资信,中标后保证签约并提供发包人要求的履约担保、预付款等。设置担保的目的在于防止投标人在投标有效期间随意撤回投标;或拒绝改正在评标中发现的计算错误;或拒绝签署正式合同协议;或不提交履约担保等。一旦发生上述任一种情况,担保人将支付规定比例的投标保证金,以弥补业主遭受的损失。投标担保的有效期一般比投标书的有效期长 28 天。

履约担保:履约担保是工程担保中保证金额最大的一项担保,是担保人保证承包商履行承包合同所做的承诺。如果在施工过程中出现承包商中途毁约;承包商任意中断合同;承包商不按合同规定施工;承包商破产、倒闭等非自然灾害、非意外事故所导致的情况,则担保人需采取措施来保证合同的履行并赔偿损失。在保证合同的履行方面,担保人可以采取多种方法,如向承包商提供资金或技术上的支持;由担保人自己组织施工力量按合同规定履约;经业主同意安排新的承包商来接替原承包商完成工作,但是超过原合同价格的部分由担保人支付等等。如果业主对这些解决方法均不满意,则担保人可以按照合同规定的履约保证金对业主进行赔偿。履约担保的有效期一般截至工程完工或缺陷全部修复完毕为止。

付款担保:付款担保即担保人保证承包商按工程进度按时支付与工程有关的工人工资、分包商及材料供应商的费用。设置担保的目的在于防止业主卷入不必要的纠纷,因为在没有付款担保的条件下,一旦承包商违约,给分包商、材料供应商造成损失,只有业主来协商解决,这样就会给业主带来管理上的负担,甚至可能卷入法律纠纷,同时也无法保证工人、分包商和材料供应商的利益。

质量担保:质量担保也称为维修担保,是担保人提供的保证承包商在竣工一定期限(保修期)内,负责对出现的质量缺陷进行维修的担保形式。质量担保可以包含在履约担保中,也可以单独列出规定,若是包含在履约担保中,则履约担保的有效期应截至所有缺陷修复完毕;若是单独列出规定,则在工程完工后,以质量担保来替换履约担保,其有效期即保修期,在此期间,若承包商拒不处理出现的质量问题,则由担保人负责维修或赔偿损失。

3. 银行保函和担保公司保证书之间的区别

根据保证人主体不同进行划分,可将工程保证担保归纳为四种模式:

第一种是由银行充当保证人,出具银行保函(Bank Guarantee)。这种模式在欧洲各国得到广泛采用;

第二种是由担保公司充当保证人,开具担保保证书(Surety Bond)。美国是采用这种"美式担保"模式的主要国家;

第三种是由另一家具有同等或更高资信水平的承包商作为保证人来提供担保,日本的国内合同经常采用这种模式;

第四种是由母公司充当保证人,为子公司担保。"母公司担保"(Parent Company Guarantee)得到 NEC 和 1999 新版 FIDIC 合同条件的确认。

需要指出的是,银行出具的保函和担保公司开具的担保保证书,两者之间在业务范围、条件、手续、程度和收费上均有所不同。银行保函是银行向权利人签发的信用证明,若被保证人因故违约,银行将付给权利人一定数额的赔偿金。银行保函是欧洲传统沿用的工程担保模式,现已为大多数国家所接受。

银行履约保函具体又分为两种类型,一种是无条件履约保函(Unconditional Performance Guarantee),是指无论业主任何时候提出声明,认为承包商违约,只要业主提出的索赔日期和金额均在保函有效期和保证限额之内,银行就要无条件地(不挑剔、不争辩)对业主进行赔偿支付,故被称为"见索即付"。另一种是有条件履约保函(Conditional Performance Guarantee),是指在支付赔偿之前,银行要求业主必须提供承包商确实未曾履行义务的理由证据。

采用无条件履约保函,银行可以避免卷入业主与承包商之间的争执纠纷,银行一般愿意采用,并倾向于保护业主的利益。采用有条件履约保函,需要银行公正地核准业主的赔偿要求,因此可能推迟合同的完成时间。相对于无条件履约保函而言,有条件履约保函的赔偿支付不是一次性的,而是根据按价赔偿的原则进行,从而更多地保护承包商的利益。

值得注意的是,世界银行招标文件、FIDIC 合同文件中提供的银行履约保函格式,采用的都是无条件保函形式,说明无条件保函在实际应用过程中处于比较主导的地位。银行对于承包商的资质审查往往局限于承包商财务状况的好坏,而对承包商技术水平和管理能力则不会彻底核查。一旦证实承包商确已违约,开具履约保证书的担保公司要确保业主按照合同规定最终完成工程建设,而出具履约保函的银行仅仅给予业主一定数额的赔偿,却把复杂的善后处理工作留给了业主。

对于未得到应付款的工人、分包商以及材料设备供应商,银行也并不承担任何义务或责任。此外,如果采用银行保函进行担保,银行将对承包商的贷款能力严格限制,而采用担保公司保证书进行担保,则对此没有任何影响。

二、国际工程保险

工程保险起源于 20 世纪 30 年代的英国。1929 年,英国保险机构对当时正在泰晤士河上修建的拉姆贝斯大桥提供了建筑工程一切保险,从而开创了工程保险的历史先河。第二次世界大战后,在全世界范围内的大规模重建浪潮中,业主和承包商等建设市场的主题面临着难以承受的巨大风险,在这种社会背景下,工程保险业务应运而生,并得以迅速发展。整个体系已经基本齐全,制度日趋完善。

我国承包商逐渐意识到保险在工程风险管理中的重要地位,但在实际操作中还会遇到很多具体的问题。虽然他们可以借助保险经纪或保险代理进行工程保险的咨询服务,但工程承包企业仍需要应对复杂的工程保险险种、投保程序及保单内容。因此,我国承包商有必要熟悉国际保险市场的工程保险业务承保方式,并安排恰当的工程保险,以提高风险管理水平。

1. 保险合同的主体及业务承保方式

在工程保险市场中,保险合同的主体主要包括保险人、投保人、被保险人、再保险公司和保险中介。其关系图如图 6-1 所示。

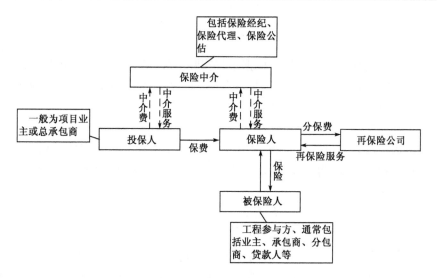

图 6-1　工程保险合同主体及其关系

(1) 保险人又称作承保人,或保险公司:是经营保险业务收取保险费和在保险事故发生后负责给付保险金的人,提供的主要服务包括险前预防、险中抢救和险后赔偿。

(2) 投保人:指对保险标的具有保险利益,向保险人申请订立工程保险合同,并附有缴纳保险费义务的某一工程参与方,一般为项目业主或总承包商。

(3) 被保险人:指当保险事故发生时,遭受损害、享有赔偿请求权的工程参与方,通常包括业主、承包商和分包商,有时也包括贷款人。

(4) 再保险公司:提供分保服务,是对原保险人(也称分保公司)的危险赔偿责任进行的保险,这可以提高保险原公司的承保能力,分散风险。

(5) 保险中介:保险中介是接受保险公司或投保人和被保险人的委托,提供展业、风险管理、理赔等专业性服务,并收取佣金、手续费或咨询费的自然人或法人机构。其中包括保险经纪(Insurance Broker):指基于投保人的利益,为投保人与被保险人订立保险合同,提供中介服务并依法收取佣金的人;保险代理(Insurance Agent):是受保险人的委托,向保险人收取代理手续费,并在保险人授权范围内代为办理保险业务的单位或个人;保险公估(Insurance Assessor):指依照法律规定设立,受保险人、投保人或被保险人委托,办理保险标的的查验、鉴定、估损以及赔款的理算,并向委托人收取酬金的公司。保险中介的存在有利于促进保险交易活动顺利进行,降低市场交易费用成本,维护市场公平竞争。

2. 保险分类

工程保险可分为强制保险与自愿保险两类。强制保险是指工程所在国家的法律明确规定的,工程项目承包商必须投保的保险。自愿保险是指承包商根据工程实际情况和自身的利益,经过风险评价后,自愿购买的保险。

(1) 强制保险

FIDIC 条款中规定的强制保险险种有:建筑工程一切险,包括建筑工程第三者责任险;安装工程一切险,包括安装工程第三者责任险;社会保险(包括人身意外伤害险);机动车辆险;十年责任险(房屋建筑的主体工程)和两年责任险(细小工程);"世行"和"亚行"的贷款项目。

(2) 自愿保险

自愿保险非强制性保险。承包商根据工程实际情况,结合自身的实际利益,通过风险评估后,自愿购买的保险。在国际工程项目承包中,通常需要购买的险种有:财产险、责任险、货物运输险、汇率保险和政治风险保险。

3. 我国对外工程保险实践的约束

第一是意识上缺乏对风险的重视,对风险抱有侥幸心理。相当多的承包商认为投保仅仅增加了工程的执行成本,得不偿失,能少投则少投,能不投则不投,这对管理项目风险是非常不利的。

第二是对外工程承包风险基金尚未建立。鉴于越来越多的承包商受到不可预见的不利事件(尤其是政治方面的风险,如暴乱、战争等)影响而遭受损失,有些国家设立了政治风险担保基金。一旦发生政治风险,企业将得到最高超过20%的赔偿。我国的工程承包市场大多集中在发展中国家,其政治经济一般都不稳定,各种不可预见的风险较为突出,亟须尽快建立相应的工程承包政治风险保障制度。

第三是缺乏对工程所在国法律和保险市场的了解。据有关统计资料表明,有将近60个国家,尤其是很多不发达国家,不同程度的在本国的法律中对保险有着限定性的规定。中国的承包商往往缺乏对当地国家保险方面法律的了解,会给合同的执行带来了很多法律困难。同时,当被要求在项目所在国投保时,如何选择有实力的保险公司,如何及时地得到赔付也是中国承包商在执行项目过程中面临的困境。

第四是缺乏对风险管理和保险行业的了解。对于管理水平和知识层次比较落后的中国建筑业而言,风险管理的概念和技术尚处于概念普及和推广的阶段;同时由于缺乏对风险管理知识系统性的认识,以及对于保险行业的了解,使得我国对外工程承包公司在国际工程的投保中显得经验不足。

第五是缺乏国际工程保险的专门人才。国际工程管理中的复合型、外向型和开拓型人才是构筑中国承包商海外事业竞争力的核心要素。对于中国的国际工程承包商而言,风险和保险专家更是不可或缺的人才,他们可以帮助承包商从项目建设的初始就系统地识别、分析和处理风险、承担合理的风险、回避和分散风险、防范发生新的风险,甚至利用风险赢利,审核投保合同的条款以及处理保险合同的理赔等等。

第六是吸收当地适当专业人才的困难。因为中国的人员费率在国际市场上较有竞争力,主要的工程管理人员往往直接从国内派遣。中国的项目领导也由于语言障碍常常更倾向于使用国内的人员,并没有充分利用当地的中高档人力资源,同时这也体现在项目合同管理和商务的主要人员上(工程保险通常是项目合同或商务人员的管理范畴)。这进一步加大了中国工程公司和当地保险市场以及保险环境的距离。

4. 做好国际工程保险的举措

1) 投保阶段

(1) 明确合同条款中对保险的要求

承包商安排工程保险首先需要对项目结构、风险特点、风险转移等情况有非常深入的了解,同时确定合同条件中对风险和保险的要求。如FIDIC《施工合同条件》(新红皮书)规定:

承包商应以合同工程、雇主材料及设备、承包商自身设备为标的,将自然风险及其行为风险向保险公司转移。其合同条件中第 17 条款"风险与职责"和第 18 条款"保险"明确了承包商的风险和保险责任。

其中,保险条款规定了:
①有关保险的一般要求(General Requirements);
②工程和承包商设备的保险(Insurance for Works and Contractor's Equipment);
③人身伤害和财产损害险(Insurance against Injury to Persons and Damage to Property);
④承包商人员的保险(Insurance for Contractor's Personnel)。

保险标的为工程、生产设备、材料和承包商文件。工程保险的保险金额应不低于全部复原费用,包括拆除、运走废弃物的费用以及专业费用和利润。施工机具保险的保险金额应不低于全部重置价值,包括运至现场的费用。承包商作为投保人,有义务负责办理工程保险,并承担维持保险有效的责任。

(2)选择保险公司或保险经纪公司

在选择保险公司时,一般包括对技术标和商务标两部分的评估,除此之外还应考虑以往的合作关系和长远的发展关系。

技术标主要评估:
①保险条件与条款(整体条款和扩展条款)是否符合惯例,更重要的是体现项目自身的风险特点;
②承保责任范围,同样要考虑项目的特定风险,而不仅仅是越宽越好,因为这样会带来保险费率的上升;
③保险理赔流程的合理性和简便性及出险后理赔期限;
④保险公司的资质、特色优势和服务质量,尤其是在工程所在国保险和理赔的项目经验和声誉,而这个因素又往往是被忽略的。

目前,我国中保财产保险公司、中国平安保险公司和中国太平洋保险公司等已经积极参与到了国际工程保险的领域中,并积累了相当多的经验。不难看出,承保能力强,服务质量高,理赔及时高效,尊重客户,有丰富国际工程保险经验和有较强的保险经纪人渠道的保险公司是被建议选择的对象。

(3)对特殊风险或保险的处理

在大部分工程保险市场中通常不包括战争保险,这不仅仅是在亚洲、在欧洲和美洲的保险市场也是如此。大多数中国保险公司也不承保战争险。通常工程合同中会规定"只要在项目所在国有战争险种存在,就要对其投保",以避免因客观上没有战争险可投保而违约。战争风险的保险通常不适用于陆上财产,而是针对离岸财产的(包括海运)。同时一些国家的政府为了吸引投资,可能会鼓励当地的保险公司提供战争险。一般而言,当地保险公司的承保能力通常比较低。对于一个大的工程项目,他们通常会在国际市场上购买再保险。但是国际市场上没有战争的再保险,这意味着项目战争险的全部风险将限制于当地保险商的承保能力。当合同要求全额保险时,这将意味着违约。

(4)保险方案的确定(包括保险金额、保险费率和免赔额)

在每个工程开工前,承包商要进行项目的风险评估,设计保险方案。投保人不仅要力争降低保险费率,同时要考虑确定合理的免赔额。因为最经常发生的还是小事故,免赔额太大会让被保险人权益受损。但是,免赔额过低,会大幅增加保险公司的赔偿金及处理索赔的相关费用,从而要求更高的保险费率。因此,承包商和保险公司均应该权衡保险费率和免赔额之间的关系。为了便于比较各保险公司的报价,投保人可以基于同一标准(比如确定的保险金额、第三方责任险、工期和保证期)让保险公司进行初步报价。通常保险公司根据投保人提供的下列资料进行初步报价,包括项目的风险评测报告、现场初步考察报告、现场报告、工程项目概况和项目进度计划。

(5) 遵守当地法律规定

只有在当地法律的允许下,并同业主达成一致,才可能选择在中国投保。尽管一些工程合同给于投保人在中国或在项目所在国购买保险选择的权利,但是一些国家,比如尼日利亚,当地的保险法律规定,只能在当地投保。这时,工程保险至少要在当地代开保单公司(Local fronting)购买保险,这样国内保险公司仍可以承保。其具体操作是中国对外公司通过国内保险公司投保,由国内保险公司经过保险经纪人找到工程所在国当地直保公司出单,较小赔案由当地保险公司赔付,超过一定数额的赔案则由国内保险公司承付。最后,机动车辆险和当地劳工的雇主责任险或者团体意外伤害险一般在当地保险公司办理。

2) 处理保险问题阶段

国际工程的保险比较复杂,承包商在处理保险问题时需要注意以下问题:

(1) 工程保险只是一种保障措施,就业主与承包商之间而言,办理保险并不解除承包商以应有的努力和精心去实施工程的合同义务。如果发生工程事故,即使属于保险范围内,承包商也很少得到全部赔偿。因此,承包商应努力防范事故的发生,决不能因办理了保险而放松对风险的防范。

(2) 承包商办理的保险要符合与业主达成的保险的总体条件以及有关法律要求,否则,业主会拒绝承认保险单的有效性。

(3) 如果工程延期或工作范围发生了变化,要及时通知保险公司,对原保险单做出适当的调整。同时承包商要将对保险单的调整报请业主批准,因为合同往往规定,保险单的变动须经过业主同意。

(4) 保险合同对索赔和理赔都有严格的规定。出险后,承包商办理索赔时,要严格遵循保险单规定的程序,及时通知保险公司,并提供保险单要求的证明资料。

(5) 在某些情况下,招标文件规定全部保险由业主负责办理,也有的规定一些内容由业主办理,一些由承包商办理。在此情况下,一定要弄清楚业主办理的保险是否能覆盖承包商的风险,尤其是免赔额是否太高,因为免赔额与保险费率是紧密相关的,有时业主为了节省费用,办理的保险免赔额太高。国际工程合同一般都规定免赔额由承包商负担。因此,承包商应考虑是否应补充保险,或在业主办理保险的免赔额基础上追加保险,以便降低免赔额,某些保险公司是接受这一做法的。办理附加保险的费用应在报价中予以考虑。

第七章 国际工程管理前沿与展望

学习目的与要求

本章介绍了国际工程中的建筑信息模型技术、集成项目交付模式、政企合作与基础设施建设方面的内容,通过对国际建设工程管理领域研究和实践热点的概述和介绍,使学生了解国际上先进的工程管理理论、方法、手段和工具,为其将来在国际工程市场上更好地进行合作、参与竞争打下基础。

第一节 建筑信息模型技术

一、BIM 概论

1. 信息技术在工程建设中的应用

工程建设投入的非增值(即浪费)部分达到 57%。皇家特许测量师学会的数据显示,在美国,48% 建筑项目完工时间超出进度要求,接近 50% 桥梁和道路项目超支,并且平均 33% 项目不能按时完工。澳大利亚的一项针对基础设施建设项目的调查显示,少于 48% 的项目能够按时、保质且在预算内完成。建筑业的生产率常年处于较低水平。建筑生产率和其他行业生产率的对比如图 7-1 所示。

传统工程项目中 2/3 的问题都与信息交流有关,这些问题导致工程项目中 10% ~ 33% 的成本增加。在大型工程项目中,信息交流问题导致的工程变更和错误约占工程总成本的 3% ~ 5%。信息技术在建筑设计、结构计算、工程施工和设施维护等领域的应用不断深化与推广,提高了建设效率,改善了管理绩效,并形成了专业化、集成化和网络化的特点。其中,以 BIM 为代表的新兴信息技术,正改变着当前工程建造的模式,推动工程建造模式转向以全面数字化为特征的数字建造模式,将极大地提高建造的效率,使得工程管理的手段和水平发生革命性的变化。信息化水平降低工程项目生命周期中的信息损失如图 7-2 所示。

2. BIM 的含义

BIM 是"Building Information Modelling"的缩写,中文翻译为"建筑信息模型"。BIM 的概念由美国 Autodesk 公司时任副总裁菲利普伯恩斯坦(Philip G Bernstein)在 2002 年提出,而

随着 BIM 的应用越来越广泛,对 BIM 的研究越来越深入,BIM 的含义也大大拓展。

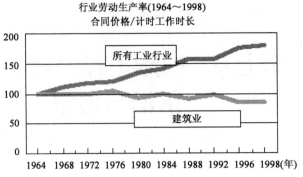

图 7-1　建筑业生产率和其他行业生产率的对比(1964~1998)
数据来源:美国劳工部、美国商务部统计数字

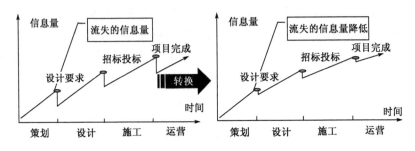

图 7-2　信息化水平降低工程项目生命周期中的信息损失

2007 年 4 月我国的建筑工业行业标准 JG/T198:2007《建筑对象数字化定义》把建筑信息模型(Building Information Model)定义为:"建筑信息完整协调的数据组织,便于计算机应用程序进行访问、修改或添加。这些信息包括按照开放工业标准表达的建筑设施的物理和功能特点以及其相关的项目或生命周期信息。"

美国国家 BIM 标准(NBIMS-US)中定义"Building Information Model"是设施的物理和功能特性的一种数字化表达。因此,它从设施的生命周期开始就作为其形成可靠的决策基础信息的共享知识资源,而"Building Information Modelling"是一个建立电子模型设施的行为,其目标为可视化、工程分析、冲突分析、规范标准检查、工程造价、竣工的产品、预算编制和许多其他用途。

另外,英国、新加坡、澳大利亚、韩国等各国陆续颁布的 BIM 标准中给出的定义,可以认为,BIM 的含义至少应当包括以下三个层次:

(1) BIM 是设施所有信息的数字化表达,即 BIM 模型。

(2) BIM 是在开放标准和互用性基础上建立、完善和利用设施的信息模型的行为过程,即 BIM 建模。

(3) BIM 是一个透明的、可重复的、可核查的、可持续的协同工作环境,使得项目参与各方在设施的全生命周期中可以共享项目信息,做出科学的决策,使项目得到有效的管理,即建筑信息的管理。

BIM 技术的特点在许多文献中都有所介绍,广为接受的 BIM 技术的特点包括以下几点:

(1) 操作的可视化

可视化是 BIM 技术最显而易见的特点。随着建筑物的规模越来越大,空间划分越来越复杂,可视化手段可以帮助项目团队清晰地交流、深入地分析以寻求合理的解决方案。BIM 技术的出现为实现可视化操作开辟了广阔的前景,其附带的构件信息(几何信息、关联信息、技术信息等)为可视化操作提供了有力的支持,不但使一些比较抽象的信息(如应力、温度、热舒适性)可以用可视化方式表达出来,还可以将设施建设过程及各种相互关系动态地表现出来。可视化操作为项目团队进行的一系列分析提供方便,有利于提高生产效率、降低生产成本和提高工程质量。

(2) 信息的完备性

BIM 是设施的物理和功能特性的数字化表达,包含设施的所有信息,从 BIM 的这个定义就体现了信息的完备性。BIM 模型包含了设施的全面信息,除了对设施进行 3D 几何信息和拓扑关系的描述,还包括完整的工程信息的描述。如:对象名称、结构类型、建筑材料和工程性能等设计信息;施工工序、进度、成本、质量以及人力、机械和材料资源等施工信息;工程安全性能、材料耐久性能等维护信息;对象之间的工程逻辑关系等。

信息的完备性还体现在"Building Information Modeling"这一创建建筑信息模型行为的过程,设施的前期策划、设计、施工和运营维护各个阶段都连接了起来,把各阶段产生的信息都存储进 BIM 模型中,使得 BIM 信息来自单一的工程数据源,包含设施的所有信息。BIM 模型内的所有信息均以数字化形式保存在数据库中,以便更新和共享。

信息的完备性使得 BIM 模型能够具有良好的基础条件,支持可视化操作、优化分析、模、优化分析和模拟仿真等功能,为在可视化条件下进行各种优化分析和模拟仿真提供了方便的条件。

(3) 信息的协调性

协调性体现在两个方面:一是在数据之间创建实时的、一致性的关联,对数据库中数据的任何更改,都马上可以在其他关联的地方反映出来;二是在各构件实体之间实现关联显示、智能互动。源于同一数字化模型的所有图纸、图表均相互关联,避免了用 2D 绘图软件画图时出现不一致现象。而且在任何视图(平面图、立面图、剖视图)上对模型的任何修改,都视同为对数据库的修改,会马上在其他视图或图表上关联的地方反映出来,而且这种关联变化是实时的。这样就保持了 BIM 模型的完整性和健壮性,在实际生产中大大提高了项目的工作效率,消除了不同视图之间的不一致现象,保证项目的工程质量。

这种关联变化还表现在各构件实体之间可以实现关联显示和智能互动。信息的协调性使得 BIM 模型中各个构件之间具有良好的协调性。这种协调性为建设工程带来了极大的方便,例如,在设计阶段,不同专业的设计人员可以通过应用 BIM 技术发现彼此不协调甚至引起冲突的地方,及早修正设计,避免造成返工与浪费。在施工阶段,可以通过应用 BIM 技术合理地安排施工计划,保证整个施工阶段衔接紧密、合理,使施工能够高效地进行。

(4) 信息的互用性

应用 BIM 可以实现信息的互用性(Inter-operability),充分保证信息经过传输与交换以后,信息前后的一致性。具体来说,实现互用性就是 BIM 模型中所有数据只需要一次性采集或输入,就可以在整个设施的全生命周期中实现信息的共享、交换与流动,使 BIM 模型能够自动演化,避免了信息不一致的错误。在建设项目不同阶段免除对数据的重复输入,可以大大降低成本、节省时间、减少错误、提高效率。

这一点也表明 BIM 技术提供了良好的信息共享环境。BIM 技术的应用不应当因为项目参与方所使用不同专业的软件或者不同品牌的软件而产生信息交流的障碍,更不应当在信息的交流过程中发生损耗,导致部分信息的丢失,而应保证信息自始至终的一致性。

3. BIM 的应用现状

1) 支持 BIM 的硬件和软件

BIM 以 3D 数字技术为基础,集成了建筑工程项目各种相关信息的数据模型,可以使建筑工程在全生命周期内提高效率、降低风险。传统 CAD 一般是平面的、静态的,而 BIM 是多维的、动态的。因此构建 BIM 系统对硬件的要求相比传统 CAD 将有较大的提高。BIM 信息系统随着应用的深入,精度和复杂度越来越大,建筑模型文件容量从 10MB～2GB。工作站的图形处理能力是第一要素,其次是 CPU 和内存的性能,还有虚拟内存,以及硬盘读写速度也是十分重要的。

BIM 软件对于图形的处理能力要求很高。对于 BIM 的应用较复杂的项目需配置专业图形显示卡,在模型文件读取到内存后,设计者不断对模型修改和移动、变换等操作以及通过显示器即时显现出最新模型样式,图形处理器(GPU)承担着用户对模型文件操作结果的每一个过程显示,这体现了 GPU 对图形数据与图形的显示速度。

(1) 强劲的处理器

由于 BIM 模型是多维的,在操作过程中通常会涉及大量计算,CPU 交互设计过程中承担更多关联运算,因此需配置多核处理器以满足高性能要求。另外,模型的 3D 图像生成过程需要渲染,大多数 BIM 软件支持多 CPU 多核架构的计算渲染,所以随着模型复杂度的增加,对 CPU 频率要求越高、核数越多越好。对于内存,通常是 1 个 CPU 配 4GB 内存,同时还要兼顾到使用模型的容量来配置,以基于 Bentley BIM 软件的图形工作站为例,可配置 4 核至 8 核的处理器,内存 16GB 以上为佳。再以 Revit 为例,当模型达到 100MB 时,至少应配置 4 核处理器,主频应不低于 2.4GHz;当模型达到 700MB 时,至少应配置 4 个 4 核处理器,主频应不低于 3.0GHz,16GB 内存(32～64GB 为最佳)。

(2) 共享的存储

项目中的 BIM 模型,希望能贯穿于整个设计、施工和运营过程中,即贯穿于建筑全生命周期。因此必须保证模型共享,实现不同人员和不同阶段数据共享。因此 BIM 系统的基本构成是多个高端图形工作站和一个共享的存储。如果是非常大的复杂模型,由于数据量大,从硬盘读取和虚拟内存的数据交换时间长短显得非常重要,推荐使用转速 10 000r/min(rpm)或以上的硬盘,并可考虑采用阵列方式提升硬盘读写性能,也可以考虑使用企业级 SSD 硬盘阵列。建议系统盘采用 SSD 固态硬盘。

在 BIM 的应用中,人们已经认识到,没有一种软件是可以覆盖建筑物全生命周期的 BIM 应用,必须根据不同的应用阶段采用不同的软件。BIM 软件一般具有工作的可视化、信息的完备性、信息的协调性、信息的互用性四大特点,有许多在 BIM 应用中的主流软件如 Revit、MicroStation、ArchiCAD 等就属于这一类 BIM 软件。

还有一些软件,并没有通过认证,也不完全具备以上的四项特点,但在 BIM 的应用过程中也常常用到,它们和 BIM 的应用有一定的相关性。这些软件,能够解决设施全生命周期中某一阶段、某个专业的问题,但它们运行后所得的数据不能输出为 IFC 的格式,无法与其他软件进行信息交流与共享。这些软件,只称得上是与 BIM 应用相关的软件而不是真正的 BIM 软件。

(3)项目前期策划阶段

①数据采集。数据的收集和输入是有关 BIM 一切工作的开始。目前国内的数据采集方式基本有"人工搭建""3D 扫描""激光立体测绘"和"断层模型"等;数据的输入方式基本有"人工输入"和"标准化模块输入"等。

常用于数据采集的软件有:ArcGIS、AutoCAD Civil 3D、Google Earth 及插件、理正系列等。

②投资估算。通过自动处理烦琐的数量计算工作,BIM 可以帮助预算员利用节约下来时间从事项目中更具价值的工作,如确定施工方案、套价和评估风险等,这些工作对于编制高质量的预算非常重要。

常用于投资估算的软件有:Allplan Cost Management、Cost OS BIM、DProfiler、iTWO、Newforma、Revit、SAGE、理正系列、鲁班算量系列和斯维尔系列等。

③阶段规划。基于 BIM 的进度计划包括了各工作的最早开始时间、最晚开始时间和本工作持续时间等基本信息,同时明确了各工作的前后搭接顺序。利用 BIM 指导进度计划的编制,可以将各参与方集中起来协同工作,充分沟通交流后进行进度计划的编制,对具体的项目进展、人员、资源和工器等布置进行具体安排,并通过可视化的手段对总计划进行验证和调整。各方相互协调进行进度计划,可以更加合理地安排工作面和资源供应量,防止本专业内以及各专业间发生不协调现象。

常用于阶段规划的软件有:Newforma、SAGE、VICO Suite、广联达算量系列等。

(4)设计阶段

①场地分析。在建筑设计开始阶段,基于场地的分析是影响建筑选址和定位的决定因素。BIM 强大的数据收集处理地形、水文等地理信息,温度、降水等气候信息和阴影、光照等设计信息,提供了对场地的更客观科学的分析基础,更有效平衡大量复杂信息的基础和更精确定量导向性计算的基础。

常用于场地分析的软件包括:ArcGIS、Bentley Map、DProfiler、Ecotect Analysis、Shadow Analyzer 等。

②设计方案论证。在方案论证阶段,项目投资方可以使用 BIM 来评估设计方案的布局、设备、人体工程、交通、照明、噪声及规范的遵守情况。还可以借助 BIM 提供方便的、低成本的不同解决方案供项目投资方进行选择,通过数据对比和模拟分析,找出不同解决方案的优缺点,帮助项目投资方迅速评估建筑投资方案的成本和时间。

常用于设计方案论证的软件包括:AIM Workbench、Autodesk Navisworks、DDS-CAD、斯维尔系列等。

③设计建模。可用于设计建模的软件很多,一般可以根据建模流程和方法分为以下五种:初步概念 BIM 建模、可适应性 BIM 建模、表现渲染 BIM 建模、施工级别 BIM 建模和综合协作 BIM 建模。

常见软件包括:Allplan Architecture/Engineering、ArchiCAD、Bentley Architecture、CATIA、

DDS-CAD、EaglePoint Suite、MagiCAD、MicroStation、PKPM、Revit、SketchUp Pro、鸿业 BIM 系列、斯维尔系列和天正软件系列等。

④结构分析。在 BIM 平台下，建筑结构分析被整合在模型中，这使得建筑师可以得到更准确快捷的结果。对于不同状态的结构分析，可以分为概念结构、深化结构和复杂结构。

常用于结构分析的软件有：AutoCAD Structural Detailing、Bentley RAM Structural System、Robot、SAP2000、SDS/2、Tekla、3D3S 等。

⑤能源分析。当下针对建筑室内环境的热舒适性以及节能措施的优化，国内外通常采用单目标的模拟软件计算进行评价，然后提出一些改进的意见。

2）国内 BIM 应用现状

BIM 是我国的国家发展战略。《2011—2015 年建筑业信息化发展纲要》的总体目标中提出，"十二五"期间，基本实现建筑企业信息系统的普及应用，加快 BIM、基于网络的协同工作等新技术在工程中的应用，推动信息化标准建设，促进具有自主知识产权软件的产业化，形成一批信息技术应用达到国际先进水平的建筑企业。完善提升企业管理系统，强化勘察设计信息资源整合，逐步建立信息资源的开发、管理及利用体系。推动基于 BIM 技术的协同设计系统建设与应用，提高工程勘察问题分析能力，提升检测监测分析水平，提高设计集成化与智能化程度。住房与城乡建设部《关于推进建筑信息模型应用指导意见的通知》（建质函[2015]159 号）中提出，"到 2020 年年末，建筑行业甲级勘察、设计单位以及特级、一级房屋建筑施工企业应掌握并实现 BIM 与企业管理系统和其他信息技术的一体化集成应用"。

各地政府部门也纷纷出台促进 BIM 技术应用与发展的文件。其中，上海市于 2014 年 10 月 29 日出台《关于在本市推进建筑信息模型技术应用指导意见的通知》，提出"通过分阶段、分步骤推进 BIM 技术试点和推广应用，到 2016 年年底，基本形成满足 BIM 技术应用的配套政策、标准和市场环境，上海市主要设计、施工、咨询服务和物业管理等单位普遍具备 BIM 技术应用能力。到 2017 年，上海市规模以上政府投资工程全部应用 BIM 技术，规模以上社会投资工程普遍应用 BIM 技术，应用和管理水平走在全国前列"。

3）国外 BIM 的应用现状

(1) 美国

2007 年由美国建筑科学研究院（National Institute of Building Sciences，NIBS）发布的美国国家 BIM 标准。负责美国所有联邦设施建造和运营的美国总务署（GSA）旗下的公共建筑服务部门，推出了全国 3D-4D-BIM 计划，为相关团队提供"一站式"服务，帮助每个项目团队提供独特的战略建议和技术支持，在政府的全力推广下，目前该机构已经协助和支持超过 100 个项目。

(2) 英国

英国政府在 2011 年发布的《政府建设战略》[1]2.32 条中明确要求，到 2016 年将在集中采购建设合同中实现全面协同三维 BIM（包括所有项目的资产资料、文件和数据等）。

(3) 韩国

韩国有多家政府机关致力于 BIM 应用标准的制订，如韩国国土海洋部、韩国教育科学技术部、韩国公共采购服务中心等。韩国国土海洋部分别在建筑领域和土木领域制订 BIM 应用指南，韩国公共采购服务中心下属的建设事业局制定了 BIM 实施指南和路线图，在

2012—2015年500亿韩元以上建筑项目全部采用4D(3D+cost)的设计管理系统;2016年实现全部公共设施项目使用BIM技术。

(4)新加坡

新加坡建设局将在新加坡建筑行业推广建筑信息模型,希望2015年有80%的业者采用这项新技术,以提高建筑业的生产力。2015年7月起,所有大于5000m^2的新建建筑项目,"建筑设计"和"工程设计"都必须以BIM电子文档提交审批材料。

4) BIM应用推广的阻碍

BIM应用目前在国内的推广还存在一定的障碍,综合研究和实践,目前BIM应用推广的阻碍主要体现在以下几个方面:

(1)业主未对施工单位提出明确的使用BIM的要求,缺乏客户需求;

(2)政府推行BIM力度不够,缺少政府指导的方向;

(3)BIM实施未得到高层领导的鼓励和支持,要求高级管理层进行统一认识,用足够的时间来评价BIM的应用效果;

(4)BIM软件本身存在技术问题,不能很好地为施工单位所用,BIM软件的可操作性与易操作性差,在数字设计资料的可计算性、有意义的数据互操作性等方面,现有的BIM软件过于复杂,不能同时追踪进度和成本,缺少应用接口;

(5)实施BIM的成本太高,软件成本高昂,包括IT基础设施的投入,硬件升级所需的成本,进行大量充足的培训等;

(6)从业主、设计到施工对模型的信息共享度太低,最终的BIM模型需要行业各专业人员的共同努力和投入,承包商没有从设计方得到BIM模型,而是从传统的设计方拿到资料自己去建立模型;

(7)现有的业务流程制约了BIM应用;

(8)与BIM相关的行业规程及法律责任界限不明,不能明确BIM数据的所有权及如何通过版权和法律保护这种所有权,缺乏相应的法律和保险框架,当前的职业责任保险条款不完善,对数据所有权和责任存在不确定性;

(9)建筑行业缺乏针对BIM应用的标准合同语言,缺乏BIM过程的标准性和BIM实施的指南方针,对AEC行业由谁(业主、设计师和承包商)来建立和完善BIM模型、建立和完善BIM模型的费用如何分配没有定论;

(10)施工单位的BIM受益程度相对较低;

(11)BIM在施工单位没有得到广泛推广。

二、BIM技术在项目管理中的应用

BIM技术在工程项目的全生命周期中都得到了非常广泛的应用,在我国有多家高校和企业开展了应用BIM技术进行项目管理的研究和实践。这里介绍华中科技大学BIM工程中心在数个大型基础设施建设中应用BIM技术进行项目管理的部分实践。

1. BIM技术在项目策划中的应用

在项目方案形成的过程中,使用BIM技术与其他设计软件配合,论证建筑自然通风/消防排烟、照度遮阳/能耗、噪声分析等是否满足技术经济条件。日照分析,如图7-3所示。

2. BIM 技术在工程设计阶段的应用

在项目详细设计中,可以应用 BIM 技术对项目设计进行冲突检查,并对综合管线的排布进行设计。如图7-4、7-5 所示。

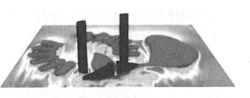

图7-3 日照分析

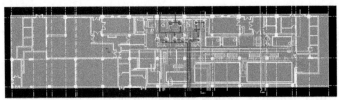

图7-4 综合管线排布图

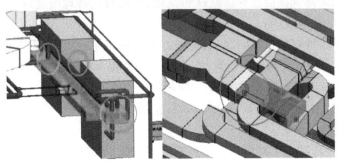

图7-5 碰撞检查

3. 基于 BIM 的施工及管理

在项目施工过程中,使用 BIM 技术完成基于条码的构件进度跟踪,如图7-6 所示,4D 施工模拟、低碳施工、现场会议协调、预制构件安装力学仿真等,指导施工过程,达到进度、成本、质量、安全和环保目标。施工方案的模拟和分析如图7-7 所示。

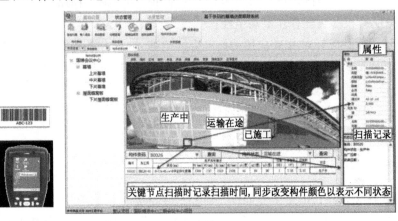

图7-6 条码进度跟踪系统

4. 基于 BIM 的建筑运营维护管理

在项目的运营维护阶段,基于 BIM 技术,实现设备应急、空间管理和设施管理的信息化,并通过三维虚拟体验、数字交通查询和指引以及广告网上体验及管理实现数字场馆的需求。

如图 7-8 所示。

图 7-7　施工方案的模拟和分析

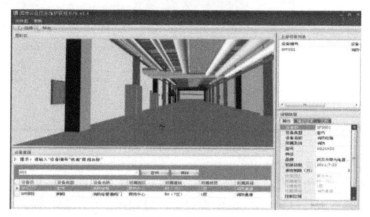

图 7-8　设备应急管理

5. 基于 BIM 的协同工作平台(如图 7-9 和图 7-10 所示)

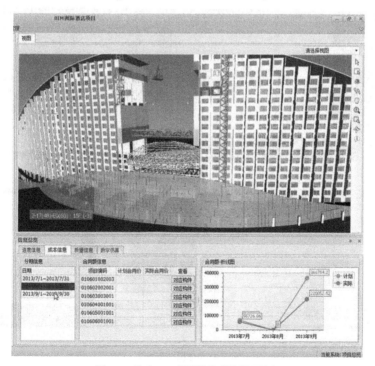

图 7-9　基于 BIM 的可视化项目管理平台

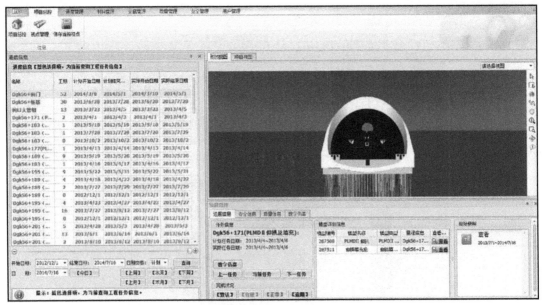

图 7-10　某桥隧 BIM 项目管理平台系统界面

6. BIM 与其他信息技术配合应用

BIM 技术还可与其他信息技术配合应用,如基于 BIM 模型的三维快速测量及标注及 3D 激光扫描技术开发虚拟预拼装系统,以实现对生产过程中产生的制作误差的精准测量及构件之间的接口数据的快速比对。如图 7-11 所示。

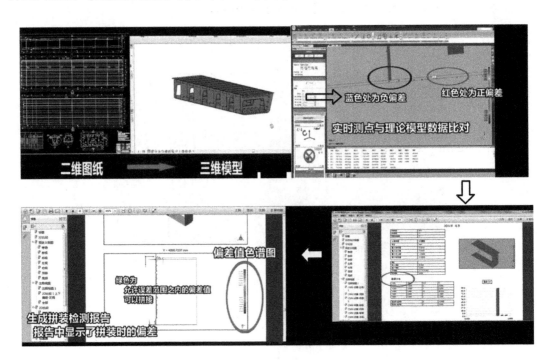

图 7-11　虚拟拼装系统

第二节 集成项目交付模式

一、集成项目交付模式概论

1. 集成项目交付模式的概念

美国建筑协会(The American Institute of Architects, AIA)认为,集成项目交付(Integrated Project Delivery, IPD)是这样一种项目交付的方式,它将人员、系统、业务结构和工程实践集成到一个过程中,在该过程中,所有参与者将充分发挥自己的智慧和才华,以实现在设计、装配和施工等工程建设的各个阶段优化项目成果、提高对业主的产出、减少浪费和最大限度的提高效率的目的。其核心是合作,整合的团队组成了关键项目参与方。传统项目交付模式和集成项目交付模式做比较,如表7-1所示。

传统项目交付模式和集成项目交付模式的比较　　表7-1

比较维度	传统项目交付模式	集成项目交付模式
团队	碎片化,根据需要成立团队,或者以"最小化"需求为基础,等级鲜明,受约束	一个完整的团队实体组成关键的项目利益相关方,各方早期介入项目,开放,合作
进程	线性、差异、分离;仅根据需要收集信息;信息封闭;知识与专业知识库	同时、多层次性;各方在项目初期就贡献知识;信息共享;利益相关方之间信任与尊重
风险	各自管理,最大程度转移	共同管理,合理分享
赔偿和报酬	分别追求;最少付出最大回报;原始成本为基础	团队成功与项目成功紧密联系;以价值为基础
沟通和技术	书面沟通、二维	数字化、虚拟;建设信息模型(3、4、5维)
协议	鼓励单方努力;分配和转移风险;不共享风险	鼓励、促进、提高和支持多边开放共享合作;分担风险

IPD 通过利用新技术促使知识和技能尽早投入项目,使得所有团队成员实现最大潜力,同时扩大了他们在项目全生命周期内所提供的价值。

IPD 的项目团队是由以下原则所领导的:信任、过程透明、有效合作、开放信息共享、团队成功与项目成功相互联系、风险共担与收益共享、基于价值的决策制定以及利用科学和技术支持。结果是使得设计、建造和运营各阶段都尽可能高效。

2. IPD 的作用

IPD 带来更高的效率。英国商务部(UKOGC)预测 IPD 能节约高达 30% 的成本,在一系列建筑项目中,IPD 的项目团队都实现了持续增长。

除此之外,IPD 为业主、承包商和咨询公司都提供了增值:

对业主来说,项目参与方的早期介入和开放共享项目知识使得项目交流简单化,也使得业主能够平衡选择项目参与方以达到他们的商业目的。集成交付帮助项目团队更好地理解业主所期望的结果,因此提高了团队控制成本和管理预算的能力。

对承包商来说,集成项目交付的过程使得施工单位能将他们的施工技术专业知识在设计阶段的初期投入,因此提高了建造各阶段中项目质量和经济表现。施工单位在设计中的参与提供了一个有力的建造前规划、更加及时清楚地了解设计、预期和解决与设计相关的问题、先于建造开端的建造顺序可视化以及提高成本控制和预算管理,使得项目计划、全生命周期成本、质量和可持续性等多个项目目标更有可能实现。

对设计方来说,集成项目交付使得设计方从建造商专业知识在设计阶段的早期投入中获利,比如正确的预算可以提示设计的决策制定以及施工前拟定与设计相关问题的解决方案,因此改善了项目质量和经济表现。IPD 提高了项目初期的付出,使得工期缩短并且提高了成本控制和预算管理,这些都增加了包括计划、全生命周期成本、质量和可持续性在内的项目目标实现的可能性。

3. IPD 的原则和思想

集成项目交付模式是建立在合作之上的,而合作又是建立在信任之上。高效的组织、基于信任的合作促使企业关注项目本身而非个人目标。没有信任作为基础,IPD 模式不会牢固,参与方依然会维持敌对的关系,这正是目前困扰建筑产业的问题。因此,要达到 IPD 所能带来的成效就要求所有的项目参与方都赞成以下集成项目交付的原则:

(1) 互相尊重与信任

在集成项目中,业主、设计师、咨询师、建造商、分包商和供应商都应理解合作的价值,并且致力于为了项目利益最大化而作为一个团队共同工作。

(2) 互惠互利

所有的参与方或者是团队成员都将从 IPD 中获利。因为集成项目这个过程要求更多的参与方尽早参与,IPD 项目组织会认可并且奖励参与方的早期投入。补偿是基于一个组织的加入所带来的价值,奖励"从对项目最有利"角度出发的行为。集成项目利用创新商业模式来支持合作和提高效率。

(3) 合作创新与决策制定

当在所有参与方之间自由地交换想法时,就会激发创新。在一个集成项目中,想法是根据其价值评判的,而非发言者的角色和地位。关键的决策是由项目团队评估,并且应该最大程度的保持意见一致。

(4) 主要参与方的早期参与

在集成项目中,关键的参与方应该在项目最早期就参与进来。主要参与方的知识和专业技能的相互融合,能够改善决策制定的过程。他们的知识和技能是项目初期阶段最强大的力量,因为综合考虑各方面因素而制定的决策最有成效。

(5) 早期目标设定

项目目标是早期制定的,并且参与各方都同意和尊重。每个参与方的意见都可以得到重视,这提高和驱动了创新和优秀的表现,并将项目结果置于各个参与方的目标和价值框架的中心。

(6) 加强计划

IPD 模式识别出了在计划中投入越多的努力,就会在执行中带来更高的效率和更多的成本节省。因此 IPD 的目的不是减少设计投入,而是大幅提高设计结果,减少在建造中过多的昂贵投入。

(7)开放的沟通

IPD 在团队表现上的焦点是基于各参与方之间开放、直接和诚实的交流。在"不追责"的文化下,责任被清晰地确定,这导向了问题的识别和解决,不是责任的确定。争端被认为是一旦发生便应立即解决的。

(8)适用技术

集成项目常常依靠最新技术。技术在项目开始时就应明确,以达到功能性、通用性和互操作性的最大化。基于规范和透明数据结构的开放互用数据交换对 IPD 至关重要的。因为开放的标准最能在各参与方之间产生沟通。与开放原则相一致的科技任何时候都可以被采用。

(9)组织和领导

项目团队是一个代表其自身利益的组织,所有的团队成员都应该致力于项目团队目标和价值。领导权是由团队中对特定工作和服务最有能力的成员来掌管。通常,设计专家和承包商分别领导其各自领域,以其传统的竞争力辅以整个团队的支持。然而,各个项目中会清晰地阐明各参与方的角色,避免沟通不畅、风险分担不平衡。

二、IPD 的实施

IPD 将各参与方的角色、潜在动机和项目中的活动顺序进行重组,以便在最佳时机发挥各方最大的优势和能力。在集成项目交付方式下,项目的成功需要各参与方以项目为中心,精诚合作,共同实现目标,而不应以满足自身利益需求为首要目标。以下将从的合同类型、风险和回报方式、IPD 的组织构建等几个方面介绍 IPD 项目实施过程中的共性问题。

1. IPD 的合同类型

IPD 项目需要多个参与方同时组成项目团队,签署多边协议,一般有三种类型:项目联盟、单一目的实体和关系契约。

(1)项目联盟

项目联盟最早用于北海石油开发项目。为了应对各种风险和挑战,业主创建了一个新的项目结构,保证非业主方的直接成本能获得支付,但利润、不可预见费和奖金的支付取决于项目的结果。这种报酬体系将所有参与方与项目成功绑定在一起。为加强联盟合作,所有重要的决定由各参与方共同做出,各方放弃除故意违约的任何索赔。自北海石油工业的发展起,项目联盟已经应用于澳大利亚、美国等国的大型土建工程。澳大利亚维多利亚州政府发布的项目联盟从业者指南经验详细地描述了这个多边协议,并包含了详细的实施建议。

(2)单一目的实体(Single Purpose Entity,SPE)

单一目的实体(SPE)是一个临时的,用来完成一个特定的项目正式的法律结构。SPE 可以是有限责任公司、有限责任合伙企业,或其他成立公司的法律形式。在一个单一目的实体中,核心参与者的股权根据他们的个人技术、创意、经验、服务和对项目融资的贡献而定。通常情况下,股权所有者从他们提供给 SPE 的服务中获得收益。创建一个新的、独立的法律实体带来了关于税务、公司手续和管理的额外问题。因为 SPE 是一个独立的实体,还应该充分地考虑保险问题。

(3) 关系契约

关系契约类似于项目联盟,是从单个实体创建的虚拟组织。然而,它在补偿方法、风险共享和决策等方面有所不同。在关系契约中,双方可能会愿意限制自己的责任,但并不是完全放弃,而一旦项目出现差错,传统保险将予以赔付。关系契约中,各方基于项目结果设置薪酬结构和奖励,但可能不会对项目超支问题实行集体负责制度。决定是在团队基础上做出的,但与项目联盟不同,在没有达成团队的共识时业主通常保留最终决策权。因为责任的平衡,关系契约中的风险控制更紧密地遵循传统的项目结构,其可能更适合某些项目和参与者的需求及风险预测。

(4) 过程设计

过程设计在多方协议中至关重要。激励机制、问责制、沟通方式、决策结构和许多其他因素平衡和混合基于逐个项目实施。过程设计的具体内容将在下文中予以介绍。

(5) 决策制定

最终决策由谁制定在三种多方合同类型中并不相同。在项目联盟中,上层的决定是建立在各方共识基础上的,没有"平分决胜的比赛"或争端解决机制,这个结构迫使双方进行谈判。单一目的实体中,决策的最终制定者为董事会或管理委员会。在关系契约中,决策是在团队层面的共识讨论和解决的,但业主保留最终的权威。然而,决策需要从微观和宏观不同层面上做出。出于这个原因,项目协议需要确定对各个微观决策负责的参与方。例如,结构完整性属于结构工程师的职权,而其他各方可能有建议,由结构工程师决定提出修改,确认是否是可以接受的。

2. IPD 项目交付方式的风险和回报

1) IPD 项目中的成本补偿机制

(1) 项目联盟中的成本补偿机制

成本补偿在项目联盟中用于分配不利于项目的风险,同时创建激励机制来实现项目的成功。业主承担重大成本超支的主要责任。小规模的超支责任可以由分享潜在收益的非业主参与者承担。这些目标是通过一个三维补偿系统实现的。

第一个维度是设计和实施项目的直接成本,包括直接成本和现场管理费。第二个维度是损失共担,是每个参与者通过审计历史项目获得的经常性开支和利润。第三个维度是收益的分享,如果项目比最初计划更成功,参与者可以获得奖金。参与者是否将在第二或第三维度得到成本补偿取决于项目是否达到或超过它的目标。例如,如果一个项目的直接成本超过预期目标成本(共同达成预期项目成本),参与者可以拿回他们实际付出的直接成本,但没有任何企业成本的补偿或利润。如果项目达到其目标,参与者除了成本之外还将获得正常的开销和利润。如果项目超过其目标,除业主外的其他参与者可以分享奖金。薪酬直接与项目的成功挂钩,因此参与者必须合作来获得最大化的回报。

项目联盟方法有三个主要的障碍。第一,必须准确地描述和量化预期的结果;第二,当事人必须决定何时以及如何测量结果;第三,必须拟定适当的公式计算所有参与者在项目贡献中的比例和获得的奖金。

量化结果是项目联盟成功的关键。如果可以量化项目成功的标准,比如项目实际成本/

项目预算或项目实际工期/预计工期,可以创建公式来确定项目的成功水平。但即使是在这些简单的情况下,也必须注意正确地为每个项目的标准设置等级。例如,如果主要标准是成本,目标成本不能定得太低,从而使参与者很难控制;也不能太高,使得控制预算获得项目奖励太容易,在这一过程中,重要的是要清楚地描述对照项目的目标需要用到什么样的项目成本。目标成本的谈判对于项目非常敏感和关键,因此可以选用独立第三方来帮助估算目标成本。除了使用成本作为项目目标,项目联盟也使用质量指标或其他性能目标。虽然将定性的目标定量化更复杂,但可以借助指标或评分系统可以用来使定性变成定量。为增加客观性,第三方可以使用记分卡来对定性的目标进行"评级"。一旦设立目标了,双方必须决定衡量目标的时间点和方法。如果项目成本是衡量项目成果的唯一标准,一般是在竣工结算时予以测量;但如果项目成功的标准包括能源效率或运营成本,则需要在项目运营一段时间之后才能做出决定。从理论上讲,项目联盟的方法没有明确的不可预见费,但把目标成本设置得高于必要值可以有效地建立针对突发事件的应急措施。不可预见费还可以建立在用于直接成本计算的劳动率中,所以这些需要被审计其与实际成本的关系。

测量直接成本在理论上很简单,但实际操作中比较复杂。制造商、装配商、承包商和设计的专业人士都使用不同的会计方法。因为直接成本可以由管理费、利润或不可预见费组成,重要的是,所有的计算是完全开放的。此外,当事人可以保留一个独立的会计来确定应该如何测量每一方的直接成本。精确测量的直接成本直接关系到如何设定适当的增益和损失分担公式。

项目增值或损失分担的公式应该考虑双方各自的贡献,而不只是基于成本所占的百分比,然而,不同参与者的传统盈利能力可能会不同。也可以根据标准差异性平衡的贡献。例如,MEP 工程师和承包商可能在节能方面获得更多的成本补偿和风险分配,而承包商和设计师将对总体成本的节约有更大的责任。

(2)单目标实体中的成本补偿机制

在 SPE 中参与者的薪酬可以分为两层。第一层成本补偿为 SPE 支付每个参与者的成本费用,在标准服务合同或条款中予以明确。第二层与项目本身的成功相关。在 SPE 独立拥有项目的实例中,这一层成本补偿反映为参与者的股本权益。如果项目完成后由 SPE 拥有,参与者可以在项目出售时或从运营收入获得项目的价值。

第二层补偿所占的比例在项目价值和直接补偿之间产生了一个"综合的范围"。如果第二层补偿占主导,总薪酬大大依赖于项目的成功。在这个范围的边缘,SPE 薪酬计划有点类似项目联盟。如果直接支付占主导地位,那么项目的成功是一个次要的关键因素,这时 SPE 薪酬计划更像传统的项目交付方法。就像项目联盟一样,SPE 的利益分配应基于相对风险和双方各自的贡献。

(3)关系契约中的成本补偿机制

成本补偿在关系契约中根据双方的需求来决定。然而,基本的方法还是使用固定的直接成本作为基准,每个参与者在此基础上对费用开销和利润进行谈判,决定项目的奖励。奖金应该与项目的成功挂钩,可以包括进度、质量和性能等标准。成本补偿的方法可以确保完成项目的最高价格为基础进行计算。若每一个参与方的成本都计算最大价格并包括不可预见费,可以减少各参与方成本超支的风险。然而,这种方法人为地提高了估计项目成本,因为将每个参与方需要的不可预见费简单相加将超过整个团队所需的不可预见费。因此,应协商一个合适的风险应对方案。

设置准确、公平目标的结果受支配于项目联盟下讨论的同样问题。此外,激进的目标,如明显优于传统结果的目标,可能是适当的,包括可用作为激励创新的解决方案来实现积极的目标补偿。

2)争端解决机制

项目联盟模式下的争端解决非常简单。彼此双方同意放弃任何索赔,除了故意违约。因此项目联盟的参与者之间不再需要争议解决机制。

SPE 和关系契约项目中需要解决纠纷。一般来说,争端解决程序应从直接谈判开始,若无法达成一致,则依次可采取调解、争端解决和仲裁的方式,每一个参与方都应当将重点放在开发一个机制来鼓励和促进内部解决争端。内部解决争端可以使各方尽可能地保证项目集成和协作过程的继续。如果当事人被迫求助于外部争端解决程序,那么他们已经背离了集成交付的目的,向着传统的交付过程中存在的敌对的关系发展。

无论如何选择项目集成的合同类型,都将会有一些项目参与者,如次级施工人员、顾问和供应商,不是 IPD 多方协议的一部分。与这些非参与者的合同应包括争议解决条款并且多方协议应该确定这些特定非参与者在多方协议中应承担的责任。此外,如果项目失败、人身伤害、经济损失或其他情况发生,所有的项目都有潜在的第三方索赔。一般来说,这些第三方风险应由适当的保险解决。

3)风险分担机制

风险是损失和发生损失的可能性的函数。在 IPD 协议制定的过程中,讨论的焦点经常发生在法院和仲裁程序解决的责任问题上。然而,设计和施工实体所面临的商业风险,如成本超支、未能满足项目目标和市场不确定性,比责任风险发生和为频繁和严重。评估项目的替代方案时,各方应确定不同的替代方案是怎样缓解项目及其参与者所面临的商业风险,以及他们如何应对责任问题。

(1)项目联盟中的风险分担机制

①项目成果

糟糕的项目结果的风险由项目联盟参与者共同承担,但程度不同。非业主参与者的直接成本是被保证的,因此只有他们的开销、利润和潜在的奖金有风险。相比之下,业主的风险是无限的,非业主参与者只会缓和地降低薪资。

在较大的项目中,业主可以用保险相关的延迟完成来抵消风险、操作风险或其他经济风险。业主的风险也可能由于提前租售,价格保证,或控制市场风险的其他方法而减轻。

②责任

项目联盟参与者同意免除彼此间的责任,除了故意违约。除非一方放弃该项目,故意违约一般不会发生。然而,项目的联盟和其参与者,依旧对伤害第三方负责。施工现场安全、结构倒塌,或其他责任问题必须解决。标准责任保险将一般足以解决第三方事件,并且项目联盟的统一结构是适合所有者控制保险计划(OCIP)或类似的总结性的政策。保险应在所有情况下,审查确定可能覆盖的局限性,如合资除外;专业服务排除或限制覆盖建筑服务水平(即职业责任政策的手段和方法除外)。

③争端解决

因为责任是存在于联盟的项目中,所以没有争端解决机制。由项目联盟制定的决策是由共识促成的。双方同意遵守这些决定,这样就没有要进一步解决的纠纷。

(2)单目标实体中的风险分担机制

①项目成果

SPE 对项目成果承担无限责任。然而,SPE 通常为有限责任实体,灾难性损失的风险是包含在 SPE 中的,不会涉及 SPE 参与者个体。SPE 经常使用项目融资在项目的价值上,而不是参与者的信用,以保护借方的投资。如果发生重大损失,参股者仅冒着他们对股本贡献的风险,仅此而已。根据之前的经验,考虑到风险和其他问题,银行可能需要个人担保,特别是在较小的项目。

②参与者成本超支

参与者在他们个人的工作范围之内承担成本超支的风险。成本超支的风险是一个功能条款支配每一方为 SPE 提供的服务。这种风险可以是有限的,因为在一个成本加利润的合同中,或会更加严重,如果服务合同为固定费用或成本。然而,成本超支的风险应该区别于范围变化或现场条件变化造成的成本上升,这通常是 SPE 的风险,而不是参与者的风险。

③责任

参与者对 SPE 的责任和其他参与者在理论上是无限的,但在实践中往往是根据合同来调整。典型的风险管理工具是限制责任、间接损害豁免、责任豁免和代位豁免。第三方责任是法律所允许的,代表 SPE 和其参与者。这是与现有的常规项目相同的第三方责任。

SPE 风险管理可以通过扩大保险范围来增强。通常,扩大保险是通过一个可能会扩大建筑者风险范围的所有者控制保险计划。除了风险管理的好处,广泛的保险可能使融资更容易实现。然而,这些扩展保险可用在谈判策略,不是商用保险,他们的可用性是受市场条件和项目参与者的议价能力支配的。

④纠纷调解

因为 SPE 有能力控告参与者,并且参与者可以相互控告(可能受限于上述合同设备),在缺乏"不适合"规定,争议解决的工具需要与 SPE 和参与者之间的协议相结合并且协议之间应该协调。

SPE 的决定通常是由适用于这种 SPE 使用的法人实体结构的管理委员会制定的。控制股权比例,是双方根据逐个项目的基础上做出的决定。当纠纷出现在参与者各方之间或者在 SPE 和参与者时,他们应该通过直接升级谈判程序解决,促成谈判,然后通过仲裁或诉讼达成一致决议。另一种方法是使用仲裁小组,项目中立,或争端审查委员会,当纠纷的出现时来解决或推荐解决。

(3)关系契约中的风险分担机制

①项目成果

关系契约下,如果项目没能达到金融或绩效目标,业主将承担最终风险。这种风险可能会减轻,在某种程度上,已经建立了一个有保障的最高价格,达成利润参与协议,或可能重新追究对参与者的疏忽或违反合同的责任。参与者也承担有报酬的可变部分的风险,如奖金机会或创新基金。

②参与者成本超支

参与者不一定会承担成本超过他们能在合同中获得的报酬的风险。参与者承担这种风险越多，他们就越有可能努力防止这种风险。如果每个参与者都承担成本超支的风险，它就会变得更像传统的项目交付方法。然而，即使在这种情况下，共享收益的可能性减少了。

③责任

在项目中，各方需要对自己的错误和遗漏负责。在项目联盟中放弃内部责任和在关系契约中保留个人责任完全不同。和 SPE 类似，各方负担责任的程度可以通过赔偿、责任限制、免除间接的损害赔偿，豁免一定程度范围的保险责任和代为豁免来调节。此外，如果使用不可预见费，一部分的错误和遗漏的风险可以在不可预见费中予以列支。关系契约项目交付方法的第三方责任本质上是不变的。

关系契约项目的参与者也会购买传统保险产品。每个参与者都应购买自己的保险，保护自己的责任。但是，购买保险的政策应该针对每一方所提供的服务。如果承包商提供附带的设计或设计服务，即应购买承包商职业责任保险。如果设计师协助建设水平服务，应该排除那些可能会限制手段和方法范围的有关施工的活动。

④纠纷调解

关系契约使用团队的决策过程。然而，团队始终为业主工作，业主保留最终决策权。项目中的纠纷通过谈判、仲裁或诉讼达成一致协议来解决。

4）项目收尾

收尾的 MPA 反映了复杂性的过程形成。时间、物质和过程问题必须在收尾过程解决。

收尾将用于确定项目是否达到了最初的目标。如果时间和价格是唯一的标准，就可以在基本完工后不久收尾这些金融方面问题。然而，如果标准还包括长期目标，如能源效率、维护成本或生产力，那么最终的评估必须推迟到项目已经通过委托和运营一个完整的时期或其他操作周期。定性的目标，如质量、美学或创造力可能需要额外的时间来确定。

保修期应与收尾过程关联。如果有足够的、合规的保证，收尾可能在保证到期之前进行。然而，如果遵守保证是一个担忧，收尾可能需要推迟到保修期期满后。

使用定性标准时，收尾过程应在工艺设计时决定。具体调试协议和计算应该在项目设计时开展。资金和时间等条件，应由当事人同意，如果无法达成协议，应经独立审计复核。

定性标准必须减少数量才可用于成本补偿公式。这已经被由独立顾问完成的加权计分表完成了。

3. IPD 组织搭建

IPD 将各参与方的角色、潜在动机和项目中的活动顺序重组，以便在最佳时机来利用各方最大的优势和能力。在集成项目交付方式下，成功是以项目为中心并且依赖于合作。重点是共同实现目标而不是满足个人期望。用共同目标的实现程度来衡量成功。

以下是建立集成项目过程中会产生的问题。这些问题在 IPD 项目中很常见，不管项目中集成运用程度如何，这些都是全球通用的。

项目团队是 IPD 的命脉。在 IPD 项目中,项目各方作为一个整合团队而聚集,有着设计和建造成功项目的共同目标。而在传统项目中,各方面对困难时前提是做好准备保护好个人经济利益。公司利益受损,项目利益也自然受损。相比之下,IPD 项目则要求各方共同解决问题。这种"共同协商"对"单独行动"的区别是非常关键的。因为在现今的设计和建造产业中,面对问题时首先保护自身利益的本能是很普遍的。从这种模式转向集成或是合作的方式相当于文化变革。因此,集成团队的组成、团队成员适应新方式的能力以及团队中个人行为都是至关重要的。

(1) 项目团队形成与团队建设

在集成项目中,应在项目开端就形成尽可能紧密的团队。在一些案例中,项目团队是建立在通过上个项目工作关系已形成的信任、舒适和熟悉程度上的。在另一些案例中,业主不考虑团队成员间已有关系而盲目地整合团队。在任何项目中,应该最大程度的尽早确定和整合团队成员。

通常来讲,项目团队包括两部分团队成员:主要参与方和关键支持参与方。主要参与方是指自始至终在项目中都有大量参与度和责任的参与方。比如说,在传统项目中主要参与方是指业主、建筑师和承包商。IPD 项目不像传统项目中的关系那样,其主要参与方可以被定义得更广泛,他们既是由于合同关系而联系,也是由于他们在这单一目的实体中的自身利益而联系。详见第六部分关于潜在合同关系安排和 SPE 可能性的论述。

关键支持参与方在一个集成项目中发挥着重要作用。但是相比主要参与方,其作用是更分散的。在传统项目中,关键支持参与方包括主要设计咨询师和分包商。在 IPD 项目中,关键支持参与方是所有直接和主要的参与方,或是形成 SPE 的任何主要参与方。在这两种情况中,关键支持参与方都同意受到合同规定的合作方式和过程的约束。

在 IPD 项目中,主要参与方和关键支持参与方的区别在不同项目中是不固定的。比如说,在大多数项目中,结构工程师不被认为是主要参与方,因为他在项目中发挥着独立的功能并且很少会大量参与到项目的整个周期。然而,如果结构工程师是项目中最关键的因素,比如在桥梁工程中,那么结构工程师就会在整个项目周期内有大量责任和参与度。相应地,结构工程师就是一个主要参与方。

要重视建立各参与方能够作为合作团体共同工作的 IPD 团队。团队组成应考虑容量、团队动力、相容性、沟通、信任建立和对集成项目的忠诚度。团队形成和后续的团队建设可能包括性格评估、沟通训练和其他使得一个团队由分散变成团结的技能,尽管这些不是必须的。一旦团队形成,建立合作和开诚布公的团队氛围是很重要的。将团队定位成一个联合形态有助于促进开放的交流和合作。当协同定位是不合实际时,定期组织面谈和视频会议是有效的。不管使用什么方法,建立各参与方都乐意并且能够共同高效工作和为团队提供促进合作表现的工具和条件的团队都是必须的。以合作定义的项目目标和标准可用来衡量工作情况,将个人成就与项目成就相联系的成本补偿模型也提供了形成团队的刺激因素。

(2) 项目团队决策制定

成功的集成项目拥有能够让团队成员接受且遵守的决策制定方法。在高度集成的项目中,最终的决策权不在某一个团队成员手中,所有的决策都是由特定的决策制定主体而制定。不管各方是如何确定决策制定主体的结构,在集成项目中一个最重要的原则指导着决策制定主体——所有的决策都是为了项目利益最大化。

不同项目的决策制定主体组成不同,但是总是由一些主要参与方和关键支持参与方共同协作制定对项目最有利决策的联合体组成。实际的决策制定主体组成是由项目开端所确定的,并通过各方间的一致意见所反映。

实践中,团队决策制定是最能体现主要参与方和关键支持参与方之间显著差异的领域。由于主要参与方在项目中的持续参与度,他们总是决策制定主体的一部分。关键支持参与方通常不是决策制定主体的一部分,但是当涉及其相关领域专业知识时,他们为决策制定主体提供建议。通过项目各参与方在决策制定中的参与,不论是作为决策制定主体的成员还是作为一个建议者的角色,项目都会因此受益,因为这种方式使得项目各参与方都能利用其专业知识来解决问题。

为了提供规律、及时和持久的决策,决策制定主体根据共同设定的计划定期会面。会议频率越高,决策制定主体适应项目情形的能力越强。除了定期会议以外,IPD 项目同样也要求形成一个能够召开紧急会议,解决突发状况的方式。如果缺少这种灵活性,项目团队不能及时应对和解决项目过程中出现的各种重大问题。

(3) 团队沟通

成功的团队运作依赖于合作,而合作又必定依赖于灵活和开放的沟通。相应地,创造能够促进团队成员间充分信息共享的氛围和机制对成功实施 IPD 是必要的。

发展和运用具有支配作用的交流协议简化了交流,同时也促进了参与方之间数据和技术的交换。交流协议和其他沟通工具是通过联合研讨会展开的,其中项目团队讨论和确定信息该如何运用、处理和交换,确保一致和恰当地运用共享数据。在研讨会上确定的决策被记录下来,作为项目信息说明。

(4) 建筑信息模型

建筑信息模型(BIM),一个与项目信息数据库相连的数字化的三维模型,是支持 IPD 项目最有效的工具之一。因为 BIM 能够将设计、建造信息、建立指导和项目管理物流整合到一个数据库中,这为项目中的设计和建造提供了一个合作的平台。除此之外,因为模型和数据在建筑物的整个生命期内都持续存在,业主或许可以利用 BIM 来安排设施,这远超出了仅仅完成建造的目的,比如安排空间、布置、监控长期能源效力、维护和改变结构等目的。

BIM 是新兴技术,目前还未普及使用。例如,一个小型项目或者是大项目的一部分或许能利用单一模型,但是对于大型、复杂的项目就需要依靠由涉及各参与方的专业发展而成的许多相互联系的模型。主要的制造模型可能会和设计模型相互作用,直接产生建造信息并且在设计和购买共同进行时协调争端。相比类似的做法,承包商工作模型能够减少时间和材料损耗,通过与设计模型相互作用,提供建造阶段和计划,通过模型实现在实际施工之前就建造项目。模型也使得项目早期的费用预算更精确。BIM 的使用使得极度复杂的项目得以发展,否则这些项目就不可能在地点、工期和经济上有约束。

BIM 是一个工具,而不是项目交付方式,但是 IPD 方式与 BIM 紧密相连并且充分利用了其能力。IPD 项目团队在关于如何发展、获得、使用模型以及如何实现模型与参与方间信息互换上达成一致意见。如果没有这一清晰认识，就会导致错误使用模型或者没有达到预期目的。软件选择是基于功能性和互用性的。开放的技术平台对于 BIM 和其他模型整合成为一个程序，为了项目各方面的利益加强沟通是很必要的。为了支持这个领域，互用数据交换协议正在发展并且在市场中得到了越来越多的认可。

决策也根据如下因素而制定和记录：需要模拟的数据的细节程度、特定用途所要求的偏差和模型的功能，比如这个模型是否是用来发展费用数据，或是作为合同文件。如果作为合同文件，那么该模型和其他合同文件的关系就被确定了。协议也是为了争端的解决和折中而制定的。除此之外，主持、控制和实现模拟的方法也确定了。

这些决定和协议对 IPD 项目中有效地运用 BIM 是至关重要的。与上文论述的沟通决定和协议相类似，BIM 决定和协议在联合研讨会中得以充分发展。任何以及所有的决策都被记录在案以供利用该模型的任何参与方使用，从而确保在项目全生命周期内持续利用该模型。

（5）共享敏感、专有和机密信息

协同契约安排比传统模式更重视对不同时间和情形下的大量信息共享。保密协议用来使 IPD 项目参与各方明白合理使用共享机密信息的重要性。通过仔细筛选参与方和合同起草，IPD 参与方达成了一定程度的共识，项目信息交换只能被用作项目目的。

（6）赔偿

从合作和集成的角度看，传统交付模式因为个体参与方的经济成就不一定与项目成就紧密相连而受损。考虑到人类本性，项目参与方会努力保护其自身经济利益。在传统交付模式中，这种行为有时会导致对项目、其他参与方或是两者都有害的结果。将项目的利益与个人利益相联系的赔偿方式是统一项目与个人利益的有力工具。在 IPD 项目中，个人经济成就依赖于项目成就。就这一原因来说，IPD 参与方保护和提高自身经济利益的自然本能使得项目收益。

对制定赔偿方法有兴趣的参与方有许多选择。任何方式的正确性都必须依赖于既定项目和其参与方的特性。因为包括了激励条款，IPD 合同会比传统建造合同更复杂。而且，从经济效果来源于特定目标的实现这一程度上说，随后可能会产生关于是否和多大程度上实现了目标的争端。谨慎的合同起草、清晰定义激励里程碑以及尽心选择团队会减少这种争端产生的可能性。

（7）退出机制

正如以上所述，创造一个合作的团队对 IPD 项目的成功至关重要。团队成员的最初选择是至关重要的，同时团队成员间价值观与忠诚度的持续可能与前者对于项目最终的成功是同等重要的。

缺失和替换团队成员会破坏团队必要的合作本性。当缺失一个团队成员，任何潜在的新参与者被选中来工作要达到与原有成员同样的标准。为了使原工序能继续有效运作会需要大量的时间过度。需要耗费精力去处理新团队成员发生的那些在上一个团队成员存在时就处理过的问题。然而，在取决于参与方缺失的时间上，新成员会面临一段艰难的克服作为外来者心理的斗争时期。

相应地，为了从 IPD 项目中获得最大利益，应该不遗余力地维持团队持续性。强烈反对团队成员的退出，不论是指定的还是自发的。在项目刚开始时，可有一些情况允许成员的退出。做出这种决定时就应该制定相应的协定,包括特定情况下成员退出的损失条款。

(8) 团队成员争端解决

在传统交付模式中充满了敌对关系。与之相反,IPD 项目基于合作,团队连续性是最重要的。由于这种工作关系和团队决策制定过程的实施,大多数团队成员之间的内部争端是可以避免的。但是即使是在最和谐融洽的团队,忽视团队成员之间争端依然会产生的可能性是很天真的。

在传统项目中争端发生时,往往参与方唯一的解决方式就是提出索赔,这会让双方迅速对立,使他们不得不只顾自身利益。如果双方关系到了这种地步,会让项目受到巨大损失。这种时候,IPD 带来的益处也消失了,并且之后很难重建团队间的合作文化。为了保护团队和 IPD 模式下的项目,这些争端应该在团队间解决,而不必要提出索赔和采取敌对措施。

内部争端是通过项目决策制定主体解决的,如上所述,做出最有利于项目的一致决定。利用项目决策制定主体来解决争端,为项目成员提供了一种拥有决策制定权的感觉。

为了这个目的,控制项目团队关系的协定,强调内部争端解决和为实施这一决定提供了明确程序。这一些案例中,各参与方同意"无诉讼"规定,即放弃他们诉讼或是仲裁的权力。

内部争端解决较少地依赖于所利用的特定程序,而更多地依赖于团队成员运用 IPD 的程度。当团队成员坚持各方责任分离,那么就会使得项目受损。团队共同运作得越好,更有可能免于团队内部争端。如果内部争端没有很好地解决,参与方就会提出用外部手段解决争端,而不再遵循"无诉讼"规定。在这种情况下,参与方可能遵循更倾向于传统的争端解决流程,比如中间人调解,以及随后的仲裁和诉讼。

IPD 模式下的内部争端解决方式,强调其与传统项目交付的区别以及实施 IPD 时团队成员间的文化差异。传统合同是关于建立分界线的。一个编制良好的传统建造合同清晰地定义了各方责任和发生过失的后果。责任很少重叠,因为这会对关于正确角色的界定产生模糊。合同的焦点在于交易——必须执行的活动。另一方面,集成合同方式关注对整个项目成功必要的关系。不像交易合同,这种关系契约在国内设计和建造产业中是很罕见的。因而,合法先例的存在是很短缺的。所以,如果争端产生了,评定个人的权利和责任或是预测可能结果都是很困难的。

4. IPD 的交付

1) 定义角色、责任和服务范围

传统的合同模式中项目参与方在各自分离的责任范围内运作。IPD 项目寻求通过让所有的参与者都关注共同目标来打破这些障碍。然而,这不是说 IPD 参与者没有各自的工作范围。相反,每一个参与者都有明确的工作范围。最重要的是,设计师依然主要对设计服务负责,承包商对建造服务负责。

(1) 服务范围

尽管依然有些部分取决于登记法、许可法和代理协定,IPD 团队成员的角色和服务被认为是分配给了最合适的人,即使有时会和传统角色分配不同。项目团队确保个体参与者的任务和责任或者说是服务范围能够被清晰地划分和尽早被理解。一个认真建立的团队、角色和责任为服务、任务、领导和支撑角色提供了明晰性,这一目的常常被使用,尽管其他方法可能被实施。

个体团队成员的传统服务范围的特定方式被重新排列,这在不同项目之间是不同的。然而,对传统服务范围的预期效果能够被大体描述为与所有集成项目都共同的要素一致。IPD 对设计师、承包商和业主的被广泛期待的效果如下所述:

①设计师

IPD 项目很大程度依赖于大量和彻底的设计过程,其中包含了其他团队成员的输入和参与,在设计阶段还包括承包商。因此,当其他团队成员明白集成项目是如何运作以及如何实现的时候,设计过程就显得更加重要。作为一个团队成员,设计师有必要参与用于项目的定义和设计过程。

集成项目需要做更多大量的建造前工作,关于识别和解决在传统项目中可能直到建造结束才被发现的潜在设计冲突。因此,设计师应该在更早的阶段发挥作用,而这在传统项目中的后期才被要求。所带来的服务质量提高可能会增加设计阶段的服务容量。

在设计阶段与其他成员经常互动,需要设计师给其他团队成员提供大量其设计文件的副本,以供他们评价和输入。这种互动导致了一个附加责任,即在整个设计阶段追踪为其他成员提供副本和从他们那里获得的建议。

而且,与传统项目交付模式中不同,设计师不一定作为业主和承包商间沟通的守门人。理论上,共同通过团队加强合作而非依赖于单个看门人。

②承包商

IPD 项目中,承包商的服务范围被其在集成项目中的早期参与度所影响。承包商角色的重要性在设计早期就应明确,承包商现在提供策略服务,比如计划生产、成本预算、系统评估、建设性审查和早期购买项目,这些也是承包商在传统项目中提供的服务,不过,现在这些服务的时间却提前了。

承包商在项目早期阶段参与进来,提供专业知识和全面参与到项目的设计。结果使承包商在设计创新中有了更重要的意义。承包商在设计阶段越来越重要的地位要求其在设计阶段提供持续的估计服务。

③业主

在 IPD 项目中,业主在评价和影响设计选择上发挥着更重要、更积极的作用。除此之外,业主应该比传统项目里更早地参与到建立项目衡量标准中来。由于顺利运作 IPD 项目,要求业主必须帮助解决项目中产生的问题。作为决策制定主体的成员,业主会更多地参与到与项目有关的细节中,并且应该立即做出回应,保证项目持续高效运作。

(2)多方责任

最传统的建造合同寻求限制各方的义务。与之相反,IPD 是在这种理论下进行的:各方正式认识到实践中可能存在机遇会使项目运作地更顺利。每一个建造项目都是内部联系的。

这种方式的一个结果是能够协调传统角色。例如,IPD 要求承包商更多地参与到设计阶段。IPD 模式下的"承包商设计和设计师建造",双方或是多方的责任比传统项目中更加融合。角色的融合,加强创造性的同时,能引发这样的问题:谁为特定范围工作负责。因为这个原因,一份编制良好的 IPD 协定清晰地界定了各方的工作范围。合作不能代替责任,至少在履行个人职责范围内的基本义务上。

在传统履行的活动中,关于设计师和承包商的现行标准保持完整。然而,在一定程度上

IPD要求不履行义务的风险应该各方共担,因此促进了合作。IPD协定通常在所有直接参与方间分担这种风险。在这种方式下,设计师可能直接承担承包商不履行义务的责任,反之亦然。在协商规定和建造项目团队关系中,这种问题被提前阐明。在不同项目基础上参与方共同协商各方都认为合适的风险分担标准是必要的。

2) 定义和评价项目成果

在IPD项目中,正如在传统项目中一样,不能达到预期结果的风险依然存在。因为衡量IPD项目的成功是通过明文规定的共同目标来实现的,在许多情况下经济原因使得目标不能实现。IPD协定清晰地规定了目标以及达成或是未达成的后果。

IPD项目计划包括衡量标准和用以监控项目进展的中期报告。标准包括项目的整体表现和开销、进度以及测量范围。为了达到这些标准可能需要采取经济刺激方式。

(1) 目标和标准

尽管团队会提出备选方案供业主参考,目标依然是业主的职责。业主决定项目和其想要达成的效果。然而,标准是建立在目标的基础上的,曾被用来评判项目成果和赔偿现在被联合起来。对预期结果满意对所有参与者来说都是必要的,因为他们可能会影响潜在利益和赔偿架构。

如果目标只是经济上的,项目时长和成本就可能充分地衡量目标的实现。客观标准,比如能耗效率同样也能够容易确定。建造和设计创造性的质量更不易被忽视。这些因素可能需要一个衡量指数、比较结构和独立评价指标。团队也会就何时评价标准达成一致。比如,团队决定能耗效率是应该在委托期内测量还是应该每季度或是几个季度评定。如果低成本维护是目标,团队即可决定何时评定其结果。

(2) 工程造价

整个项目的成本是一个主要的标准,在项目开端就被确定,并且贯穿整个项目。包括直接工程费、非激励性成本补偿和合理的意外开支。在全阶段,设计和工程量测算的直接联系的可能性创造了一个有力的工具来确定和管理项目成本。这是体现IPD项目效率的主要方面之一。

IPD项目最大的好处就是可以将价值工程用目标价格或设计过程的目标值来代替。在许多IPD协定中,严重的后果产生于预算超支。在早期构想中,团队确认是否一个项目能用现有资金完成建造并满足业主目标。不像传统设计程序,设计、预算和之后的再设计是一个重复的步骤,目标值设计过程利用预算、进度和质量的直接反馈来显示设计过程的发展。这促进设计的详细估计,而非估计一个详细的设计。为了实现这个目标,信息需要在所有利益相关方之间高效沟通,在开放和理性的基础上接收反馈和制定决策。如果这被恰当地做到了,传统的价值工程将不复存在。此外,通过尝试将设计过程划分进度,需要信息的供选方案在直到最终方案确定前都能发挥作用。

在确定目标价格是合作结果的程度上,有许多需要考虑的问题。在第一个例子中,每一个项目参与方都与目标价值设定有经济利益关系。业主通常期望低价,但是设计师和承包商有追求更高目标价的动机。这个冲突通过参与方仔细的选择、一目了然地测算和独立咨询的恰当使用来解决。

(3) 项目工期

由于项目过程中大量的规划和更改，IPD 项目的潜在益处之一是缩短建造工期。这个好处是优选 IPD 项目业主的一致共识。在设计过程中联系工期、阶段和详细的建造顺序的能力使得材料采购过程更加高效。尽早根据设计变更调整材料，减少了设计完成的时间。

（4）项目质量

IPD 项目团队成员可利用的新技术型工具，包括 BIM，为减少设计文件和交易冲突中的失误提供了可能，这些都是早在购买产品之前就发生的。利用这些工具的参与方之间的合作创造了一个氛围：服务质量、设计和对项目执行是完整的。

质量的评定是基于适合项目类型的标准，并且与之前完成的项目的类似特点相比较。因为业主或是整个产业承接了更多的 IPD 项目，质量标准可能会提高。

（5）操作性能

项目中主要建筑系统的表现标准的确定在设计阶段早期被制定，并且被改良为设计过程。这些和项目目标相一致，和项目中的主要交易以及项目设计专业一同设置。

建造完成后确立和追踪已完成项目的经济表现标准的机会存在。项目团队由于设计和运行质量为已建成项目的持续成功所做出的贡献，导致同其他主要参与方共享长期经济利润分配。

（6）持续性

提高传统项目交付模式的一个重要方式是为可持续性设定更多进取的目标。项目各个方面的全生命周期目标的标准能够被制定。评级标准比如 Green Globe、LEED 或是 SB 工具可能被融入在设计和交付过程中被监控的整体目标和渐进步骤中。机会也存在于为碳排放和可替代能源的融入设定目标。

3）法律考虑

（1）非标准合同

集成方式包括与传统合同模式大有区别的合同关系。将标准的非集成合同修订成为集成模式会是一个挑战，因为方法大有不同。没有之前类似合同或标注形式的帮助，协商和起草协定会增加一定的成本。AIA 是现在正在发展中的为想要协定和执行 IPD 协议的参与方提供帮助的标准形式。

（2）专业责任和许可

因为项目参与方保持对个人工作范围负责，一个 IPD 项目不应该改变关于专业或是商业许可的传统要求。设计师和承包商之间的合作不一定会导致流程的混乱。所分配的工作范围要求承包商履行设计职责，这需要与规范要求相一致的方式处理这个问题。这和非集成方式下的情况没有什么区别。如果 IPD 服务是通过一个专门因项目而产生的分离合法实体（如有限责任公司）提供的，那么这个实体可能会被要求获得设计或是建造许可证，这取决于各州法律。

（3）保险

利用 BIM 和其他工具建造一个建筑物事实上很大程度提前于实际建造，这减小了设计失误和疏忽的风险。如果参与者采用"无诉讼"条款，通过放弃权利会使得招致内部甲方经济索赔的风险减小。然而，甲方不放弃索赔权利而是承担非传统责任，传统保险产品可能不能在现在的保险市场中获得。第三方由于人员伤亡并财产损失的索赔的保险也不能获得。

保险产业现在义不容辞需要发展并提供与项目目标并项目参与方间所确立的特定风险分配条款相一致的备选保险产品。

此外,保险和债券的发展需要一个能够识别IPD风险共享框架的方法。这需要的不仅仅是与担保人和保险市场常规的互动。传统合法风险管理在这种信条下运行:风险跟随着责任,一方对越多的参与者所应尽的职责越多,就会产生越多的法律风险。

(4)实体组成

纯粹通过分散的参与方之间的合同安排构成一个IPD项目是完全有可能的,也有可能通过创立单一项目实体执行这些项目,比如有限责任公司(LLC)。单一项目实体应该在哪里被创立来履行项目的规划会存在税收和管理问题。

(5)连带责任和联营体

IPD协定考虑高度合作。在许多情况下,在一定程度上项目参与方共享整个联营体的成功或是失败。在这点上,IPD协定更可能被分类为联营体而非传统模式下典型的独立承包商。联营体的一个独特风险特征是所有合营者的连带责任。因此,如果所有的主要IPD参与方被认为是联营体,他们应该就其合作伙伴的失败向第三方负责。这样,建造团队可能能够很好地承担设计失误以及设计团队也会为建造失误而承担风险。这种风险能够通过仔细的规划(如恰当的保险产品以及构建各方合法关系)和合同起草来管理。

5. 基于BIM的IPD项目管理

建筑信息模型(BIM),一个与项目信息数据库相连的数字化的三维模型,是支持IPD项目最有效的工具之一。因为BIM能够将设计、建造信息、建立指导和项目管理物流整合到一个数据库中,这为项目中的设计和建造提供了一个合作的平台。除此之外,因为模型和数据在建筑物的整个生命期内都持续存在,业主或许可以利用BIM来安排设施,这远超出了仅仅完成建造的目的,比如安排空间、布置、监控长期能源效力、维护和改变结构等目的。

BIM是新兴技术,目前还未普及使用。例如,一个小型项目或者是大项目的一部分或许能利用单一模型,但是对于大型、复杂的项目就需要依靠由涉及各参与方的专业发展而成的许多相互联系的模型。主要的制造模型可能会和设计模型相互作用,直接产生建造信息并且在设计和购买共同进行时协调争端。相比类似的做法,承包商工作模型能够减少时间和材料损耗,通过与设计模型相互作用,提供建造阶段和计划,通过模型实现在实际施工之前就建造项目。模型也使得项目早期的费用预算更精确。BIM的使用使得极度复杂的项目得以发展,否则这些项目就不可能在地点、工期和经济上有约束。

BIM是一个工具,而不是项目交付方式,但是IPD方式与BIM紧密相连并且充分利用了其能力。IPD项目团队在关于如何发展、获得、使用模型以及如何实现模型与参与方之间信息互换上达成一致意见。如果没有这一清晰认识,就会导致使用模型的错误或者没有达到预期目的。软件选择是基于功能性和互用性的。开放的技术平台对于BIM和其他模型整合成为一个程序,为了项目各方面的利益加强沟通是很必要的。为了支持这个领域,互用数据交换协议正在发展并且在市场中得到了越来越多的认可。

决策也根据如下因素而制定和记录:需要模拟的数据的细节程度、特定用途所要求的偏差和模型的功能,比如这个模型是否是用来发展费用数据,或是作为合同文件。如果作为合同文件,那么该模型和其他合同文件的关系就被确定了。协议也是为了争端的解决和折中而制定的。除此之外，主持、控制和实现模拟的方法也确定了。

这些决定和协议对 IPD 项目中有效地运用 BIM 是至关重要的。与上文论述的沟通决定和协议相类似，BIM 决定和协议在联合研讨会中得以充分发展。任何以及所有的决策都被记录在案以供利用该模型的任何参与方使用，从而确保在项目全生命周期内持续利用该模型。

第三节 政企合作与基础设施建设

一、政企合作概述

1. 政企合作的概念

在不同的国家和地区中，由于政企合作(Public-Private Partnership, PPP)的发展程度不同，对 PPP 有不同的理解和定义。如欧盟委员会定义 PPP 为公共部门和私营部门根据双方优劣势共同承担责任和风险，以提供传统仅由公共部门独立负责的公共项目或服务；加拿大 PPP 委员会将 PPP 定义为一种双方通过适当的风险分担、资源分配和利益共享而确定的合作经营关系，以满足公共需求。一般而言，政企合作、公私合营、政府和社会资本合作是指由私营部门获得公共部门的授权，为公共（及准公共）项目进行融资、建设，并在未来的一段时间内运营项目，通过充分发挥公共部门和私营部门各自的优势，提高公共产品或服务的效率、实现自己的最佳价值，特别适用于基础设施、公用事业、城镇化和自然资源开发等大中型项目。由于这些项目需要政府授权，因此我国一般成为"特许经营权"，以区别于提供非公共产品的商业特许经营。

PPP 最早起源于欧洲，最为典型的是 BOT(Build-Operate-Transfer)和 PFI(Private Finance Initiative)模式。BOT 模式是由土耳其时任总统 Ozal 在 20 世纪 70 年代提出，指公共部门将基础设施项目一定期限内的特许经营权，授予项目主办人（即私营部门投资人）组成的项目公司，由项目公司负责投融资、建设和运营，并在特许经营期内收取费用，以此费用回收成本、偿还债务、赚取合理利润，并在特许经营期结束后将项目的所有权移交给政府。PFI 起源于英国。目前，国际学术界和企业界较为认同的观点是，PPP 是 BOT、PFI、BT 等一系列融资方式的总称，强调合作过程中的公平参与、风险分担、优劣势互补和利益共享。另外，需要注意的是，在我国，以逐利为目的参与 PPP 项目的国有企业，特别是不受项目签约方政府直接管辖和操控的，都归为私营部门。

虽然 PPP 有众多形式，但本质特征没有太多不同。其特征主要包括以下三点：

(1) PPP 项目是一种特许权项目

采用 PPP 模式是政府把基础设施、自然资源开发等公共事业项目的建设、经营和维护特许权交给外国或民营开发商，但政府拥有最终所有权。

(2) PPP 是政府和企业间的长期合作

PPP 的特许期一般为 10～30 年，长期合作的主要目的是追求项目全生命周期效率的提高，不因降低建设成本而忽视运营和维护成本。由于项目的长期性，任何一方的短视行为都可能造成项目的失败,项目的成功取决于各方的长期友好合作。

(3) PPP 具有项目融资的典型特征

PPP 是利用项目的期望收益、资产和合同权益进行融资的形式,建成项目投入使用所产生的现金流成为偿还贷款和提供投资回报的唯一来源。

PPP 项目成功的关键因素包括:项目所在国政治稳定;对项目有迫切需要;项目所在国政府愿意私营部门参与;有较成熟的立法和执法制度;项目范围明确;项目经济上可行;公众有一定的消费能力,收费合理;开发商的技术方案可行并具有经验;合理的风险分担;符合环保标准;能重复发挥人才和专家的作用。

对于发展中国家而言,PPP 项目的成功还需要特别注意以下三个方面:

(1) 项目所在国政府需要提供强有力的实质支持;

(2) 有吸引力的经济方案;

(3) 最好有国际金融、保险、捐赠机构和本国政府的支持,以应对政府信用、外汇和法规政策变化的风险。

2. 项目融资

由于 PPP 项目投资大、周期长、涉及面广,为了更好地管理风险,多采用项目融资模式。项目融资是指基于项目或通过项目去融资,以尽可能地实现有限追索。按照美国财会标准手册的定义,"项目融资是指对需要大规模资金的项目而采取的金融活动。借款人原则上将项目本身拥有的资金及其收益作为还款资金来源,而且将其项目资产作为抵押条件来处理。该项目事业主体的一般性信用能力通常不被作为重要因素来考虑。这是因为其项目主体要么是不具备其他资产的企业,要么对项目主体的所有者不能直接追究责任"。

项目融资与传统的企业融资在几个重要方面的比较如下表 7-2 所示。

项目融资与传统的企业融资的比较　　　　　表 7-2

要　素	项目融资	企业融资
融资基础	项目的收益/现金流量	债务人/发起人的资产和信用
追索程度	有限追索或无追索	完全追索
风险分担	所有参与者	集中于发起人/债权人/担保者
资本金和贷款比例	发起人出资比例较低,杠杆较高	发起人出资比例较高,通常为 30%~40%

是否采用 PPP,很大程度上取决于项目本身的性质,包括技术复杂性、收费的难易程度、生产或消费的规模、设施规模等。对政府而言,最为关注的应是该模式能否提高项目的建设和运营的效率。比如,从技术复杂性上看,健康、航空、通信等项目需要复杂的技术,不太适用 PPP 模式;从收费难易程度来看,基于消费的公共服务比纯公共服务更容易收费,更适用于 PPP 模式;从生产或消费的规模来看,城市运输、水供应等项目可以限定区域范围,从而更可能引入外资或民营资金,更适用于 PPP 模式;从设施规模来看,道路、通信、电力、水供应等项目的规模大,适于采用 PPP 模式。一般来说,按融资的难易程度,特许经营适用的领域排列如下:

（1）自然资源开采。
（2）电厂、供水或废水/物处理厂。
（3）通信。
（4）公路、隧道和桥梁。
（5）铁路、地铁。
（6）机场、港口。

另外，由于PPP项目复杂，前期费用高，对项目规模有一定的要求，否则不合算。对国际工程而言，项目投资最好不低于3000万美元。

3. PPP的历史溯源及在我国的发展

根据世界银行的统计分析，PPP/BOT模式已在全球范围内得到广泛应用，私营部门在发展中国家基础设施建设的总投资额已从1990年的不到200亿美元攀升至2011年超过1600亿美元（与当前汇率对应）。2011年全球PPP项目主要集中在能源、交通、港口和铁路等基础设施领域。由于引入PPP特许经营模式，许多国家和地区的基础设施建设中新增了融资渠道，引入了私人领域的分析能力和创造力，提高了项目和服务的效率，提高了基础设施的维护效率，缓解了基础设施低覆盖、低质量、低可靠性的问题。亚洲开发银行也表示，PPP在全球得到广泛应用，领域包括发电、供水、卫生、垃圾处理、地下管道、医院、校舍和教学设施、体育场馆、航空管制、监狱、铁路、公路、信息技术系统和住房等。PPP项目的主要收入来源为政府购买费用、用户费用，用以使私营部门回收投资，赚取合理利润。

在我国，"依据城市化的发展目标，21世纪的最初20年，城市人口将增加3.5亿~5亿，城市基础设施投资至少要达到3.5万亿~5万亿元"。单靠国家财政拨款不能满足公共基础设施建设的巨大资金需求，因此PPP模式作为一种创新的融资渠道被引入了基础设施建设领域。

20世纪80年代中期，我国的电厂、高速公路等基础设施领域开始以BOT模式运作，为缓解政府财政负担，促进经济发展，提高公共管理水平和社会服务效率等发挥了重要作用。随着经济体制改革和市场化开放程度的不断深入，我国政府正在进一步鼓励民间资本、社会资本进入基础设施建设、公用事业、城镇化、自然资源等领域，促进了PPP在我国持续性的发展，主要体现在：意识之处我国城镇化进程；二是提高公共产品和服务的效率；三是国际金融环境、国家财政和货币政策的客观要求；四是公共部门对发展PPP项目意识的转变；五是我国社会投资机构对参与PPP项目有相应需求。

然而，PPP模式在中国的应用尚不成熟，主要问题体现在：一是参与基础设施项目的投资人存在局限性；二是中国的融资市场不成熟，融资渠道偏少，对项目融资有取向偏好且条件苛刻；三是PPP法律环境不完善、政府角色缺位。

二、PPP的实施过程

1. PPP项目的实施过程、组织与评价

按照惯例，PPP项目一般分为四个阶段：准备阶段、招标阶段、融资阶段和实施阶段。其中，准备阶段包括确定项目、项目立项、招标准备、资格预审四个步骤；招标阶段包括准备投标文件、评出候选中标者、详细谈判、选定中标者几个步骤；融资阶段包括融资决策、融资结构、融资谈判和融资执行四个步骤;实施阶段包括设计建造、经营维护和移交两个子阶段。

1)准备阶段

这一阶段主要是选定PPP项目,通过资格预审与招标,选定项目承办人。项目承办人选择合作伙伴并取得它们的合作意向,提交项目融资与项目实施方案文件。项目参与各方草签合作合同,申请成立项目公司。政府依据项目发起人的申请,批准成立,并通过特许权协议,授予项目公司特许权。项目公司股东之间签订股东协议。项目公司与财团签订融资等主合同以后,项目公司另与BOT项目建设、运营等各参与方签订子合同,提出开工报告。

(1)参与项目的动机

每个项目参与者都有自己不同层次的目的和动机,政府采用PPP的动机通常是利用民间资金解决基础设施短缺的问题和发挥民营公司的高效率,获得项目所带来的社会经济效益,改善设施和服务水平;而民营发展商的动机主要是通过资金和管理优势,获取项目,赚取利润,并进一步扩大市场占有率。在低层次目标上,主要是公私部门之间责任和效益的合理分配,但在高层次或长远目标上,都应是追求效率的提高。

因此,政府在做出应用PPP模式决定之前,应比较不同模式的优缺点,以能提高项目的建设和运营效率、提高服务水平为标准,选择最有价值的融资方案。一旦决定采用PPP模式,应进行项目的财务评估决定是否提供必要的支持;此外,应用PPP模式应还有合理分担项目风险和收益的考虑。对承包商而言,要成功拿到并实施成功项目,最根本的就是要能够向公众提供高质量低成本的基础设施服务。

(2)可行性研究

PPP项目对项目资产和现金流的依赖性和有限追索权,以及项目本身的风险影响,促使银行高度重视项目的技术和经济可行性论证,只有确实可行,并能将风险控制在可接受范围内,银行才会放贷,因此,发展商要成功融资,必须进行严谨的技术和经济可行性研究。在技术可行性研究中,要特别注意的就是一定要用成熟的技术,不要冒险采用未经证明的新技术。在经济可行性研究特别是财务评估中,要以现金流量分析为基础,说明项目能产生足够的现金流以支付经营费用、债务清偿及税金,并且有充足的应急资金应付市场需求、汇率、利率和通货膨胀率的变化;通过财务评价计算出项目的净现值、内部收益率和投资回收期,看项目在支付一切费用后能否给公司和投资人带来净收益,以及是否达到其收益率的目标;还应算出贷款的偿还期和各年的偿还额,并制订出项目的偿还计划,以保证贷款的按期归还。此外,对基础设施及公共事业项目还应对项目带来的外部效果进行评估,以说服政府立项或从政府获得更多的支持。外部效果能用货币来衡量的,应尽可能计入项目的费用和收益中;外部效果不能用货币衡量的,应对其影响作定性说明。最后,还要注意项目的环境影响评价。

基础设施项目的成本和效益都可以概略地分为两大类:经济成本(直接的人力物力和资金投入)和社会成本(如环境污染和生态破坏);财务经济效益(如现金收入)和社会经济效益(如促进国民经济发展)。一个基础设施是否值得兴建取决于这两种效益是否大于这两种成本。然而,PPP模式将项目的社会经济效益和财务经济效益分开:政府追求社会经济效益,而民营发展商追求财务经济效益。如果项目财务经济效益低于经济成本,难以吸引民营发展商,这时政府应提供必要的支持。例如,公路项目中,如果需求量不足,可以授予一定量的土地用于房地产开发,或授予运营已建成的公路或隧道桥梁的特许权;或者把赢利的项目和不赢利的项目捆绑开发。例如,把运动场馆和运动员宿舍楼捆绑招标,利用房地产的较高利润补偿运动场馆的收益不足。因此,承包商对项目的上述两类成本和效益都要综合考虑,以做出合理的决策。

当政府或国有公用事业公司担保购买一定数量的项目产品或服务,即签订"Take or Pay"(或取或付、照付不议)合同时,发展商常犯的错误是把担保的需求当作市场需求。特别是在BOT电厂(或水厂)项目中,公用事业单位常常被要求购买一定数量的电(或水)。这种承诺可能导致项目公司忽略市场研究。如果政府也忽略市场研究或过于乐观估计经济发展,做出乐观的需求预测,忽略对供求平衡的控制,过多地授予项目特许经营权,会导致供过于求,使项目不成功。发展商应认真评估目的市场需求并在协议中包括适当的控制措施,确保整个特许期内都有市场需求。

当与公用事业公司签有购买合同时,发展商常犯的另外一个错误是建造非生产设施,认为只要与公用事业公司的购买合同保证回收投资和一定的利润,让建什么就建什么。高价收费会带来许多问题,降低单位投资成本(效率提高的直接体现)是PPP成功关键。例如,可能是特许经营期较短的原因,中国的沙角B电厂不但把一些必需的辅助设施安置在室外,而且厂房设计比较简单,通过竞标采用效率较高的机组设备来降低单位投资成本,使项目获得成功。

融资评估同样是放贷者的要求,发展商要运作PPP项目,必须从银行取得贷款,因此很有必要了解放贷者的要求:还本付息取决于项目在合理的假设条件和现金流敏感度分析之后,证明PPP项目可行;融资计划中要采取措施保证特许期内项目产生的现金流量收益足以支付现金流量支出包括还付息和运营成本,并留有一定余地以应付不可预见事件和相关费用。

2)融资阶段

融资过程可以大概分为概念化阶段和计划实施管理阶段,融资计划过程中要与财务分析密切结合,但不能用财务分析人员替代融资计划、实施和管理人员,因为融资与财务不完全相同,要求融资人员对融资来源、融资产品和融资市场等相当的了解,通过合理分析和组合等,拓宽融资渠道、降低融资成本。特别是在融资的概念化阶段,要完成下列工作:

(1)数据收集和经济分析:包括检查评估至今所做的经济分析,适用税收政策的确认,货币币种和外汇量的考虑,通胀预测及其影响,建造/经营成本、市场需求的核实等。

(2)各备选方案的经济和财务分析和评估:包括成本、经济规模和财务预测的分析和比较、经济指标的分析和比较等。

(3)所选方案的详细分析:基准指标的确定,包括各备选生产能力;计算机仿真模拟分析各指标(如不同贷款期、本贷比、币种组合与利率等)对收益的影响;项目收益(特别是项目产品销量/价格)、成本、现金流预测、投资回报率、资本金收益率、投资回收期/净现金值等的敏感度分析、风险分析和折中权衡分析(trade-off analysis)。

(4)所选方案的成文:资金来源和应用的财务预测(如不同贷款期、本贷比、币种组合与利率等对收益的影响),现金流、盈亏分析报告,项目评估计算、财务指标、敏感度分析和成本效益分析报告,可接受风险程度。

(5)行销、发行和管理方案:包括目标银行、演示和谈判,贷款和资本金的融资门槛,合同协议,收益和贷款的海外寄托账号等。

3) 实施阶段

实施阶段包含 PPP 项目建设与运营阶段。在建设阶段,项目公司通过顾问咨询机构,对项目组织设计与施工,安排进度计划与资金营运,控制工程质量与成本,监督工程承包商,并保证财团按计划投入资金,确保工程按预算按时完工。在项目运营阶段,项目公司的主要任务是要求运营公司尽可能边建设边运营,争取早投入早收益,特别要注意外汇资产的风险管理及现金流量的安排,以保证按时还本付息,并最终使股东获得一定的利润。同时在运营过程中要注意项目的维修与保养,以期项目以最大效益地运营以及最后顺利地移交。

项目建造阶段的主要任务就是将项目所融资金投入使用,根据项目公司与承包商所签的合同,成本超支和工期延误风险由承包商(可能是项目公司的股东)独自承担(较常见,因为项目公司为转嫁风险,一般签固定工期固定总价的交钥匙合同)或由项目公司与承包商共同分担。如果是后者,项目公司还要注入备用资金(备用资本金或备用贷款);如果还不够,则还要为超支成本融资。

4) 移交阶段

在特许期期满时,项目公司把项目移交给东道国政府。项目移交包括资产评估、利润分红、债务清偿和纠纷仲裁等。

项目建成后一般由运营商(可能是项目公司的一个股东)运营和维护,投入使用后所产生的项目收益,即现金流入,将用来支付运营成本、还本付息、税收和盈利分红。按照贷款合同和特许期协议等,项目所有现金收益将进入岸外代理账号(offshore escrow account),以利于政府、银行等监督项目资金的使用和避免外汇风险。而且,项目收益的使用是有一定顺序的,依次为:运营和维护费、保险费、折旧费、贷款利息、税、贷款本金和股东分红。特许经营期到期后,项目将按特许经营协议中规定的要求(如设施效率和培训要求等)移交(通常是免费)给政府。

2. PPP 的资本结构选择

1) 资本结构的概念

建设项目使用的资本包括所有者权益和负债两大类。所有者权益是指投资人对企业净资产的权利,如股份公司中的普通股和优先权。负债是企业所承担的能以货币计量的、需以资产或劳务偿付的债务,一般分为优先债权和附属债权。投资总额中所有者权益和负债所占的比例构成了项目的资本结构。在 PPP 项目中,优先股和附属债务等求偿权是在优先债务之后的资本,对项目成功具有特殊重要的意义,通常把这类资本归结为中间资本。因此 BOT 项目资本结构中包含了所有者权益、债务和中间资本三部分。这三种资本在项目融资中各有其特殊的作用和独特的风险特征,且每种资本的收益基本上由其风险特性确定。

(1) 所有者权益

所有者权益是项目所有者投入的资本,在所有项目资本中它的求偿权是最低的。正常情况下,只有项目的其他义务全部满足之后才能考虑权益投资人的利益。如果项目失败了,任何求偿权都要优先于权益投资人的求偿权,若满足其他义务之后的剩余项目资产少于权益资本的增值,权益投资人将蒙受损失。权益资本承担着比其他任何资本都高的风险,因此权益资本也被称为风险资本。当然,如果项目很成功,满足其他义务后的剩余资产价值必然高于权益资本,高出部分将归权益投资者所有。总之,权益投资者承受较高风险的同时,若项目取得成功,将获得很大的收益。在BOT项目中,特许权结束时项目剩余资产将移交东道国政府,权益投资者只能通过特许期内的收入获得回报,因此,有关合同条款应该满足投资者合理的风险回报。

(2)债务

此处所讲的债务主要是指优先债务。项目的优先债务是所有项目资本中级别最高的。根据预先制定的计划,优先债务具有对项目资产的第一求偿权,只有满足它之后才能考虑其他求偿权。在所有资本中,优先债务的风险也是最低的,因此无论项目是否成功,其回报也只能限于按照借款额应该支付的利息。

(3)中间资本

与纯权益和纯债务相比,中间资本是一种比较灵活的工具。它具有权益和债务的特点,其风险介于权益资本和债务之间。项目资本充足时,支付优先债务之后就将向中间资本支付,优先于权益资本的股息支付。如果资本不充分,中间资本将被当作权益处理,得不到任何支付,这相当于为项目提供了附加权益资本。中间资本的回报也介于权益资本和债务之间,其回报表现在两个方面:一是获得高于优先债务的利率,二是享受项目的利润或资本收益,如优先购股权、可转换权或保证收益等。

2)PPP项目资本结构的选择

PPP、BOT项目的不同类型,表现出不同的资产特征,反映出不同的项目发展和资本结构选择等方面的能力需求。根据资产特征和能力需求,可以将这些项目简单划分为固定资产投资类、核心设备技术类、综合运营管理类。对于固定资产投资规模大的项目(如公路、铁路、港口等),综合能力强的承包商和投资机构的组合将具有更多专业和资金的优势;对于专业设备和综合运营能力要求高的项目(如垃圾处理、水处理等),运营商和设备商的组合是项目成功的保障;对于核心设备技术要求高的项目(如电站等),专业技术商是关键;而对于综合运营能力要求高的项目(如公共建筑),综合运营商的参与则是项目成功运作的重要支持。国际市场的资金渠道较多,大量养老基金、保险资金、主权基金、基础设施基金等为PPP、BOT项目提供了多渠道、大规模,且与基础设施投资特征(规模大、周期长、收益稳定但偏低)一致的长期低成本资金支持。

我国PPP、BOT项目资本结构影响因素重要性排序依次如下:

(1)提高权益比例,增加银行等金融机构对项目偿债能力的信心;
(2)限制负债比率,消除政府对项目破产的担忧;
(3)维持现有控股股东控股地位;
(4)负债过多会提高企业财务风险;
(5)运营商、技术提供商或金融机构等的股权投资,可利用其专长,规避委托风险;
(6)增加负债比重能提高净资产收益率;
(7)宏观经济政策考虑;
(8)股权和债权融资的交易费用和成本比较;
(9)财务弹性(保持一定负债能力);
(10)各融资方式难易程度;

(11) 限制负债数量以使项目利益能够流向股东；
(12) 适当提高权益比例，增加投资联合体对项目成功的信心；
(13) 不愿将利润让渡给债权人；
(14) 限制负债比率，消除项目供应商账款拖欠的顾虑；
(15) 适当提高负债比率，降低总资金成本，从而减低未来服务或产品价格，提高政府或用户满意度；
(16) 行业平均负债水平，利息具有抵税作用，负债过多会降低信用评级。

三、PPP 项目的合同设计

1. PPP 项目的参与方

(1) 发起人

项目发起人(又称项目发展商)是项目公司的投资者和股东。发起人可以是单个公司，也可以是几个公司组成的联合体，后者更为普遍，以发挥各发起人的各自优势，实现强强联合。项目各参与方如承包商、运营商、供应商、银行等都可以成为发起人。在发展中国家一般都有国有企业的参与，有利于项目的批准和实施，一定程度上也可以降低项目的政治风险。

(2) 项目公司

为了更好地管理和运作项目，项目发起人通常会在项目所在国成立一个自主经营、自负盈亏的有限责任公司，各发起人投入的资金就成为项目公司的权益资本/资本金(equity)，即股份，利润将按股权分配。项目公司作为借款方，以运营阶段项目的收益作为还本付息和取得利润的主要来源。但是项目公司不一定直接参与项目的建造或运营，而是将建造和运营交给专业的承包商和运营商。

(3) 放贷人/债权人

一般来讲，采用 PPP 的项目中，项目的贷款额较大，放贷方/债权人承担的风险很大，此经常采用辛迪加贷款，即由多家银行组成一个财团对一个项目贷款，可由不同国家的银行组成，从而降低项目的政治风险。

(4) 借款方/债务人

多数情况下，借款方/债务人就是项目公司，以实现有限追索。但是有些时候，借款方也可以不仅仅是项目公司。这是因为项目的融资和实施受到很多因素的影响，例如，如果项目的运营收入无法偿还贷款(又称为先天不足项目)，但该项目却是迫切需要的，通常的解决办法就是由东道国政府承担一定数量的贷款，在这种情况下，借款方也就包括了东道国政府。另外，承包商、运营商、供应商和用户都可能成为独立的借款方参与到项目公司中。

(5) 东道国政府

东道国政府在项目融资中起着相当重要的作用，政府是项目特许权的授予者，是国家的直接立法者，同时政府的宏观经济调控也有着不可忽视的作用。一般来说，政府可以为项目提供减免税收或者特许兑换外币等优惠政策，提供土地、水电等配套基础设施，同时政府也可以通过代理机构投入权益资金，或者成为项目产品的买主或用户。正是因为政府在 PPP

项目中有着重要的作用,一定程度上也为项目带来了很大的政治风险,政府在项目中的表现是PPP项目是否成功的关键。经验表明,政府在项目融资过程经常出现的错误如下:不决策或决策延误、法律和政策的随意改变、短期目的、官僚主义、贪污腐败的发生等。

(6)承包商

承包商主要负责项目的工程设计和建造,通常与项目公司签订固定价格的EPC总承包合同。将工程设计和建造交给一个专业的承包商,对于项目公司而言,是一个合理地转移项目设计和建造风险的办法,一般来说,承包商要承担工期延误、成本超支和工程质量不合格等风险。

(7)运营商

同样是一个合理转移项目风险的方法,项目公司通常将项目的运营和维护交给专业的运营商,由运营商来承担项目运营、管理和维护甚至包括原材料供应和价格、市场需求和销售量等运营风险。

(8)承购商

为了保证项目的成功,使项目建成后有足够的现金流入以还本付息并获得利润,项目公司会在项目谈判阶段,确定产品或服务的承购商,并签订协议,来减少或分散项目的市场需求风险。

(9)供应商

供应商包括原材料供应商和设备供应商等,其收益主要来源于供应合同,对项目的经济效益不太关心,因此项目公司通常将供应合同作为决策手段之一,例如,设备的供应一般与贷款捆绑在一起,一方面放贷方可以为本国企业开辟国外市场,另一方面借款方可以获得出口信贷等优惠贷款。

(10)担保方

如前所述,采用项目融资的项目都具有投资大、时间长、风险大等特点,需要一个合理风险分担机制,因此项目公司通常要求供应商、承包商、运营商、承购商等参与者提供有力的担保,从而转移项目公司所承担的风险。

(11)保险商

PPP模式的巨大资金数额及未来许多难以预料的不利因素,要求项目的各个参与者,确切认定面临的主要风险,并视需要为它们投保,因此,保险商成为分担项目风险的重要一方。

(12)其他方/第三方

PPP项目的巨大资金投入、长期性和复杂的风险分担体系等特点决定了对项目公司专业和综合知识的较高要求,因此常常需要聘请很多的咨询顾问,如法律、财务、融资、税务、保险、技术、市场等顾问和专家等。其中特别值得一提的是,放贷方为了防止项目公司违约或转移资金,一般要求项目公司将资产及收益账户放在东道国境外的一家中立金融机构,这家机构就成为岸外寄托受托方(offshore escrow account),以保证项目账户和资金流动过程的可监控,同时,还可以减少外汇风险。

2. BOT项目的主要合同

BOT项目参与方众多,相互关系极为复杂,可以看作是一个庞大的系统工程。各参与方通过签订一系列大小合同来确立、保证和调整他们之间的法律关系,一环紧扣一环,形成一条龙作业。BOT 项目参与方之间的主要合同关系见图 7-12。

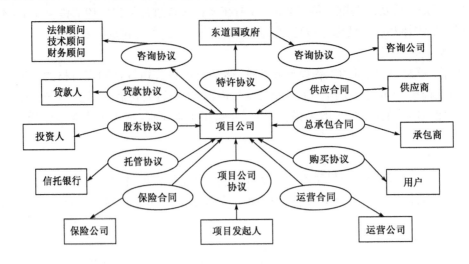

图 7-12　BOT 项目的主要合同关系

BOT 项目的主要合同包括以下几个。

(1) 咨询协议

由于一般情况下政府机构缺乏 BOT 领域的专业经验,特别是 BOT 项目涉及了大量的法律、金融和技术问题。因此,按照国际惯例,东道国政府均聘用有经验的咨询公司进行 BOT 项目的立项、可行性研究,通过咨询公司来组织 BOT 项目的资格预审,编制招标文件,安排招标,评标,协助政府和项目发起人与贷款人进行谈判。所以,BOT 项目中的第一个合同就是政府与咨询公司之间签署的"咨询协议"。除了聘用咨询公司作为 BOT 项目的总协调人和代理外,政府还需要聘用另外三种专家处理相关领域的专业问题。他们是:①技术顾问,涉及的专业领域可能是发电厂、港口、公路、水处理、桥梁和电信等;②财务顾问,涉及的工作领域是寻找可能的资金来源,设计融资结构,外汇和资本市场分析,财务可行性研究等;③法律顾问,涉及的工作有协助政府构筑 BOT 项目的法律框架,起草和审订 BOT 项目的协议文本,对 BOT 项目合同和谈判过程中涉及的法律问题及其他有关问题向政府或发起人提供法律建议。

东道国在选择咨询公司时,应该注意两方面问题。首先,咨询公司是否具备足够的专业知识。对咨询公司来说,除了需具备相应的法律、金融、技术等领域的知识和人才外,还特别应具备 BOT 项目组织和代理工作的专业知识,例如,资格预审的程序、招标评标的基本方式等。其次,政府应考察咨询公司的主要咨询专家是否具备 BOT 项目的工作经验。

不仅政府,项目公司在整个 BOT 项目实施过程中也需要聘请高水平的咨询公司和顾问,这是 BOT 融资的关键因素之一。若有一个国际化和专业化的队伍从事项目的开发,将极大提高项目的效率和成功率。世界银行的多边担保机构就明确建议在 BOT 项目的初级阶段应该雇用金融顾问和有经验的法律顾问。咨询协议的主要内容应包括咨询公司的工作范围、主要咨询专家的资格和经验、服务价格和付款方式以及双方的责任等。

(2) 项目公司协议

为了实施 BOT 项目,项目发起人最终要组建一个项目公司。项目公司成员或股东可以由建设承包商、设备和物资供应商、运营商、股本投资者和金融机构等方面人员组成。项目公司的具体形式须参照并符合东道国的公司法、税法和外国投资法等法律、法规。我国管理项目公司的主要法律是《中外合资合作法》。在我国组建的 BOT 项目公司为有限责任制,形式上以外商独资企业和中外合资合作为主。

（3）特许权协议

在以往,公共基础设施项目的建设和经营由于对东道国的国民经济和社会生活有着重大影响,许多基础设施项目为国家命脉所系,所以一般是由政府或国有的专营公司承担,属于政府和国有专营公司的职能范围。因此,私营部门要进行基础设施项目投资,首先要获得东道国政府的许可以及在政府风险和商业性风险等方面的支持和保证,这就必须签订特许权协议。这个协议是整个 BOT 项目的依据,其他所有贷款、工程承包、运营惯例、保险和担保等诸种合同均是以此协议为依据,为实现其内容而服务的。可以说,最能代表 BOT 项目特征的合同就是:特许权协议。在以下两个问题中还将对该协议作进一步的论述。

（4）股东协议

BOT 项目一般所需资金数额巨大,若发生风险,一家公司往往难以承担其后果,因而大多数 BOT 项目是由多家公司组成国际性财团共同投资的。财团可由国际性的工程承包公司和投资公司组成。它们共同向项目公司出资而成为项目公司股东。股权的分配是通过各投资人之间的股东协议来确定。在有的 BOT 项目中,东道国政府也是项目公司的参股人之一;还有的 BOT 项目,政府虽未出资,但根据特许权协议规定,也享有一定比例的股权,不过政府必须承担其他方面的义务,如提供项目用地以及其他方面的保证和支持等。

（5）贷款协议

在 BOT 投资中,项目公司自有资金一般不会超过项目营建所需总金额的 30%,其余资金要靠项目贷款来提供。在 BOT 项目的贷款协议中,借款人为项目公司,贷款人往往是多家金融机构组成的银团,这样可以起到分散风险的作用。项目公司可以用公司财产或权益为贷款做抵押。

（6）总承包合同

项目公司如果本身拥有足够的实力和技术力量,可以自行设计、建造并运营项目。但是在更多情况下,项目公司并不具备这种条件(因为项目公司在很大程度上只是一种融资工具),因此,项目公司会寻找合适的工程承建商签订总承包合同。

（7）购买协议

BOT 项目的成功实施,有赖于项目自身的盈利能力,即项目收入须足够支付项目公司的运营费用,支付贷款本息和股本回报。一般情况下,项目公司都会与一定数量的用户签订购买协议(即所谓"排水协议"),以保证日后对项目的市场需求。项目公司还可以与东道国政府主管部门在"无论提货与否均需付款"的基础上签订购买协议,让东道国政府保证以约定的价格购买项目公司最低数额的产出量。如在中国广西壮族自治区来宾 B 电厂项目中,就由项目公司与广西电业局签订了购电协议。购买协议适用于向任何购买者(如电厂、水厂、电信公司)提供服务和产品的长期项目。在其他情况下,例如一条收费高速公路,更多地依靠项目自身的市场条件,这时,项目公司会要求政府保证高速公路最低车流量以及合适的收费结构。

购买协议的主要条款包括：

①协议期限；

②价格（价格应足以覆盖所有融资成本、运营费用，再加上给投资人合理的回报）；

③付款条件；

④不可抗力条款；

⑤法律变更和法律管辖；

⑥与其他协议中的价格等条款的协调。

(8) 供应合同

供应合同的主要目的是确保项目公司有稳定持续的原材料、燃料和设备的供应，保证项目的正常生产运营。项目公司会直接或间接地通过承包商与不同的原材料、设备和燃料供应商接触，寻求稳定的供应来源。有时，项目公司也会寻求和政府下面的直属供应商签署供应合同，并要求政府出具针对供应商的"履约保函"。总的来说，BOT 项目中的供应合同与其他传统的基础设施建设的供应合同并没有什么实质性的区别。

(9) 运营合同

在许多的 BOT 项目中，项目的运营和维护并不是由项目公司自己来做，而是外包给有经验的项目运营维护商。运营维护商对项目的日常运营和维护负责，他可能是项目公司的股本投资者之一。

(10) 保险合同

BOT 项目需要广泛的保险公司的参与。此类保险包括事故险、第三方责任险及其他的商业保险。目前国际保险市场上已开发出多种适用于 BOT 项目的险种。保险与风险是密不可分的，BOT 项目购买何种保险，取决于东道国政府和贷款人以及项目公司对风险的认识，对保险费用的认识，以及这种费用是否可以直接或间接地计入项目的总成本中。一般在 BOT 项目的其他协议中，对于保险种类以及保险的背书等问题都做出相应规定。但是鉴于目前保险市场越来越复杂，项目各方应向有关保险专家咨询。

(11) 托管协议

项目收入通常不是直接付给项目公司，而是直接汇入一个或多个托管账户（也叫第三者保管账户）。管理托管账户的通常是贷款人之中的某一家银行，它与项目公司完全无关。汇入托管账户的款项再按事先约定的优先顺序，依次付给应收款的各方。这是项目贷款人通常要求的一种担保安排，除此之外，贷款人还可能要求项目公司提供其他一些担保文件。

3. 特许权协议

在 PPP 项目中，特许权协议是其法律关系的基础，也是所有项目协议的核心和依据，并决定了项目的基本结构。对于 PPP 项目的当事人来说，在启动一个 PPP 项目时所遇到的第一个环节和第一步的主要工作就是谈判该项目的特许权协议。因此，特许权协议对于一个 PPP 项目成功至关重要。

1) 特许权协议的含义

在国际投资法上，特许权协议与股权式合营契约、契约式合营契约被认为是投资契约的基本形式。特许权协议是政府或代表政府的授权机构与项目公司签订的，关于由政府授权许可项目公司在一定期限内（特许期内）建设和运营政府专属的公共基础设施并获得合理收益,特许期满后将项目设施无偿移交给政府的契约文件或特许权合同。

目前,在国际上PPP模式通常适用的领域大多为基础设施建设项目,而私营机构要获得该类项目的建设经营权,首先应获得政府的特许,即签订特许权协议。PPP项目中的特许权协议实质上就是指规定和规范PPP项目业主政府与私营机构之间的相互权利义务关系的一种法律文件,它是PPP项目所有协议的核心和依据。

2) 特许权协议的主要内容

特许权协议的内容较为广泛,通常包括了一个PPP项目从建设、运营到移交等各个环节及各个阶段中项目双方相互之间的主要权利义务关系。一般可将特许权协议中的条款分为主要条款和普通条款。主要条款是指合同必不可少的条款,它反映着特许权协议特有的合同性质,是特许权协议成立的必要内容;普通条款是指主要条款以外的合同条款。普通条款有两个含义:第一是指在条款作用上不直接反映合同性质,不影响合同成立,但是为合同所需要的、其他的同类合同也往往具有的条款,例如适用法律条款、不可抗力条款、争端解决条款、违约赔偿条款等;第二是指在合同结构上主要条款以外的所有条款,包括默示条款和待定条款。下面介绍特许权协议的主要内容:

(1) 主要条款

① 特许权的范围

首先规定特许权授予的性质、授予特许的主体和接受授予的主体。在这一条款上一般包括以下三方面的内容:

a. 权利的授予,即由业主政府授予项目公司从事一个PPP项目建设的专营权利;

b. 授权范围,一般包括项目的建设、运营、维护和移交,有时授予该主办者从事其他事务的权利;

c. 特许期限,即业主政府许可主办者对该项目建设和运营设施的期限。

② 项目融资及其方式

本条款主要是规定PPP项目如何进行融资、融资的利率水平、资金来源和双方同意采用什么方式融资等内容。

③ 项目建设

一般在PPP项目中的普遍做法是签署"一揽子总承包"或固定价格的"交钥匙"工程建设合同。而特许权协议的该条款主要是规定项目主办者或其承包商将如何从事PPP项目的建设,包括设计、土地、承包商的具体义务、施工方法和施工技术、质量保证、工期保证等。有关设计部分,政府将确定应提供何种文件,适用何种法律和应遵循的建设标准。需强调的条款有:

a. 质量保证和质量控制;

b. 雇用和培训当地员工;

c. 重大问题和工程进度改变报告制度;

d. 分包商的使用和批准;

e. 政府入场检查和测试的权力。

除此之外,还涉及环保条例,项目公司应使设计、建造、运营的所有步骤符合环保要求,并确保在项目实施的自始至终保护好环境。

④项目的运营和维护

本条款的主要内容是运营的主体和方式、措施,维护的主体、维护的方式和措施。

⑤设施的收费水平及其计算方法

合同设施的收费水平及其计算方法条款在实践中也是一条非常难以谈判和确定的条款。该条款的合适性与正确性将关系到整个PPP项目的成功与否。该条款主要是规定设施的收费水平和调整方案、收费计算方法、收费办法、收费计算货币等内容。如在收费公路项目中,这种条款可以包括过路费结构、收费点设立距离(收费频率)、收费调整方法、托管账户的安排和收入分成比例等。

⑥项目的移交

a. 移交的范围。人们一般只考虑到设备的移交,而其他一些重要事项如技术移交、运营手册、维护程序和方法、电脑软件以及其他运营设施所必需的文件、资料等的移交也应列入条款中。

b. 移交时的设施状况。一般特许权协议中规定在移交设施时,设施应处于"良好的运作状态和通常的磨损状况"。

c. 设施移交的方式和程序以及费用如何负担。

(2)普通条款

①合同方、前言和定义

一般特许权协议都从合同方的名称、地位及所要签署协议的内容开始,接着是具有前言性质的段落,提供并归纳协议后续大量章节的背景和概述。然后是协议中所用主要词语和关键用语的定义,避免在协议中出现歧义和误解。

②前提条件

有时在协议中会规定一些协议生效的前提条件。前提条件常常位于特许权条款之后,例如合同双方应有主管部门或有关单位授予的履行合同的权利和资格,具备有关批文、资金等,这是建设开始的必备条件。只有在合同各方能证明所有前提条件已具备的情况下,特许权协议才能生效,建设工作才能开始。

③通用条款

通用条款是指在一般的经济合同中或涉外经济合同中通常具有的那些条款,例如合同的适用法律条款、争端解决条款、违约赔偿条款等。

④合同的转让

一般的经济合同中,按照国际商法原则,在合同关系成立之后,合同的任何一方在未经另一方同意时不得擅自将其在合同项下的任何权利和义务转让给第三方;即使是允许转让,转让上的权利和范围也应是对等的。但是在PPP项目的特许权协议中,其特殊性就在于它的主体属经济合同中的民事主体,其中一方是业主政府或其公营机构,另一方则是普通的民事主体。双方的法律地位不同,业主政府在特许权协议中的法律地位具有一定程度的"不可挑战性"。因此在实践中一般规定:项目公司不得将其在协议项下的合同义务转让给第三者;但是业主政府可以以公共利益变化为由,例如政府机构改革、机构合并等原因,将其在本协议项下的合同义务转让给其法定的继承者或第三方。

除了以上条款以外,在实际中,特许权协议还通常订有一些附录,例如设施的检测方案和程序、培训方案、质量控制和保证、运营参数、公司法律意见咨询表、保险文件、公司创始持股人目录等。由于每一个 PPP 项目的国别、当事人及项目的具体情况不同,其特许权协议的内容或形式也会有所不同,或有不同的侧重。

四、PPP 项目的风险分担

1. 风险识别

国际工程的外部风险巨大而独特,如社会条件、经济和政治环境、未知的程序手续、不熟悉的人力资源市场、新的市场框架体系和政府管理措施等。国际 PPP 项目中,外部风险的管理非常重要。可以将风险划分为国家、市场和项目三个层次。国家层次的风险是指政治和宏观经济的稳定性,如国家对私有或外国财产的保护、国内外货币流动交易限制等;市场层次的风险包括公司在当地市场的技术优势和劣势,市场资源的稀缺性,市场规则的复杂性等;项目层次的风险专指针对项目现场而言,不合理的工程设计、不恰当的质量控制手段、施工安全风险等。

我国 PPP 项目的风险因素如表 7-3 所示。

我国 PPP 项目风险因素　　　　　　表 7-3

序号	风险因素	归责对象	影响对象	分担偏好
1	政府官员腐败	地方政府	私营投资者	政府
2	政府干预	地方政府	私营投资者	政府
3	征用/公有化	无	私营投资者	政府
4	政府信用	地方政府	私营投资者	政府
5	第三方延误/违约	第三方	私营投资者	共担
6	政治/公众反对	无	私营投资者	共担
7	法律及监管体系不完善	中央政府	私营投资者	政府
8	法律变更	中央政府	私营投资者	政府
9	利率风险	中央政府	私营投资者	共担
10	外汇风险	中央政府	私营投资者	共担
11	通货膨胀	无	私营投资者	共担
12	政府决策失误/过程冗长	地方政府	私营投资者	政府
13	土地获取风险	地方政府	私营投资者	政府
14	项目审批延误	政府	私营投资者	政府
15	合同文件冲突/不完备	私营投资者/地方政府	私营投资者	共担
16	融资风险	无	私营投资者	私营
17	工程/运营变更	地方政府/设计方	私营投资者	私营
18	完工风险	施工单位	私营投资者	私营
19	供应风险	供应商	私营投资者	私营
20	技术风险	私营投资者	私营投资者	私营
21	气候/地质条件	无	私营投资者	共担

续上表

序号	风险因素	归责对象	影响对象	分担偏好
22	运营成本超支	待定	私营投资者	私营
23	市场竞争唯一性	地方政府	私营投资者	政府
24	市场需求变化（非竞争因素导致）	无	私营投资者	共担
25	收费变更	地方政府	私营投资者	共担
26	费用支付风险	地方政府/用户	私营投资者	共担
27	配套基础设施风险	地方政府	私营投资者	政府
28	残值风险	私营投资者	地方政府	私营
29	招标竞争不充分	待定	地方政府	政府
30	特许经营人能力不足	私营投资者/地方政府	地方政府	私营
31	不可抗力风险	无	私营投资者/地方政府	共担
32	组织协调风险	私营投资者	私营投资者	私营
33	税收调整	政府	私营投资者/地方政府	政府
34	环保风险	政府/公众	私营投资者	共担
35	经营投资者变动	私营投资者	私营投资者	私营
36	项目测算方法主观	私营投资者/地方政府	私营投资者	共担
37	项目财务监管不足	地方政府	地方政府/监管方	共担

对上述风险因素的具体解释如下：

(1) 政府官员腐败

政府官员的腐败行为将直接增加项目公司在关系维护方面的成本，同时也加大了政府在将来的违约风险。

(2) 政府干预

政府官员直接干预项目建设/运营，影响私营投资者的自主决策权利。

(3) 征用/公有化

中央或地方政府强行没收项目。

(4) 政府信用

政府不履行或拒绝履行合同约定的责任和义务而给项目带来直接或间接的危害。

(5) 第三方延误/违约

除政府和私营投资者，其他项目参与者拒绝履行合同约定的责任和义务，或者履行时间延误。

(6) 政治/公众反对

由于各种原因导致公众利益得不到保护或受损，从而引起政治甚至公众反对项目建设所造成的风险。

(7) 法律及监管体系不完善

由于现有PPP立法层次较低、效力较差、相互之间存在某些冲突、可操作性差等原因造成的危害。

(8)法律变更

由于法律、法规及其他政府宏观经济政策的变化而引起项目成本增加、收益降低等后果。

(9)利率风险

指市场利率变动的不确定性给 PPP 项目造成的损失。

(10)外汇风险

包括外汇汇率变化风险和外汇能否兑换风险。

(11)通货膨胀

指整体物价水平上涨,货币的实际购买力下降,导致项目成本增加等其他后果。

(12)政府决策失误/过程冗长

不规范、官僚作风、缺乏 PPP 的运作经验和能力、前期准备不足和信息不对称等造成项目决策失误和过程冗长。

(13)土地获取风险

土地所有权获得困难、土地取得成本和时间超过预期,使得项目成本增加或项目延期。

(14)项目审批延误

经过复杂的审批程序,花费时间长且成本高,批准之后,对项目的性质和规模进行必要商业调整非常困难。

(15)合同文件冲突/不完备

合同文件出现错误、模糊不清、设计缺乏弹性、出现冲突,包括风险分担不合理、责任与义务范围不清等风险。

(16)融资风险

包括融资结构不合理、金融市场不健全、融资的可及性等因素引起的风险,其中最主要的表现形式是资金筹措困难。

(17)工程/运营变更

由于前期设计的可建造性差、设计错误或含糊、规范标准变化、合同变更、业主变更等原因引发的工程/运营变更。

(18)完工风险

表现为工期拖延、成本超支、项目投产后达不到设计时预定的目标,从而导致现金流不足,不能按时偿还债务等。

(19)供应风险

原材料、资源、机具设备或能源的供应不及时给项目带来损失。

(20)技术风险

所采用技术不成熟,难以满足预定的标准和要求,或者适用性差,迫使私营机构追加投资进行技术改进。

(21)气候/地质条件

由于项目所在地客观存在的恶劣自然条件,如气候条件、特殊的地理环境和恶劣的现场条件等。

(22) 运营成本超支

由于政府强制提高产品/服务标准、利率/汇率/不可抗力等非运营因素，运营管理差等原因导致运营成本超支。

(23) 市场竞争唯一性

政府或其他投资人新建或改建其他相似项目，导致对该项目形成实质性的商业竞争。

(24) 市场需求变化（非竞争因素导致）

排除唯一性风险，由于宏观经济、社会环境、人口变化、法律法规调整等其他因素导致的市场需求变化。

(25) 收费变更

包括由于PPP产品/服务收费价格过高、过低或者收费调整不弹性、不自由导致项目公司的运营收入不如预期。

(26) 费用支付风险

由于基础设施项目的经营状况或服务提供过程中受其他因素影响，导致用户或政府，费用不能按期按量的支付。

(27) 配套基础设施风险

项目相关的基础设施不到位引发的风险。

(28) 残值风险

投资者过度使用设备等资源，造成特许期期满移交时，项目设备材料折旧严重或所剩不多，影响项目的继续运营。

(29) 招标竞争不充分

包括招投标程序不公正、不公平、不透明，招标项目信息不充分或不够真实，缺少足够的竞标者，市场主体恶性竞争、故意压低竞标价格等风险。

(30) 特许经营人能力不足

由于特许经营人能力不足等原因导致建设、运营效率低下。

(31) 不可抗力风险

合同一方无法控制，在签订合同前无法合理防范，情况发生时，无法回避或克服的事件或情况。

(32) 组织协调风险

由于项目公司的组织协调能力不足，导致项目参与各方的沟通成本增加、互相矛盾冲突产生等变故。

(33) 税收调整

包括中央或者地方政府的税收政策变更。

(34) 环保风险

由于政府或社会团体对项目的环保要求提高，导致项目的成本增加、工期延误或其他损失。

(35) 经营投资者变动

由于各项目股东之间发生冲突或其他原因导致投资者发生变动，如中途退出等，而影响项目的正常运营。

(36) 项目测算方法主观

特许期、服务价格的设置与调整，政府补贴等项目参数的测算过于主观，使得项目没有达到理想的效果。

(37) 项目财务监管不足

放贷方和政府对项目公司的资金运用和项目的现金流监管不严导致项目资金链断裂等变故。

2. 风险分担机制

由上表，为公营部门应该主动承担的风险因素共有 13 个（约 35%），大部分风险的归责对象基本上是中央或地方政府。私营部门应该主动承担的风险因素共有 10 个（约 27%），风险的规则对象可能是私营投资者，也可能不能充分界定其归责对象或无具体归责对象。双方共同承担的风险因素共有 14 个（约 38.8%），归责对象为政府（或公众）单独一方的风险包括"利率风险"、"外汇风险"、"收费变更"、"费用支付风险"和"环保风险"，这些风险的影响对象都是私营投资者，可以认为这些风险分担结果是由风险的直接损失承担原则和风险的归责原则共同作用得出的。其余风险大部分都不能充分界定其归责对象，需判断在具体项目中风险事件发生的过错归责对象究竟是政府还是私营投资者，或者没有具体归责对象，或者归责对象是第三方。

实际操作中可能影响风险分担的具体因素可能包括：

(1) 对风险的有效控制能力

不少实际案例中提及，根据双方对于某风险的有效控制能力是否存在明显优势差异进而推断风险的实际分担情况。例如，在案例"在某电力能源项目中的电力能源"项目中，受访专家认为在目前中国的外汇管控下，地方政府对于汇率风险并没有太多的发言权，因此在协议中承诺负责汇率风险没有太大意义。该专家反而建议应该根据实际情况，由私营投资者和政府共同承担该风险，因此在一般的特许权协议中也只约定政府在其权力范围内尽力协助。而风险有效控制力的概念其实是多层次的，还可以细分为能否预见风险的存在、能否正确评估风险发生的概率和影响程度、能否降低风险的发生概率、能否控制风险发生的程度以及管理风险所需付出的成本大小。

(2) 政府提供的激励措施

在实际操作中，政府部门为了提高项目对私营投资者的吸引力，往往愿意提供相应的激励措施。例如，在案例"在某体育场馆项目"中，地方政府提供了占总投资将近 60% 的资本金，并且不要求分红，地方政府土地管理部门将项目设施场地的土地使用权以划拨方式无偿提供给项目公司，项目公司不需缴纳土地出让金、配套基础设施建设费，项目公司只需承担项目建设场地的土地一级开发费。通过这些激励措施，地方政府可以减弱私营投资者在项目中承担的收益不足的风险。除了政府投资赞助和政府对融资的协助，政府能提供的激励措施还包括新市场开拓、政府担保（如保证项目在一定区域和时间内的垄断性）和税收减免优惠等。

(3) 风险的归责对象

项目的法律顾问思考逻辑偏向于根据风险的过失责任准则来判断风险的分担。例如，对于财务监管不足的风险，虽然政府在操作中不履行/未能良好履行监管职能，但是财务状况不良的根本责任在于私营部门，故该风险应该由私营部门来承担。不过，也有不少受访专家认为通过归责对象来判断风险的分担，虽然在法律层面上思考是公平合理的，在实际操作中却可能无法得到落实，有时候出现归责对象对该风险的控制力很低或者控制该风险的成本很高的情况，此时的分担并非是真正的公平合理。而且，很多风险因素并不能界定二者的过错，或者合同的双方都没有过错，这就必须依据其他的风险分担原则进行分担。

（4）与风险对应的收益

私营投资者参与PPP项目的目的在于获得合理的投资回报，因此许多文献都认为所承担风险程度与所得回报应该相匹配。而在实践中，很多从业人员根据这条准则，错误地认为"采用PPP模式就是要把尽量多的风险转移给私营部门"（主要是公营部门官员）和更多的风险就可以获得更多的回报，从而把承担风险看成获得高额回报的机会（主要是私营部门人员）。在采访中，不少受访专家认为风险与收益相匹配的准则应该用于对风险评估和准备投标报价，而不应该进行反向操作。为了获得更多收益主动承担更多风险，因为风险控制能力不足而对项目造成影响。

（5）双方的比较优势

在以往的项目操作中，双方在就特许权协议进行谈判的时候，并没有很充分地考虑所有风险，对于那些在特许权协议里并没有提及的风险，在判断实际分担的时候就只能凭借双方的比较优势。

参 考 文 献

[1] 吕文学.国际工程项目管理[M].北京:科学出版社,2013.
[2] 李明顺.FIDIC条件与合同管理[M].北京:冶金工业出版社,2011.
[3] 李启明.国际工程管理[M].南京:东南大学出版社,2010.
[4] 朱红章.国际工程项目管理[M].武汉:武汉大学出版社,2010.
[5] 何伯森.国际工程承包[M].北京:中国建筑工业出版社,2007.
[6] 李玉宝.国际工程项目管理[M].北京:中国建筑工业出版社,2006.
[7] 赵修卫,张清.国际工程承包管理[M].武汉:武汉大学出版社,2005.
[8] 许文凯.国际工程承包[M].北京:对外经济贸易大学出版社,2003.
[9] 郝生跃.国际工程管理[M].北京:北京交通大学出版社,2003.
[10] 刘尔烈.国际工程管理概论[M].天津:天津大学出版社,2003.
[11] 盛和太,王守清.特许经营项目融资(PPP/BOT):资本结构选择[M].北京:清华大学出版社,2015.
[12] 王守清,柯永建.特许经营项目融资(BOT、PFI和PPP)[M].北京:清华大学出版社,2008.
[13] 柯永建,王守清.特许经营项目融资(PPP):风险分担管理[M].北京:清华大学出版社,2011.
[14] 丁烈云.BIM应用·施工[M].上海:同济大学出版社,2015.
[15] 李建成.建筑信息模型BIM应用丛书:BIM应用·导论[M].上海:同济大学出版社,2015.
[16] 杜强,陈一秀,卫婧.2014年度国际市场最大250家承包商市场分析[J].建筑经济,2015(11):19-24.
[17] 杜强,殷超越,陈一秀.2013年度国际市场最大250家承包商市场分析[J].建筑经济,2015(01):28-32.
[18] 杜强,殷超越,陈一秀.2012年度国际市场最大250家承包商市场分析[J].建筑经济,2014(05):9-14.
[19] 杜强,苏川川,杨锐.2009年度国际市场最大225家承包商市场分析[J].建筑经济,2011(03):22-27.
[20] 刘俊颖,张炯,许剑涛.国际工程保险索赔中的保险原则问题[J].国际经济合作,2006(12):40-43.
[21] 周杨.国际工程项目总承包风险管理[D].西南交通大学,2011.
[22] 祝显图.中国水电建设集团国际工程项目风险管理研究[D].兰州大学,2010.
[23] 陈香宏.国际工程合同管理实践与菲迪克合同条件案例解析[D].清华大学,2009.
[24] 唐江华,李森.国际工程项目合同风险与索赔管理实践[J].经贸实务,2008(09):65-67.
[25] 刘秀玲,朱树成.浅析国际工程项目合同解读要点[J].经济师,2008(07):184.
[26] 刘俊颖,李海丽,季国忠.工程保险承保方式相关问题辨析[J].国际经济合作,2007

(5):67-70.

[27] 张伟.国际工程项目的风险管理研究[D].天津大学,2004.

[28] 马骅.国际工程项目管理(二)——国际工程项目中的合同管理[J].石油工程建设,2005(01):62-65.

[29] 阳霞.工程担保制度对我国风险管理的借鉴意义[J].重庆建筑大学学报,2002(04):69-71.

[30] 张水波.国际工程保险以及应注意的问题[J].港工技术,1999(03):40-42.

[31] 张建军.国际工程项目承包中的风险管理研究[D].重庆大学,2007.

[32] 苑东林.国际工程项目风险防范机制的研究[D].北京交通大学,2013.

[33] 董志勇.国际工程项目风险管理研究[D].长安大学,2012.

[34] 齐兆威,李吉祥.国际工程项目合同解读中应注意的几个问题[J].现代商业,2008(2):265.

[35] 张智慧,关军,张晓富,等.合同付款条件对国际工程项目承包商财务状况的影响[J].工程管理学报,2014(04):1-5.

[36] The American Institute of Architects. Integrated Project Delivery:A Guide. http://www.aia.org/aiaucmp/groups/aia/documents/document/aiab085539.pdf.

[37] The International Bank for Reconstruction and Development, THE WORLD BANK. Guidelines:Procurement of Goods, Works, and Non-Consulting Services under IBRD Loans and IDA Credits & Grants.
http://web.worldbank.org/WBSITE/EXTERNAL/PROJECTS/PROCUREMENT/0,,contentMDK:20060840-pagePK:84269-piPK:60001558-theSitePK:84266,00.html.

[38] The International Bank for Reconstruction and Development, The World Bank. Guidelines:Selection and Employment of Consultants under IBRD Loans & IDA Credits & Grants by World Bank Borrowers.
http://web.worldbank.org/WBSITE/EXTERNAL/PROJECTS/PROCUREMENT/0,contentMDK:20060656-menuPK:93977-pagePK:84269-piPK:60001558-theSitePK:84266,00.html.

[39] ENR Proposal & Bid Notices. http://construction-proposals-bids.enr.com/.

[40] 华中科技大学工程管理研究所.基于BIM的项目管理. http://bim.hust.edu.cn/www/main.jsp?f_treeCode=00020004.

[41] 周国华.高铁国际合作:风险管理为必修课——以墨西哥高铁投标项目为例[J].项目管理评论,2015(07-08):37-41.

[42] 马莹.中标巴西美丽山项目[J].项目管理评论,2015(07-08):22(2).